管理学
实务与案例

马玉芳　王春梅　◎　编著

MANAGEMENT

上海财经大学出版社
SHANGHAI UNIVERSITY OF FINANCE & ECONOMICS PRESS

上海学术·经济学出版中心

图书在版编目(CIP)数据

管理学:实务与案例/马玉芳,王春梅编著.—上海:上海财经大学出版社,2024.1
ISBN 978-7-5642-4262-6/F.4262

Ⅰ.①管… Ⅱ.①马…②王… Ⅲ.①管理学 Ⅳ.①C93

中国国家版本馆 CIP 数据核字(2023)第 193961 号

□ 责任编辑　徐　超
□ 联系信箱　1050102606@qq.com
□ 封面设计　贺加贝

管理学:实务与案例

马玉芳　王春梅　编著

上海财经大学出版社出版发行
(上海市中山北一路 369 号　邮编 200083)
网　　址:http://www.sufep.com
电子邮箱:webmaster@sufep.com
全国新华书店经销
启东市人民印刷有限公司印刷装订
2024 年 1 月第 1 版　2024 年 1 月第 1 次印刷

787mm×1092mm　1/16　17.75 印张　477 千字
印数:0 001—3 000　定价:56.00 元

前　言

在人类历史发展过程中,管理是人类社会发展的基本活动,也是人类组织的基本活动之一。管理普遍存在于现实社会生活中。管理是一个神奇的世界,大到一个国家,中到一个组织,小到一个家庭和个人都离不开管理。数字经济时代,各类经济组织形式不断涌现,社会环境也越来越复杂。管理的作用越来越大,社会对管理的需求也更加明显。

根据教育部相关要求,编者在多年管理教学实践和研究的基础上,系统梳理了国内外管理学领域相关研究成果,结合多年管理和教学经验编撰了本书。本书以丰富的案例和通俗的语言,为读者深入浅出地分析管理学理论的奥秘,主要有三大鲜明特点:

第一,突出管理理论中国化。以习近平新时代中国特色社会主义思想为指导,围绕前沿理论、红色管理、经典案例,融合中国传统智慧和现代管理科学,关注管理理论在中国实践中的运用,聚焦新时代、大场景、真问题,引导读者感受中国特色管理理论的魅力,彰显中国智慧。

第二,讲好中国管理智慧故事。管理学理论难免有些枯燥晦涩,为了提升读者的阅读兴趣,本书挖掘历史资源,每一章都设置了体现中国管理智慧的综合案例,从传统文化中探寻现代管理启示,展示中国企业在管理实践上的特别贡献。同时,本书配有一系列小故事,并用相关理论进行细致解读,让读者在轻松一笑间读懂管理理论、拓宽学习视野。

第三,注重知识学以致用。为了方便读者使用这些管理学理论,作者设置了想一想、练一练等技能训练环节。这些环节里有根据相关理论延伸拓展出的实际操作,让读者读懂管理学理论的同时,还会灵活应用。本书充分发挥数字化、信息化的作用,促进线上线下多元互动,读者通过扫描每章中的二维码,可系统观看、学习原创视频微课和图文资源,方便读者自主学习。

本书为2022年度湖北省级一流本科课程(线上线下混合式一流课程)——管理学原理[编号:642],中国民办教育协会2023年度规划课题(学校发展类)——管理学课程"333"教学共同体实证研究(项目编号:CANFZG23383),武汉生物工程学院校科研课题重点项目——数智化条件下应用型高校经管类专业探究式教学共同体研究(项目编号:2022SKZ01),武汉生物工程学院2023年校级教学改革研究项目——基于"三库四平台"的混合式一流课程教学设计与实践研究(项目编号:2023J19)阶段性成果。

本书由武汉生物工程学院马玉芳、王春梅编著。其中,马玉芳负责框架体系并统稿,承担第二章至第六章内容撰写,计20万字;王春梅负责理论指导、文稿审查,承担第七章至第九章内容撰写,计10万字;王朋负责第一章、第十章内容撰写,吴凯负责第十一章至第十三章内容撰写,负责图表及微课制作,计各承担8万字;闵明慧、王伟、许建新负责资料收集、文字校对。尽管编者们在编写过程中做出了很多努力,但由于我们水平有限,书中难免出现一些不足和错误,恳请专家、同行和广大读者批评指正,我们将在日后再次修订时作出必要的改正。

编者
2023年7月于武汉

目 录

第一篇 总 论

第一章 管理认知/003
【本章思维导图】/003
【知识点摘要】/004
  一、管理的概念与内涵/004
  二、管理的基本原理与方法/006
  三、管理者的角色和技能/007
  四、管理活动的时代背景/010
【中国管理智慧】/011
  用贤不用力/011
【小故事 大管理】/012
  一、古诗《晓出净慈寺送林子方》的管理启示/012
  二、经理的决策/012
  三、谁最应该提拔为副总裁？/012
  四、猴子摘香蕉/013
  五、鳄鱼的伙伴——牙签鸟/013
【想一想】/014
  一、"丰田汽车"能笑到最后吗？/014
  二、啤酒公司的发展/014
【练一练】/015
  一、模拟企业调研/015
  二、评估组织文化/015
  三、归纳要点/015

第二章 管理思想的发展/016
【本章思维导图】/016
【知识点摘要】/017
  一、中国传统管理思想/017
  二、西方管理思想/018

三、中外管理的实践与比较/024
【中国管理智慧】/027
师从八路军的美国卡尔逊突击队 在太平洋战场屡立战功/027
【综合案例】/029
科学管理造就福特王国/029
【小故事 大管理】/030
一、运动员鞋中的沙子/030
二、丁谓建宫/030
三、丙吉问牛/031
四、毛泽东与蒙哥马利谈治国/031
五、美美与共，和而不同/031
六、泰勒的科学管理/032
【想一想】/033
联合邮包服务公司的工作/033
【练一练】/034
谁来承担损失？/034

第三章 管理情境/035

【本章思维导图】/035
【知识点摘要】/036
一、组织的内外部环境要素/036
二、管理道德/039
三、社会责任/043
【中国管理智慧】/045
褚时健山高人为峰，从烟王到橙王/045
【小故事 大管理】/046
一、袁世凯吃盐/046
二、自行车的滞销/047
三、可口可乐进军欧洲之行/048
四、刘玄德义取西川/048
五、石崇斗富/048
六、下雨就要打伞/049
七、孟母三迁/049
【想一想】/050
一、七人分粥/050
二、谁应该对此事负责？/050
三、惠普之道/050
四、敲响食品安全警钟/051
【练一练】/051
一、SWOT分析法使用练习/051

二、PEST 分析法使用练习/051

第二篇　决　策

第四章　决策/055
【本章思维导图】/055
【知识点摘要】/056
　一、决策及其任务/056
　二、决策的类型与特征/058
　三、决策过程与影响因素/061
　四、决策方法/064
【中国管理智慧】/072
　回望伟大的抗美援朝/072
【小故事 大管理】/074
　一、该选谁拯救世界？/074
　二、霍布森选择的陷阱/074
　三、布里丹选择的陷阱/074
　四、"照片泄密案"/075
　五、抢救名画/076
　六、卖草帽的人与猴子/076
　七、英国小伙摆脱囚徒困境/076
【想一想】/077
　一、新兴建筑集团的苦恼（一）/077
　二、新兴建筑集团的苦恼（二）/078
【练一练】/078
　一、不确定型决策的三种方法的使用练习/078
　二、盈亏平衡法使用练习/079
　三、决策树法使用练习/079
　四、如何决定小店的经营种类？/079

第五章　计划/080
【本章思维导图】/080
【知识点摘要】/081
　一、实施决策的计划制定/081
　二、计划的类型/082
　三、计划制定的原理和编制过程/085
　四、推进计划的流程和方法/089
　五、决策追踪与调整的方法/093
【中国管理智慧】/095
　从"一五"计划看"一张蓝图绘到底"/095
【小故事 大管理】/099

一、谁最先到达目的地？/099
二、清华学霸姐妹的学习计划表/099
三、袋鼠与笼子的故事/100
四、一个马蹄钉，失去江山/100
五、管理大师的鞋带/101
六、因机而立胜/101
【想一想】/102
一、沙子、水、小石块、大石块/102
二、10分钟提高效率/102
三、这家酒业公司怎么了？/103
【练一练】/103
一、企业计划——制定一份商业计划书/103
二、制定一份有效的任务清单并使用它/105
三、设定生活目标/106
四、一份计划书/106
五、制定一份学习计划/106
六、企业的目标对比分析/106

第三篇 组 织

第六章 组织设计/109
【本章思维导图】/109
【知识点摘要】/110
一、组织设计的任务与影响因素/110
二、组织结构/117
三、组织整合/121
【中国管理智慧】/126
一、从"党指挥枪"到锻造"军魂"/126
二、海尔传统组织结构的变迁/129
【小故事 大管理】/130
一、大雁迁徙/130
二、刘备携民渡江与摩西携民逃荒/130
三、一封辞职信/131
四、刘先生的管理模式/132
五、发现"不拉马的士兵"/132
【想一想】/133
一、公司管理人员管理幅度变化/133
二、鼎立建筑公司的得与失/133
三、组织志愿者/133
【练一练】/134
一、收集学习型组织信息/134

二、当学习和工作有冲突时,你如何选择?/135

三、组织结构的应用/135

四、项目调研:深入调研一家工商企业的组织结构/135

五、校园活动组织工作实践/135

第七章 人力资源管理/136

【本章思维导图】/136

【知识点摘要】/137

一、人力资源管理概述/137

二、人员配备/138

三、人员选聘/140

四、人事考评/143

五、人员培训/145

【中国管理智慧】/148

诸葛亮挥泪斩马谡对选人用人的警示/148

【综合案例】/149

东京迪士尼对扫地清洁工的培训/149

【小故事 大管理】/151

一、佛祖的人力资源观/151

二、一个橘子的故事/151

三、小记者艾伦接电话/152

四、一双筷子放弃了周亚夫/152

五、秦昭王五跪得范雎/153

六、神偷请战/154

七、墨子苦心激励耕柱/154

八、刘备苦心留住徐庶心/154

【想一想】/155

一、360度考核,考核权重怎么分配更有效?/155

二、简历筛选时,如何甄别简历中的虚假信息?/155

【练一练】/155

一、带薪年假,工资怎么核算?/155

二、了解企业人员选聘的方法/156

三、企业选拔车间主任/156

第八章 组织文化/157

【本章思维导图】/157

【知识点摘要】/158

一、组织文化概述/158

二、组织文化的构成与功能/160

三、组织文化塑造/162

【中国管理智慧】/163
一、红楼梦的组织文化/163
二、华为的企业文化/165
【小故事　大管理】/166
一、海尔砸冰箱/166
二、两只鞋子/166
三、狮子与羚羊/167
四、卖车发年终奖的老板/167
五、地狱和天堂/168
【想一想】/168
联想的"称呼"变化/168
【练一练】/169
一/169
二/169
三/169
四/169

第四篇　领　导

第九章　领导的一般理论/173

【本章思维导图】/173
【知识点摘要】/174
一、领导的内涵与特征/174
二、领导者特质理论/176
三、领导者行为理论/177
四、领导权变理论/180
【中国管理智慧】/184
楚汉争霸/184
【小故事　大管理】/186
一、四渡赤水出奇兵成美谈/186
二、发挥所长,无废人/187
三、鲦鱼效应/187
四、隋文帝杨坚勤政亡国/188
五、鹦鹉老板/189
六、猴子和狐狸的回答/189
七、留个缺口给别人/189
【想一想】/190
一、苏兰的职业生涯规划/190
二、看球赛引起的风波/190
三、王总经理的领导方式/191
四、两位经理的领导风格/191

【练一练】/192
 一、你是哪一类型领导者？/192
 二、最不喜欢的合作者(LPC量表)/193
 三、领导情境模拟(一)/193
 四、领导情境模拟(二)/194

第十章 激励/195
【本章思维导图】/195
【知识点摘要】/196
 一、激励基础/196
 二、激励理论/199
 三、激励方法/209
 四、激励理论在中国文化背景下的综合运用/210
【中国管理智慧】/211
 《西游记》取经团队的需要层次/211
【小故事 大管理】/212
 一、晋商的身股制/212
 二、得不到表扬的厨师/213
 三、提拔错了吗？/213
 四、总裁降薪/214
 五、拉绳实验/214
 六、够得着的目标/215
 七、今年中秋节不发钱/215
【想一想】/216
 一、服装公司的激励计划/216
 二、李想的困惑/217
 三、李明为什么辞职？/217
【练一练】/218
 一、夸夸你/218
 二、班级激励计划/218
 三、辩论赛/219
 四、惩罚的使用/219

第十一章 沟通/220
【本章思维导图】/220
【知识点摘要】/221
 一、沟通与沟通类型/221
 二、沟通障碍及其克服/224
【中国管理智慧】/227
 门人捐水/227

【小故事 大管理】/228
　一、什么叫相对论？/228
　二、做嘴巴的管理者/228
　三、黑人的愿望/229
　四、劝诫的艺术/229
　五、秀才买柴/230
　六、漂亮女秘书/230
【想一想】/231
　一、讳疾忌医/231
　二、美国老板与希腊员工/231
　三、一次战略方案制定引起的恐慌/232
【练一练】/232
　沟通技能自我测试/232

第五篇　控　制

第十二章　控制/237
【本章思维导图】/237
【知识点摘要】/238
　一、控制的内涵与原则/238
　二、控制的类型/239
　三、控制的过程/241
【中国管理智慧】/244
　扁鹊的医术/244
【小故事 大管理】/245
　一、高品质的秘密/245
　二、破窗效应/245
　三、一碗巧克力豆/246
　四、曲突徙薪/246
　五、好马和骑师/246
　六、阿喀琉斯的脚后跟/247
　七、老虎之死/247
【想一想】/248
　一、摆梯子/248
　二、天安公司的管理创新/248
【练一练】/249
　一、学校运动会控制方案/249
　二、制定绩效考核/249
　三、生活中学会运用控制/249
　四、进行一次主题采访/249
　五、你会采取什么控制措施？/250

第六篇　创　新

第十三章　创新原理/253
  【本章思维导图】/253
  【知识点摘要】/254
    一、组织管理的创新职能/254
    二、管理创新的基本内容/255
    三、管理创新的类型/256
    四、创新过程及其管理/257
  【中国管理智慧】/259
    北斗创新前行——技术创新/259
  【小故事 大管理】/260
    一、购物袋扶贫/260
    二、创业改变人生/260
    三、希望集团的创业与创新/261
    四、和尚挑水/262
    五、两个鞋子推销员/262
    六、人对了，世界就对了/263
  【想一想】/263
    蒙牛号召"向伊利学习"/263
  【练一练】/264
    创业项目计划书样本/264

第一篇

总 论

MANAGEMENT

第一章　管理认知

管理是由心智所驱使的唯一无处不在的人类活动。

——戴维·B. 赫兹（David B. Hertz）

在人类历史上，还很少有什么事比管理的出现和发展更为迅猛，对人类具有更为重大和更为激烈的影响。

——彼得·德鲁克（Peter Drucker）

管理就是把复杂的问题简单化，把混乱的事情规范化。

——杰克·韦尔奇

本章思维导图

知识点摘要

一、管理的概念与内涵

(一)管理的概念

1. 管理的定义

管理活动是人类最重要的活动之一,伴随着人类组织的产生而出现。关于什么是管理的探讨,中外许多著名的专家、学者分别从多个角度,对管理的概念做了解释,见表1—1所示。

表1—1　管理学家关于管理的认识

不同学者	管理的概念
泰勒	管理就是"确切地知道你要别人来干什么,并使他用最好的方法去干",管理就是谋取剩余。
亨利·法约尔	管理是所有人类组织(不论是家庭、企业或政府)都有的一种活动,这种活动由五项要素构成,分别是:计划、组织、指挥、协调和控制。
哈罗德·孔茨	通过他人完成任务的机能。
穆尼	管理就是领导。
赫伯特·西蒙	管理就是决策。
斯蒂芬·罗宾斯	管理是指通过其他人或者与其他人一起有效率和有效果地将事情完成的过程。
周三多	为了实现组织的共同目标,在特定的时空中,对组织成员在目标活动中的行为进行协调的过程。
陈传明	为了有效地实现组织目标,管理者利用相关知识、技术和方法对组织活动进行决策、组织、领导、控制并不断创新的过程。

综上,不同学者对管理的概述可谓仁者见仁、智者见智,众说纷纭。随着管理活动的日益复杂和管理学向纵深发展,管理的定义现已达到200余种。本书集百家之长,综合了多种观点后,引入国内学者陈传明关于管理的定义。本书认为,管理是管理者运用相关知识、技术和方法,对组织活动进行决策、组织、领导、控制并不断创新,从而有效地实现组织目标的过程(见图1—1)。

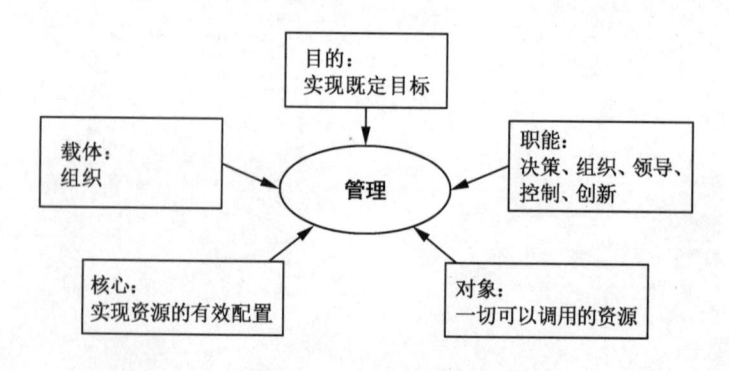

图1—1　管理的定义

2.管理的基本特征(见表1-2)

表1-2　　　　　　　　　　　　　　管理的特征

特征	具体理解
一种目的	有效地实现组织预定的目标。
一项创作	管理者利用专门知识、技术和方法,对有限的资源进行无限的创意。
一种手段	对管理客体(有限的、稀缺的资源)的一种整合和配置。
一系列活动	多阶段、多项工作的综合过程。

(二)**管理的内涵**

1.管理工作的内容

管理工作的内容也称管理的职能,是构成组织管理活动的基本要素。为提高资源的利用效率,保证正确地做事,管理者要做包括决策、组织、领导、控制以及创新等一系列工作,如图1-2和表1-3所示。

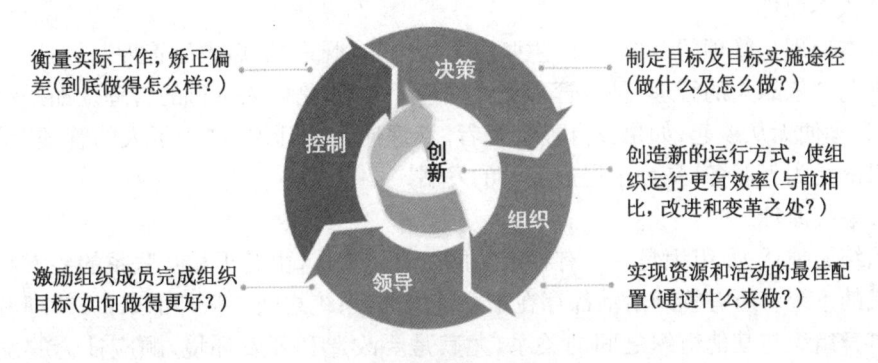

图1-2　管理职能循环图

表1-3　　　　　　　　　　　　　　管理职能

管理职能	具体理解	特征
决策	组织在未来众多的行动可能中选择一个比较合理的方案,是管理的首要职能。	做什么及怎么做?
组织	将组织内所有成员有机组成一个整体,共同为实现组织目标而努力,既有效地分工合作,又及时根据内外部环境变化进行调整,包括职务设计、机构设计、结构设计等,实现人岗匹配。	通过什么来做?
领导	利用组织赋予的权力和自身的能力去指挥和影响下属,为实现组织目标而努力工作的管理活动过程。	如何做得更好?
控制	管理者及时预见和发现偏差,并及时采取有效纠正措施,保证组织系统按预定要求运作而进行的一系列工作,使实践活动符合计划。	到底做得怎么样?
创新	组织内部活动的技术与方法不断变革,组织活动与人的安排不断优化,组织活动的方向、内容与形式选择不断调整。创新在管理循环中处于轴心的地位,是推动管理循环的原动力。	与前相比,改进和变革之处?

2. 管理的本质

(1)管理的核心是人的行为。

(2)管理的本质是协调。管理者通过管理的各项职能来协调组织各项活动。

(3)管理的科学性和艺术性。管理既是一门科学,也是一门艺术。管理包括管理理论、管理工具、管理实践等内容,其中,管理理论和管理工具的特点偏科学性,强调客观规律性,反对经验论;管理实践的特点偏艺术性,强调实践性,反对模式论。科学性是艺术性的基础,艺术性是科学性的补充和提高。

(4)管理的自然属性和社会属性。

自然属性:又称生产力属性,发挥合力组织生产率的作用,属于管理的一般职能。

社会属性:又称生产关系属性,发挥巩固和完善生产关系的作用,属于管理的特殊职能。

二、管理的基本原理与方法

(一)管理的基本原理

1. 人本原理

人本原理是管理的首要原理,主张以人为中心,既是"依靠人的管理",也是"为了人的管理"。"依靠人的管理"是指管理需要管理者参与,是对人进行的管理。如果没有管理者,管理便无从谈起;如果没有被管理者,管理便无法开展。"为了人的管理"是指管理的目的是为人服务,是为了促进成员的发展。

2. 系统原理

系统原理认为,组织是一个有特定功能的有机整体,由若干相互联系的要素和子系统构成的系统。所有管理活动都存在于系统内部、系统之间。从外部来讲,管理者要统筹好自身组织与其他组织之间的关系,尤其是要改造和开发环境,顺应社会的发展变化;从内部来讲,管理者要兼顾整体与部分、各部门之间的关系,要注重组织内部各司其职、有序运作、平稳发展。

3. 效益原理

效益原理认为,管理是为了更好地实现组织目标。因此,在任何组织中,尤其是企业里,管理者需要考虑投入与产出的比例,最大限度地追求效益。"做正确的事"是追求效益的前提,"用正确的方法做正确的事"是实现效益的保证。遵循效益原理可以缓和资源有限性和人类需求无限性的矛盾。

4. 适度原理

适度原理认为,管理者在管理范围、管理幅度、权力分配等方面,要把握一个度,避免"过犹不及"。管理范围要适度,避免过宽或过窄;管理幅度要适度,避免过大或过小;权力分配要适度,避免过于集中或过于分散。管理者只有把握好这个度,才能有效地管理组织成员及其行为,从而更好地实现组织目标。

(二)管理的基本方法

1. 理性分析

管理的方法、工具等,是建立在定量分析方法的基础上而产生的。管理是一门科学的学科,管理者要学会理性分析,用科学的方法、工具来管理组织活动。

2. 直觉判断

直觉建立在管理者自身学识和经验的基础上，是一个逻辑思维过程。很多时候，管理者的直觉判断更加准确，也会为组织带来更大的效益。研究如何揭示管理者直觉思维的科学内涵、研究提升管理者决策的直觉判断能力的方法，应当成为管理研究的重要课题。

（三）管理的基本工具

1. 权力

权力是组织赋予管理者特有的管理工具。在组织中，不同层级的管理者，其所拥有的权力也不同。权力其实是一种职务、地位、影响力，而不仅仅是一种命令和服从。权力包括正式权力和非正式权力。管理者通过权力，能有效地调动组织内部的人员，安排组织行为等，进而实现组织目标。

2. 组织文化

组织文化是组织成员普遍认同、共同接受的价值观念，以及由其决定的行为准则。组织文化是管理者重要的管理工具之一，其对成员的影响是持续的、普遍的、低成本的。管理者通过组织文化，提高了员工对企业价值的认可，规范了员工的日常行为。如海尔集团组织文化建设中推行"激活休克鱼"的做法，足以说明组织文化是管理的重要工具。

三、管理者的角色和技能

（一）管理者定义

管理者是指履行管理职能，对实现组织目标负有贡献责任的人。

（二）管理者类型

按管理者所处层次的不同，可划分为高层管理者、中层管理者和基层管理者，管理者层级结构通常呈现为金字塔型（见图1-3）。不同层次的管理者，行使管理职能的侧重点不同。高层管理者在组织中处于最高层，对整个组织工作负有全面的责任，侧重于决策、组织和控制；中层管理者在组织中处于中间，主要起着桥梁和纽带的作用；基层管理者处于管理层的最低层次，是工作在一线的管理者，侧重于领导，即调动员工工作积极性。

图1-3 管理者层级

（三）管理者角色

1975年，加拿大管理学家亨利·明茨伯格在《管理者的工作：传说与事实》一文中，将管理者的角色分为人际关系、信息传递和决策制定三大类，共包含十种不同的角色内容(见图1—4)。管理者在管理工作中扮演着众多的角色,需要在不同的角色间进行转换。

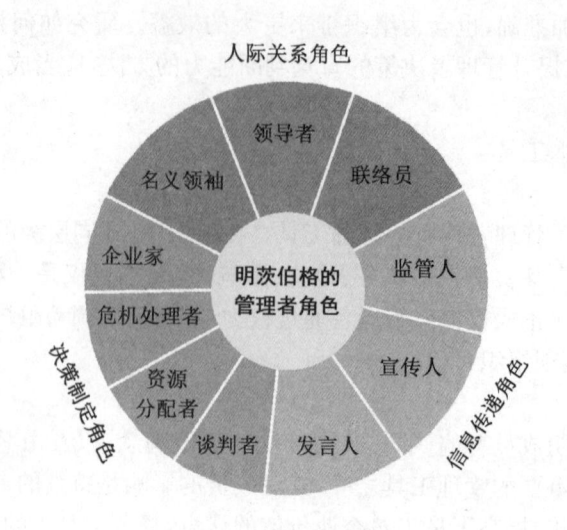

图1—4 管理者的角色

明茨伯格认为,任何一种角色的缺失都可能使得其他角色无法完整实现。在10种管理者角色中,领导者角色是管理者权力的最主要表现,特征最为明显。管理者的角色如表1—4中所描述。

表1—4　　　　　　　　　明茨伯格的管理者角色理论

角色	描述	特征活动
人际关系方面:组织通常赋予正式的权力		
1.名义领袖	象征性首脑,必须履行许多法律性的或社会性的例行义务,行使一定礼仪性质的职责。	维护重要客户,迎接来访者,签署法律文件等。
2.领导者	负责激励和指导下属,负责人员配备、培训和交往的职责。	实际上从事所有的有下级参与的活动。
3.联络者	维护自行发展起来的外部接触和联系网络,向人们提供恩惠和信息。	发感谢信,从事外部委员会工作,从事其他有外部人员参加的活动。
信息传递方面:是组织的信息中心,主要接受、传递和处理组织内部、外部的各类信息		
4.监听者	寻求和获取各种特定的信息(其中许多是即时的),以便透彻地了解组织与环境。	阅读期刊和报告,保持私人接触作为组织内部和外部信息的神经中枢。
5.传播者	向组织成员信息传递,包括关于事实的,解释和综合组织的有影响的人物的各种价值观点等。	举办信息交流会,用打电话的方式传达信息。
6.发言人	向外界发布有关组织的计划、政策、行动结果等信息;作为组织所在产业方面的专家。	召开董事会,向媒体发布信息。
决策制定方面:各类决策的制定和选定		
7.企业家	寻求组织和环境中的机会,制定"改进方案"以发起变革,监督这些方案的策划。	制定战略,检查会议决策执行情况,开发新项目。

续表

角色	描述	特征活动
8.故障排除者	当组织面临重大、意外的动乱时,负责采取补救应对行动。	陷入混乱和危机时,及时干预。
9.资源分配者	负责分配组织的各种资源,批准重要的组织决策。	调度、询问、授权,从事涉及预算的各种活动和安排下级的工作。
10.谈判者	作为组织的主要代表进行谈判。	参与工会进行合同谈判。

管理者角色误区

资料来源:[加拿大]亨利·明茨伯格著,孙耀君译:《经理工作的性质》,团结出版社1999年版,第143—144页。

(四)管理者技能

1955年,美国管理学家罗伯特·卡茨在《高效管理者的三大技能》(Skills of an Effective Administrator)一文中提出,有效的管理者需具备三种关键技能,即:技术技能、人际关系技能与概念技能,如表1—5所示。

表1—5　　　　　　　　　管理者技能比较

不同技能	对象	具体理解
技术技能	"处事"	管理者掌握与运用某一专业领域内的知识、技术和方法的能力。
人际技能	"待人"	管理者成功地与别人打交道、沟通的能力。
概念技能	抽象能力	管理者观察、理解和处理各种全局性的复杂关系的抽象能力。

以上三种技能,是任何组织中的管理者都应具备的基本技能。但在组织中,基层管理者、中层管理者和高层管理者对这三种技能的侧重度和需求层次,却大不相同。基层管理者侧重于技术技能,高层管理者侧重于概念技能。管理技能与管理层级之间的关系,如图1—5所示。

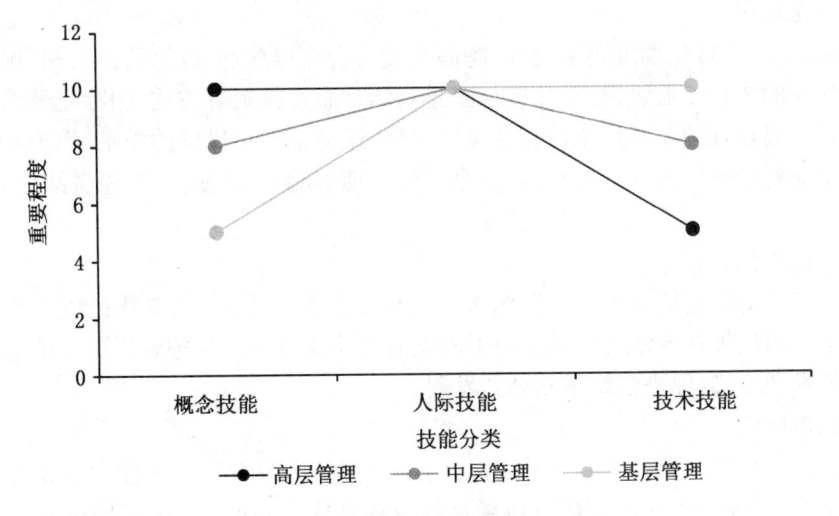

图1—5　不同管理层级需要的技能

(五)有效的管理者与成功的管理者

美国组织行为学专家弗雷德·卢森斯经过对450多位管理者长期的研究发现,管理者工作具有共性,主要包括传统管理、日常沟通交流、人力资源管理、网络联系,不同管理水平的管理者在这四项活动上所花费的时间和精力也有着巨大的差异(见表1—6)。将普通管理水平的管理人员称为一般的管理者,把在组织中提升速度快的管理人员称为成功的管理者,把绩效较好且下属满意度和支持度较高的管理人员称为有效的管理者。以成功的管理者为例,他们的日常时间和精力比重,在传统管理上约占13%,在日常沟通上约占28%,在人力资源管理上约占11%,在网络联系上约占48%。

研究结论:不同管理水平的管理者与自身管理的侧重点有关系,表现在传统管理、日常沟通、人力资源管理、网络联系方面所花费的时间和精力存在不同。这四个方面中,决定管理者成功与否的关键性因素是网络联系,人力资源管理等重要性相对较小。对有效管理者,决定他们管理成功与否的关键是日常沟通,最不关键的是网络联系,他们花费在日常沟通方面的时间和精力最多,而在网络联系上的花费最少。

表1—6　　　　一般的、成功的和有效的活动管理者四种活动的时间分布

活动 类型	传统管理	日常沟通	人力资源管理	网络联系
一般的管理者	32%	29%	20%	19%
成功的管理者	13%	28%	11%	48%
有效的管理者	19%	44%	26%	11%

四、管理活动的时代背景

任何管理活动都离不开时代背景,每个阶段的管理都有其特定的时代背景,现代组织管理的时代背景主要包括全球化、信息化、市场化以及人本化。

(一)全球化

当今社会,全球化程度越来越高,跨国交流与合作也愈加广泛,跨国公司、国际组织得到了快速的成长。通过进口、非股权安排和国际直接投资等方式,国际化经营的特点愈加明显。当代管理要顺应全球化的发展趋势,适应全球化发展的需求,作为管理者则需要善于应对全球化的环境变化,具备全球化的理解能力、适应能力、思考能力、创新能力等。

(二)信息化

随着现代信息通信技术主导第四次工业革命的深入发展,信息化已成为当今社会的新形态。当代管理要结合信息化的不断发展而快速转变。管理者要更好地运用先进的信息技术和工具,促进组织不断创新发展。

(三)市场化

发展更高水平的社会主义市场经济,离不开市场决策者的主体性和市场在资源配置中的作用,中国当代管理要适应市场化的发展和需求,充分利用市场机制("无形的手")而非行政命令("有形的手")的方式实现组织资源配置。

(四)人本化

文明和谐已成为社会发展的主旋律,组织管理在适应现代社会发展的过程中,更加

注重以人为中心的管理。管理人本化要求处理好组织中人与组织、人与人之间的关系，学会尊重人、关爱人，提升组织内部成员的获得感、幸福感、安全感，帮助成员更好地实现人生价值。

中国管理智慧

用贤不用力

宓子贱治单父，弹鸣琴，身不下堂，而单父治。巫马期亦治单父，以星出，以星入，日夜不处，以身亲之，而单父亦治。巫马期问其故于宓子贱。宓子贱曰："我之谓任人，子之谓任力。任力者固劳，任人者固逸。"

——选自《吕氏春秋·论·开春论》

《吕氏春秋》记载了很多中国古代有意思、有意义的小故事，彰显了古人的智慧。在《论·开春论》中，记载了巫马期、宓子贱治理单父的故事，就很有深意。

春秋末期，鲁哀公找到孔子，希望他能从众多弟子中，推荐一个人去管理单父。孔子想了很久，便举荐了巫马期。巫马期在任期间，工作勤勤恳恳，凡事亲力亲为，全身心投入单父的日常管理中。他每天天不亮就开始工作，一直到深夜才休息。经过巫马期辛勤的工作，单父各项事务有了很大的起色，鲁哀公非常满意。但是，巫马期却因积劳成疾，一病不起了。

于是，鲁哀公又找到了孔子，希望他再举荐一个弟子去管理单父。孔子举荐了子贱。鲁哀公有些犹豫，不确定子贱能否胜任。毕竟，子贱比巫马期足足小了30多岁，经验可能不足，但他还是让子贱就任了。然而，子贱到任后，并没有像巫马期那样每日没日没夜地工作，反而每日弹弹琴、喝喝酒、做做诗，日子好不快活。有人偷偷告诉了鲁哀公，鲁哀公有些失望，认为子贱做得不够好。但是，到了年底，鲁哀公发现，单父路不拾遗，夜不闭户，百姓丰衣足食，生活安居乐业。鲁哀公喜道："单父大治。"

巫马期得知后，很是好奇。于是，他便找到了子贱，请教他的治理秘诀。巫马期不解地问："我听说你当单父宰的时候，整天娱乐，还把单父治理得这么好，你用的什么好方法？有什么秘诀吗？"

子贱笑着说："我没有什么秘诀，我只是充分发挥了大家的力量，一起来治理单父，所以我很轻松。师兄您凡事亲力亲为，只依靠自己的力量，所以很辛苦、很劳累。"

讨论问题

1. 有人认为："繁忙的管理者，通常不是一个好的管理者；轻松的管理者，通常是一个好的管理者。"对此，你怎么看？
2. 谈谈成功的管理者应具备的素质。
3. 有效的管理者与成功的管理者差别在哪儿？

书面作业

观察你周围的一位在某方面比较出色的同学、朋友、家人，分析一下他们出色的原因。

扩展阅读

[1]谷语.宓子贱"鸣琴而治"有感[J].党员干部之友,2019(04):37.

[2]赵玉平.弹琴的领导与熬夜的领导[J].领导之友,2015(09):24—25.
[3]刘国瀚.让谁来治理?[J].杭州(我们),2015(02):21—22.

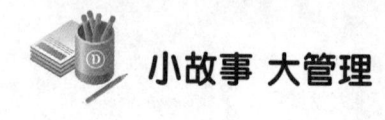

小故事 大管理

一、古诗《晓出净慈寺送林子方》的管理启示

毕竟西湖六月中，
风光不与四季同。
接天莲叶无穷碧，
映日荷花别样红。

启示：此诗为诗人杨万里送别好友林子方时创作,通过描写西湖六月风光与其他季节的景致不同,委婉地表达了对林子方的眷恋不舍之情。其实,该诗的实际寓意是杨万里借景抒情,劝告林子方不要去福州。原来,在林子方中进士之后,担任直阁秘书,相当于皇帝的秘书。而时任秘书少监、太子侍读的杨万里,既是林子方的上级,还是林子方的好友,两人视彼此为知己。后来,林子方被调离京城,赴福州任职。杨万认为林子方只有留在首都、留在皇帝身边才能有更大发展。故而作诗暗劝林子方不要去福州。诗中用"西湖"指代临安,"天"指代皇帝,意思为在首都临安,皇帝直接下属是最有资源、最有实力、最炙手可热的位置,在皇帝身边即便你是一片普通的莲叶,个人前途也是"无穷碧"。一旦做出成绩,就容易得到超量的认可和关注,这时候就会"别样红"。以管理的视角来看,领导在选人用人之时往往是"知人善任",而成功管理者最重要的便是人脉资源,人际关系是作为成功管理者必不可少的基础。

二、经理的决策

好运房地产公司近来市场销售不景气。公司总经理王伟以独特的眼光发现了生态型房产项目与成功人士消费者之间的相关性,在此基础上设计了具有针对性的房地产开发项目,并在各种平台进行了大量的前期宣传。但因为该项目涉及面广,要与交通管理、保险、环保、绿化等多个部门协调,由于人脉不熟,王伟反反复复办理各项手续,疲于奔波,所以项目得到正式批准的时间比预期晚了整整一年,导致丧失了大量的市场机会。

启示：本案例中,好运房地产公司总经理王伟眼光独到,业务能力突出,但因缺乏人际沟通的能力而最终错失诸多良机。为此,管理者在复杂环境中如何进行有效管理,实现组织目标,就必须具备一定的管理技能。有效的管理者需具备技术技能、人际关系技能与概念技能这三种关键技能,才能更好地推动组织发展。

三、谁最应该提拔为副总裁?

某建筑设备集团公司要选聘副总裁,欲从集团公司的三个分厂厂长中选拔。其中,一分厂的王厂长在群众中呼声最高。王厂长工作兢兢业业,总是最早上班,最后下班。他工作上细致入微,细心过问厂内的大小事情,对待下属员工也是和蔼可亲。并且,这位技术出身的厂长还亲自带领员工实施技术改造,使企业效益一直保持在各分厂的中上水平。但集团领导最终研究,选定了二分厂的张厂长出任副总裁。

结果一公布,便有人提出反对意见,理由大致有三方面:第一,大家认为张厂长喜欢"拉关系",对自己的本职工作不太关心,有不务正业的嫌疑;第二,虽然二分厂的效益一直名列前茅,但张厂长有特殊背景,可能有人暗中帮助他提升了业绩;第三,二分厂的大部分工作通常都由张厂长委派下属完成,效益并不是他个人创造的,功劳应该归下属所有。

启示:从案例中,我们可以清楚地看到,王厂长是"有效的管理者"的典型代表,而张厂长则是"成功的管理者"的典型代表。正如美国组织行为学家卢森斯揭示的"有效的管理者"不等于"成功的管理者"的现实,网络联系是管理者能否成为"成功的管理者"的制胜因素。

四、猴子摘香蕉

曾经,有研究者们开展了一项有趣的实验:在笼子里挂上黄澄澄的香蕉,猴子们垂涎欲滴,但是每当有猴子想要去摘取时,都会有专人去敲打猴子。猴子们只得一一放弃,围在笼子里看着香蕉。这时,一只新猴子进来了,它不知道去摘香蕉会挨打,而事实上也的确没有人打它。但这只猴子依然没有吃到香蕉,原因很奇怪:在它每次刚想伸出手来摘香蕉的时候,其他的猴子就会自主去攻击它。

启示:在一定的组织或群体中,一旦规矩形成后,就成为其成员的行为准则与常规,即便这种规矩换了实施的主体,成员也会遵循。

五、鳄鱼的伙伴——牙签鸟

众所周知,鳄鱼是一种凶猛的动物,谁也想不到这样的动物也有合作伙伴。在公元前450年,古希腊的历史学家希罗多德发现了一种奇怪的现象。他在埃及奥博斯城的鳄鱼神庙里观察鳄鱼时发现,饱食后趴在大理石水池中的鳄鱼时常张着大嘴,而有一种灰色的小鸟却在鳄鱼嘴里上下翻飞,啄来啄去。有的甚至站在鳄鱼的嘴巴里,啄食鳄鱼牙齿上的食物残渣。眼前的这种现象,令希罗多德非常惊讶,颠覆了他对鳄鱼的认识,继而引发了他的好奇,在他对这一现象进行了认真观察和深入思考后,希罗多德发现,几乎所有鸟兽见到凶残的鳄鱼都会迅速避开。而这种灰色的小鸟不仅不避让鳄鱼,还能同鳄鱼友好相处,更有意思的是,一贯凶狠的鳄鱼竟然从不伤害这种小鸟。每当鳄鱼出水上岸后,就会张大嘴巴,等待这种小鸟飞到它的嘴里去啄食食物残渣,吃水蛭、苍蝇等小动物。

希罗多德认为鳄鱼能与这种小鸟和谐相处,是因为它们相互需要。鳄鱼需要小鸟的帮助,清理口腔中的寄生虫和食物残渣,这让鳄鱼很舒服。而小鸟则通过鳄鱼提供这些寄生虫和食物残渣来填饱肚子。双方互利互惠,合作共赢。所以人们就把这种灰色的小鸟叫"牙签鸟"。有时"牙签鸟"干脆把巢建造在鳄鱼栖居地,作为鳄鱼的哨兵。每当其他动物逼近,它们就会一哄而散,给鳄鱼发信号让其做好准备。而"牙签鸟"则远远观察,等待鳄鱼捕食完毕之后美餐一顿。

启示:凶猛的鳄鱼和小小的鸟儿之间都懂得互利共赢,而人类是"万物之灵长",更应该懂得合作共赢的好处,以人之长补己之短,学会合作共赢的思维方式。企业也只有通过更多地关注社会,才能找到更多的合作伙伴,实现更大的商业目标,承担更多的社会责任,创造更多的社会价值。

想一想

一、"丰田汽车"能笑到最后吗?

2009年11月,丰田公司因"脚垫门"事件,在美国对420万辆车进行了无偿修理或更换油门踏板、脚垫。然而该事件才发生不久,在2010年初,丰田汽车经过检测验证发现,其在美国销售的凯美瑞(Camry)乘用车等,油门踏板有发生故障的可能性。2010年1月21日,丰田汽车宣布对这批约230万辆车实施召回,并对其进行免费的修理。丰田在主要市场国连续进行大规模召回修理的行为,令拥有良好品质声誉的丰田公司形象再度损毁。

因为大规模召回事件,众多计划购买丰田车的买家纷纷将目光转向了其他汽车品牌。大量丰田车主为了安全也被迫封车。丰田公司的销量因而连续下跌了数十个百分点,而其竞争对手却获得了多达几十个百分点的销售增长。这让日本丰田公司陷入了有史以来最严重的信任危机。

2010年2月5日,丰田公司就大规模召回事件进行了公开道歉。在全球媒体的闪光灯下,丰田汽车总裁丰田章男,在日本丰田总部45度鞠躬,并用日语和英语分别做出了道歉和保证,极力挽回丰田公司信誉。

卷入"踏板门"之前,丰田公司正值攀上全球产销第一的至尊地位。而此次召回缺陷汽车产品维修,是该公司成立以来规模最大的一次品牌危机。面对如此大规模的召回,其应对成本也是一个天文数字,这无疑对丰田公司更是雪上加霜。在如此环境下,"主动召回""指令召回""隐匿召回""拒不召回"等多个选项摆在丰田公司面前。然而,因为强烈的社会责任感,该公司果断选择了"主动召回"。从某种意义上来看,丰田公司负责任、讲信誉的表现,为企业重塑形象,提供了机会。

问题讨论

1. 丰田是怎么面对信任危机的?你认为这种做法如何?
2. 这种做法对企业的发展会产生什么影响?

二、啤酒公司的发展

随着生活品质不断提升,啤酒已经成为人们的日常饮品。很多啤酒公司纷纷成立。李文也成立了自己的啤酒公司,啤酒年产量达到10 000吨。在李文的带领下,经过15年的发展,公司已经成长为大型企业,拥有几十个品牌,产品覆盖高中低多个档次。李文邀请了国际著名管理专家,给公司建立了一套专业管理模式,并成立了研发部、生产部、销售部、市场部等多个部门。

随着公司规模的不断扩大,以及市场环境的变化,李文决定,对公司进行进一步变革。在他的带领下,公司锐意创新、紧抓机遇、攻坚克难、放眼未来,迎接了一次次风险挑战,取得了一个个可喜成绩。公司效益越来越好,产品深受广大群众的喜爱。

从一个小厂,到一个大型企业,李文可以说取得了成功。在他的管理中,他非常重视人的作用,努力调动每个员工的积极性。他重视中高层管理干部的发展,不定期出国深造,提升职业素养;他重视普通员工的能力,定期开展培训,提升工作技能。为了更好地调动员工的积极性,进行了工资体系改革,建立了新型的绩效考核与激励机制;为了保障产品的质量,制定了严格的产品质量标准;为了有效管理公司事务,实行责任到人,推进事前、事中、事后控制。正是这一系列的措施,助推企业不断进步,事业也越做越大。

在企业文化方面,李文也花了大量的功夫。他牢记"诚信和善"的经营理念,坚守"质量保生存,开发增活力,销售促生产,管理求效益,培训做保证,改革为动力"的经营方针。员工对企业的认同感、归属感,也逐步增强,不断酿造优质产品,与企业共同成长。

目前,李文已经制定了下一步发展目标,并征得了公司员工的同意。他要在接下来的五年时间里,使企业产销量提高10%,企业晋级全国同行前列。

问题讨论

1. 管理的职能包括哪些?
2. 本案例中,体现了哪些管理职能?请简要分析。

练一练

一、模拟企业调研

以小组为单位,采访1~2名现实生活中的管理者,回答下列问题。
(1)你是如何理解"人性化管理"的?
(2)"人性化管理"与"制度化管理"是否会发生冲突?如何处理?
(3)总结你是如何看待"人性"二字的?

二、评估组织文化

如果你是某学生组织的成员,通过回答下列问题来评估组织文化:你如何描述该组织的文化?新成员如何学习组织文化?该组织文化被维持得如何?如果你没有参加学生组织,与另一个参加学生组织的同学交流并使用相同的问题评估组织文化。

三、归纳要点

用自己的语言写下你在本章学到的"关于如何成为一名好的管理者"的三个要点。

第二章　管理思想的发展

博学而笃志,切问而近思,仁在其中矣。

——《论语·子张》

人法地,地法天,天法道,道法自然。
道可道,非常道,名可名,非常名。

——《老子·道经》

礼之用,和为贵。

——《论语·学而》

政之所兴,在顺民心;政之所废,在逆民心。

——《管子·牧民》

亲贤臣,远小人,此先汉所以兴隆也;亲小人,远贤臣,此后汉所以倾颓也。

——《前出师表》

夫运筹策帷帐之中,决胜于千里之外。

——《史记·高祖本纪》

为将之道:"进不求名,退不避罪,唯人是保,而利合于主,国之宝也。"
用人之道:"求之于势,不责于人,故能择人而任势。""令之以文,齐之以武。"
用兵之道:"凡战者,以正合,以奇胜。"

——《孙子兵法》

能去私曲就公法者,民安而国治。

——《韩非子·有度》

本章思维导图

知识点摘要

一、中国传统管理思想

中国是有着五千年文明史的超大型国家,我国各族人民积累了大量的管理经验,也留下了丰富多彩的历史瑰宝,其中蕴藏着极其丰富的关于管理的思考(见表2—1)。

表 2—1　　　　　　　　中国古代管理思想代表学派

学派	主要代表人物	主要的观点
道家	老子、庄子	顺道无为
儒家	孔子、孟子	重人求和
兵家	孙子	预谋慎战
法家	管仲、商鞅	依法治理

(一)顺道无为

老子在《道德经》中提出,"人法地,地法天,天法道,道法自然。"其中,道指的是客观规律。老子提倡"无为而治",不是无所作为,而是要求管理要顺应客观规律有序开展。

1. "善下"的用人之道

古人主张"以贱为本",老子认为,管理要如水一样柔和,能包容一切。管理者在完善规章制度的同时,要谦恭温和,不断融入人情味,刚柔相济,这样才能取得良好的管理效果。

2. "上善若水"的管理艺术

管理应具有灵活性,制度非刚性化,方法情感化,人际关系和谐化,在完善规章制度的同时,不断融入人情味,刚柔相济,才能取得良好的管理效果。

3. "辨道顺道"的管理辩证法

老子倡导对立统一的辩证法,以辩证思维去思考办事。无论从政治国,还是为人处事,都要了解事物总是对立统一的,要寻求规律去做事。

(二)重人求和

以孔子为代表的儒家思想,作为中国传统思想的重要组成部分,长期居于主导地位。儒家思想秉承以人为核心的管理,要求重视人的需要,讲求用人之道,实现人的和谐。

1. 以民为本的执政思想

民本思想源于先秦,自汉朝后更是被奉为治国的基本方略。《尚书》提及"民惟邦本,本固邦宁",体现出人民视作国家基石的思想。管子"凡治国之道,必先富民",强调管理活动要重视人的因素,主张群体本位,而非个体本位,重视团体利益。

2. 为政以德的治国思想

儒家思想指出用政令刑法的方式去控制,百姓就会去找法律和规定的漏洞;提倡以德去教化,以礼仪去规范,百姓即便是违背了一些礼仪道德规范而成功了,他也会感到很羞耻,有内疚之情。这一观点对当今法治社会建设有一定借鉴意义。早在2 500年前,孔子就已经提出了管理的信用和契约思想。"人无信不立,业无信不旺,国无信不

老子,姓李名耳,字聃,春秋末期人,道家创始人,被称为"世界哲学之父"。据联合国教科文组织统计,老子所著《道德经》是被译成外国文字发行量最多的文化名著之一。

孔子,字仲尼,春秋时期鲁国人,儒家学派创始人。孔子开创私人讲学之风,倡导仁义礼智信。有弟子三千,其中贤人七十二。《论语》被后世奉为儒家经典。

兴"。当今社会尤为注重诚信,如世贸组织契约的遵守。

3. 举贤才的用人之道

《礼记》中记载"大道之行也,天下为公,选贤与能,讲信修睦",体现了对人才选聘重要性的认识。自隋朝开始的科举制度,在中国历史上一直延续了一千多年,是我国古代的一项原创性的选拔人才的制度。直到19世纪,英国才借鉴了中国科举制度,建立了文官制度。

4. 中庸之道的管理哲学

中庸主张在管理工作当中要把握"度",孔子提倡"礼之用,和为贵",管子强调"上下不和,虽安必危",这些都蕴含了"中庸"的思想。

5. 人和的思想

古人主张"天时、地利、人和","人和"指良好的人际关系,要和平相处。管理组织与外界环境之间、部门之间要协调、平衡。一般情况下,"和"与"争"都是不可缺少的,和争互补、和争相济。

(三)预谋慎战

> 孙武,字长卿,春秋末期齐国人。尊称兵圣或孙子(孙武子)。其著有巨作《孙子兵法》十三篇,被誉为"兵学圣典",是国际最著名的兵学典范。

自古以来,我国军事典籍就已汗牛充栋。从先秦时期到汉朝初年,兵家著作多达三千余部。军事行动往往事关国家的生死存亡,故要运筹谋划,以智取胜。兵家思想认为,战争不仅是打仗,而且包含了政治、经济、军事、天文、地理、国际关系等多种因素,这些因素相互影响,共同决定了战争的胜败。

1. 预测运筹关系全局

孙子主张"上兵伐谋",管子提倡"以备待时",均强调在开战前,需要进行系统的战略、战术的谋划和部署,方能克敌制胜。田忌赛马、丁谓建宫、赤壁之战、诸葛亮的空城计等,都是系统运筹制胜的鲜活实例。

2. 人的因素决定胜负

孙武对将领应具备的素质进行了论述,"将者,智、信、仁、勇、严也"。他认为,将领能够影响战争的胜败,人的因素在管理中起着重要的作用。

3. 权变管理思想

中国传统思想认为,组织的目标的固定的,但实现目标的方式是多种多样的。"合乎利而动,不合乎利而止。"这里的"利",指的就是组织目标。

(四)依法治理

> 韩非,又称韩非子,战国末期韩国人,法家学派代表人物。韩非是法家思想之集大成者,将辩证法、朴素唯物主义与法融为一体,其学说一直是中国封建社会时期统治阶级治国的思想基础。

中国历史上依法治理的思想源于先秦法家和《管子》。前期法家的代表人物主要有:李悝、吴起、商鞅、韩非子、申不害等。商鞅认为,管理的目的是提高组织活动的效率,活动的效率是以秩序为前提的。韩非子引用舜的治理事例,比较了法治与人治的效率差异,只有借助"法术""规矩""尺寸",才能建立稳定的政治或经济活动的秩序,提高治理的有效性。韩非子主张"赏厚而信,刑重而必""君必有明法正义""治国无其法则乱"。他还主张实行"明法""一法""常法"原则。"明法"就是公开性,"一法"就是统一性和平等性原则,"常法"就是相对稳定性原则。

二、西方管理思想

管理思想和理论源自实践,又服务于实践。西方管理思想的演进与其生产方式、时代特征密切相关。

(一)西方早期管理思想

西方管理思想伴随着工厂制度的出现而产生。随着资本主义的发展,出现了大量的工厂,工厂制度随之而产生。为了提高工厂的生产效率,大量赚取剩余价值,开始针对生产经营中发生的问题进行研究。当时的管理理论虽然只有一些零散的研究,但正是这些累积催生了管理思想,为后续的管理思想发展打下了坚实的基础。

1776年,亚当·斯密发表了著作《国民财富的性质和原因的研究》(简称《国富论》)。他在书中系统阐述了劳动分工论和劳动价值论,并提出了著名的"经济人假设"。

查尔斯·巴贝奇发展了亚当·斯密关于劳动分工的利益的思想,提出许多关于生产组织机构和经济学方面的问题。他在代表作《论机器和制造业的经济学》中提出,劳动分工不仅可以提高效率,有利于工具的改进,而且可以减少支付工资,成为企业管理的重要文件。他还提出了著名的"边际熟练"原则,并主张"固定工资+利润分享+奖金"的报酬制度。

英国的罗伯特·欧文把注意力集中到了企业的人事方面,认为企业重视人的作用和尊重人的地位,也可以提高生产效率。他在自己的工厂里进行了一系列劳动管理方面的改革,并开展了两个阶段的管理实验,主要是生活和工作环境的改变,以及以工厂为中心的社区社会改革。他还认为,人是环境的产物,人事政治必须被认为是经济机构管理的不可分割的部分,人事管理必须有所报偿,并主张改善劳动条件和工资待遇,对人力进行投资。

西方早期管理思想普遍缺乏系统的研究和完整的理论,且只注重技术,而不注重管理,也未能顾及发展管理的原则和概念。

(二)古典管理理论——现代管理学的萌芽与发展

工业革命的发展,助推了科学管理理论的出现。管理理论是随着工厂制度和工厂管理实践的发展形成的,古典管理理论被认为是现代管理学的萌芽与发展,主要以泰勒的《科学管理原理》和法约尔的《工业管理与一般管理》等为代表,他们认为,管理的有效性要依据科学的方法来管理活动和组织。

1. 科学管理理论(见图2-1)

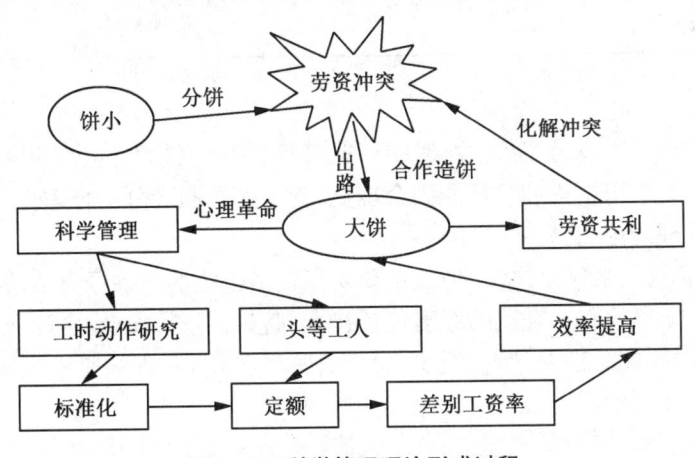

图2-1 科学管理理论形成过程

弗雷德里克·温斯洛·泰勒(Frederick Winslow Taylor,1856—1915),美国古典管理学家、科学管理的主要倡导人。
一个在死后被尊称为"科学管理之父"的人;
一个影响了流水线生产方式产生的人;
一个被社会主义伟大导师列宁推崇备至的人;
一个影响了人类工业化进程的人。

1911年,美国管理学家泰勒所著《科学管理原理》问世,标志着西方管理理论的形成,引起了全世界管理者的极大关注。泰勒被称为科学管理之父,他从基层劳动做起,这些经历决定了其对基层生产技术的重视,开展了一系列生产实验,主要包括秒表测时、搬运生铁实验、铁锹实验、高速钢实验,研究工人掌握技术决定劳动方式的科学方法,尤其是现场管理、定额标准、时间分析等具体问题的研究。

(1)科学管理理论泰勒制的内容

①改进工作方法,作业标准化,挑选和培训"第一流工人"。标准作业必须科学安排管理工作中各项因素,并消除其中不合理因素,将各种最好因素科学结合起来。对工人提出科学的操作方法,以合理利用工时;根据工作要求,科学地挑选工人并使之成为"第一流工人"。

②改进分配方法,制定工作定额,实行差别计件工资制。在计算工资时,通过系列试验和测量,定额管理工人的"合理的日工作量"。采取不同的工资率,未完成定额的,按低工资率付给;完成并超过定额的,按高工资率付给。

③改进生产组织,提出管理工作专业化,劳资双方来一场"心理革命"。在企业中设置计划部门,将管理和劳动分离;实行"职能工长制",职能工长只负责某一方面的工作,在其职能范围内可以向工人发布命令;进行例外管理,企业的上级主管把一般的日常事务授权给下级管理人员去处理,而自己保留对例外事项或重要问题的决策与监督权。这个原理为分权化管理、事业部制提供了理论依据。

(2)科学管理理论评析(见表2—2)

表2—2　　　　　　　　　　科学管理理论评析

贡献	局限性
①第一次使管理从经验上升为科学。提倡在管理中运用科学方法和科学实践精神。 ②创造和发展了一系列提高生产效率的技术和方法,时间与动作研究技术和差别计件工资制等推动了生产发展,适应了资本主义经济发展的需要。 ③将管理职能与执行职能分离,使管理理论进一步发展有了实践基础。	①将人看成是赚钱的机器("经济人")。 ②泰勒的科学管理只重视技术的因素,不重视人群社会的因素。 ③侧重于低层的管理,仅解决了个别具体工作的作业效率问题,而没有解决企业作为一个整体如何经营和管理的问题。

2. 一般管理理论

1916年,法约尔发表了《工业管理和一般管理》一书,针对企业的组织与管理问题进行研究,重点是组织结构和管理原则合理化,管理人员职责分工合理化。

(1)一般管理理论的内容

法约尔被称为一般管理之父,他的主要观点包括企业的六种经营活动、管理的五项职能和管理的14项原则。企业的经营包括技术、商业、财务、安全、会计、管理等六项活动。管理的五项职能分别是计划、组织、指挥、协调、控制,管理只是六大经营职能的一部分。如图2—2所示。

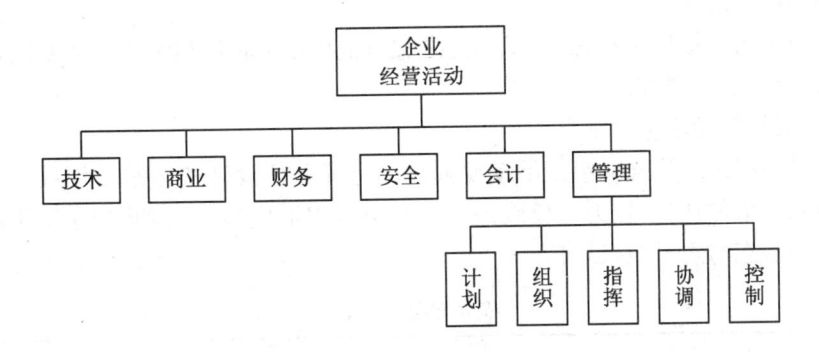

```
                    ┌──────────┐
                    │   企业   │
                    │ 经营活动 │
                    └────┬─────┘
    ┌────┬────┬────┬─────┼────┬────────────────┐
  ┌─┴─┐┌─┴─┐┌─┴─┐┌─┴─┐┌──┴─┐┌─┴──┐
  │技术││商业││财务││安全││会计││管理│
  └───┘└───┘└───┘└───┘└────┘└─┬──┘
                  ┌────┬────┼────┬────┐
                ┌─┴┐┌─┴┐┌─┴┐┌─┴┐┌─┴┐
                │计││组││指││协││控│
                │划││织││挥││调││制│
                └──┘└──┘└──┘└──┘└──┘
```

图 2—2 企业的基本活动与管理的五项职能关系图

表 2—3 列示了法约尔提出的管理的 14 项原则。

表 2—3 管理人员解决问题时应遵循的十四条原则

	原 则	内 容
1	劳动分工	通过专业化提高效率、降低成本。
2	权力与责任	管理者必须有职有权,职权相当。
3	纪律	员工必须遵守组织纪律和规章制度。
4	统一指挥	一个下属只接受一个领导人的命令,不能多头领导。
5	统一方向	组织应该只有一个行动计划,作为统一全体管理者和员工的行动方向。
6	个人服从整体	任何员工的利益都不能凌驾于组织整体利益之上。
7	报酬	必须公平合理,及时支付。
8	集权	集权程度应视下级的具体情况而定。
9	等级链	从最高层至最底层要形成有序的权力线。
10	秩序	人与物都应在正确的时间处于正确的位置。
11	公平	管理者必须公平、友善地对待下属。
12	稳定性	人员任期和替补应有清晰的规则。
13	主动性	鼓励员工执行计划时充分发挥主动性和创新精神。
14	团队精神	促进团队精神,创造组织内部的和谐与团结氛围。

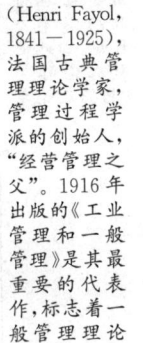

亨利·法约尔(Henri Fayol,1841—1925),法国古典管理理论学家,管理过程学派的创始人,"经营管理之父"。1916 年出版的《工业管理和一般管理》是其最重要的代表作,标志着一般管理理论的形成。与韦伯、泰勒并称为西方古典管理理论的三位先驱。

(2)一般管理理论评析(见表 2—4)

表 2—4 一般管理理论评析

贡献	局限性
①法约尔管理思想系统性和理论性较强,提出的管理原则,为科学管理提供了一套科学的理论构架。 ②法约尔是以大企业最高管理者的身份自上而下地研究管理,强调管理的一般性,不仅适用于企业,同样也适用于政治、军事等部门和组织。	①管理原则过于僵硬,以至于有时实际管理工作者无法遵守。 ②忽视对"人性"的研究,仍将人视为"经济人""机器人"。 ③过分强调企业内部的管理,忽视外界环境对管理的影响。

3. 科层组织理论

马克斯·韦伯被后世称为"组织理论之父",他提出的科层组织或科层制度,通常亦被译为官僚组织、官僚政治。

(1)科层组织理论主要观点

韦伯科层组织理论强调组织活动要通过职务或职位设计和运作,而不是个人魅力或世袭得来。韦伯认为,权力与权威是一切社会组织形成的基础,世上有三种权力,也有三种组织形态与之对应(见表2-5)。

马克斯·韦伯(Max Weber, 1864—1920),德国著名社会学家,曾担任过教授、政府顾问、编辑,对社会学、宗教学、经济学和政治学有广泛的兴趣,并发表过著作《社会组织和经济组织理论》。书中提出了理想行政组织体系理论,由此他被人们称为"组织理论之父"。

表2-5　权力与组织类型

权力类型	组织类型	具体理解	权力关系的表现形式
个人魅力型/超凡权力	神秘化组织	权力来源于别人的崇拜与追随,基于对"超凡人物"的崇拜。一旦出现超凡人物死亡,这种组织往往会出现分裂或走向死亡。	先知—信徒
传统型	传统化组织	权力建立在对于习惯和古老传统的神圣不可侵犯性要求,要求下属服从命令,其管理也相对比较单纯。	君主—臣民
法理型/法定权力	法律化组织	权力来源于由法律确定的职位或地位,其权力的赋予者是组织,是最有效率的形态。	理性—法律

(2)科层组织理论评析(见表2-6)

表2-6　科层组织理论评析

贡献	局限性
强调组织的运转,需要建立一套连续性的规章制度网,使个人主观因素对整个组织的运转降到最低程度,摆脱了传统组织的随机、主观偏见的影响。这种组织适合于工业革命以来的大型企业组织的需要,并对以后的管理理论有着一定的影响。	①过分强调组织原则和恪守规章制度,抑制创造力、革新精神和冒险精神。 ②忽视了非正式组织作用,强调人际关系的非人格化,决策时只考虑规章和程序,而忽视了成员的情感方面的需求,不利于调动积极性。

(三)西方现代管理思想发展

20世纪20年代初期,哈佛大学教授梅奥在美国西方电气公司的霍桑工厂进行了著名的是霍桑试验(见图2-3),对企业活动中的人的行为及其影响因素进行了充分的研究。1933年,梅奥在此基础上出版了《工业文明的人类问题》等书,提出了"职工是社会人""企业中存在非正式组织"以及"新型的领导能力在于提高职工满足程度的能力"等观点,启动了管理学家关于企业活动中人的因素的思考。人的劳动生产率与人性密切相关,如工作态度和情绪、积极性和主动性、社会心理满足情况等。

第二次世界大战以后,研究管理理论的各种学派,呈现出"百花齐放、百家争鸣"的繁荣景象。美国管理学家孔茨形象地把这种现象称为"管理理论的丛林",管理学的理论框架因此而逐渐成熟。如表2-7所示。

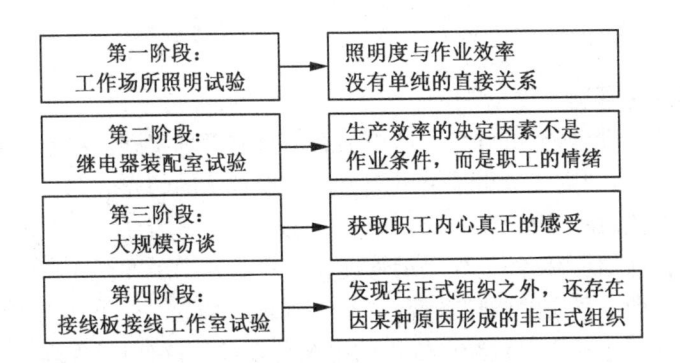

```
第一阶段:           照明度与作业效率
工作场所照明试验  →  没有单纯的直接关系

第二阶段:           生产效率的决定因素不是
继电器装配室试验  →  作业条件,而是职工的情绪

第三阶段:         
大规模访谈        →  获取职工内心真正的感受

第四阶段:           发现在正式组织之外,还存在
接线板接线工作室试验 → 因某种原因形成的非正式组织
```

图 2—3　霍桑试验的四个阶段

表 2—7　　　　管理理论的丛林主要学派及其代表人物、代表作和基本观点

研究视角	学派名称	代表人物代表作或理论	主要观点
研究对象	行为科学	人群关系论—梅奥;需要层次理论—马斯洛;双因素理论—赫茨伯格;X和Y理论—道格拉斯·麦格雷戈	主张在管理中,应注重研究人的因素,研究人与人之间的关系,以有效调动人的积极性。
	经验学派	戴尔《伟大的组织者》;德鲁克《有效的管理者》《21世纪的管理挑战》	总结企业成败经验,提高管理企业的方法和技能。
系统思维观	社会系统学派	巴纳德《经理人的职能》	组织是一个协作系统,组织的存在需要共同的目标、协作意愿和信息沟通三个基本要素。明确了经理人员的三项基本职能,建立和维持一个信息系统,获得组织成员服务,规定组织的共同目标。
权变思维观	权变管理理论	莫尔斯和洛什的"超Y理论";费德勒的权变领导模型	重视环境因素,管理技术与方法同环境因素之间存在一种函数关系,企业管理要随环境的变化而变化。
管理本质	决策理论学派	赫伯特·西蒙《管理决策新学科》	"管理就是决策",决策贯穿于整个管理过程。遵循满意原则,程序化和非程序化决策。
	经理角色学派	亨利·明茨伯格《管理工作的本质》《组织的结构》等	组织管理的基本问题是分工和协调,组织结构的实质是人们在组织内进行劳动分工和协调的方式的总和。
技术与方法	管理科学学派	伯法《现代生产管理》	使用先进的数理方法及管理手段,使生产力得到最为合理的组织,以获得最佳的经济效益,而较少考虑人的行为因素。
制度视角	新制度学派	鲍威尔和迪马吉奥	组织是制度化的组织。制度就是能约束行动并提供秩序的共享规则体系。
技术视角	管理过程学派	企业再造理论—哈默和钱皮	以业务流程为改造对象和中心、以关心客户的需求和满意度为目标,最大限度地实现技术上的功能集成,管理上的职能集成。

三、中外管理的实践与比较

(一)中国传统管理实践

中国的传统管理思想源远流长,历史上有丰富的管理实践,经历了由长时间的领先到短时间的落后,再到当代取得了举世瞩目的管理奇迹的超越之路。

追溯中国古代,在工程管理方面,如中国的万里长城、秦直道、大运河的建造,都离不开严谨的工程计划、严格的工程质量管理和有效的分工制度。在战国时期,就有制式兵器的大规模生产及其质量管理系统;在军事管理方面,自古以来,中国历史上就积累了丰富的军事管理艺术和无数经典战役的组织管理经验;在项目管理方面,诸如耳熟能详的勾践卧薪尝胆、郑和七次下西洋等数不胜数的事例,在队伍组建、运行机制等众多方面的表现,也与现代项目管理的特征相类似;在政府管理方面,中国是人类历史上第一个开创科举制度的国家,建立和运行了人类社会最早的文官制度;在商业管理方面,宋朝兴起了高度发达的商业经济活动,传世名画《清明上河图》中,呈现的就是当时社会商业繁华景象,体现这一时期(宋朝)高超的商业管理水平。

近代中国的管理日渐落后,衰败的标志就是1840年第一次鸦片战争中的海防战的失败,尤其是中国支付天价的赔偿,更是陷入了一贫如洗的境地。1860年,第二次鸦片战争中八里桥之战的惨败,则是现代中国管理实践水平衰败的典型标志,反映出当时中国基于传统农耕文明的管理已远远落后于西方基于工业革命产生的现代管理。值得注意的是,当时中国还没有建立国家统一的财政制度和货币信用,货币供应取决于外部世界提供的商品白银,学者称之为"白银依赖症"。1870年左右,英国主导的世界货币体系开始由"银本位"转向"金本位",致使银价在国际市场暴跌,对当时的中国社会经济更是雪上加霜。中国要摆脱半殖民地半封建社会的命运,从国家、社会、军事、经济管理的角度来说,对中国革命提出了重大迫切的需求。

1950年10至1953年7月,面对帝国主义的侵略,新中国不得不参与抗美援朝战争,与当时以美国为首的所谓十六国"联合国军",在军事、政治、经济、外交上全面较量,最终中国人民赢得了胜利,为国内经济建设和社会改革赢得了和平稳定的环境。从管理学角度来看,这是中国共产党领导下的新中国,将马克思主义、毛泽东思想、传统国学和现代管理结合所产生的强大威力。

在金融方面,新中国成立后,确立了人民币的国家货币地位,并很快形成了统一的、独立的国家财政体系。如今,人民币正在稳健地走出国门走向世界,成为一种比较强势、具有高度信誉的货币。从1953年开始的第一个五年计划,到1979年的改革开放,再到新时代构建"人类命运共同体"、"一带一路"倡议、"以国内大循环为主体、统筹国内国际双循环"等理念的提出和实施,中国强势崛起,取得了一系列管理实践的辉煌成就,充分证明了在中国特色社会主义的平台上,把马克思主义、毛泽东思想、邓小平理论、"三个代表"重要思想、科学发展观、习近平新时代中国特色社会主义思想,与传统国学优秀思想有机融合,所焕发出来的盎然生机和强大的生命力,充分展示了国学与现代管理相结合的实践威力与美好的前景。

(二)西方的管理实践

西方早期的管理实践(远古时代到公元1543年),主要是在奴隶社会、封建社会的框架下开展的,以古巴比伦、古埃及、古罗马为代表,都有重要的贡献和相应的管理活动。古埃及在建造金字塔的过程中，精心计划、组织和控制，表现出超高的分工协作管理能力；古巴比伦的《汉谟拉比法典》，涉及社会及商业管理的许多方面。西欧封建社会的组织结构围绕"集权与分权"，通过"分级授权"来体现，如图2—4所示。

图2—4　西欧封建社会的组织结构

随着文艺复兴的产生，推动了社会转型和管理实践的发展，资产阶级登上了历史的舞台，新教的伦理、个人自由的伦理和市场伦理等相继产生，促进了新的生产组织的制度出现，产生了新的管理方式，这些管理实践的成就，以地理大发现、殖民扩张、工业革命为代表。

准现代的管理实践(从1915年至20世纪80年代)，前期强调用科学的管理手段提高生产效率，后期注重人的感情和社会因素，从科学的角度进一步改进管理机制，促进了生产力的空前提高。这些管理实践以流水线生产、规模化经营为代表。第二次世界大战结束后，随着战后重建和科学技术的发展，西方管理学界涌现出了决策理论、系统管理、经验主义等管理理论的丛林，管理实践中的管理组织管理方式越来越多地表现出复杂性、渗透性、交互性和灵活性的特点。如表2—8所示。

表2—8　　　　　　　　　现代管理思想发展与历史背景

时代	时间	时代特征	主要管理思想	代表人物和著作
第一次工业革命	蒸汽时代 18世纪60年代至20世纪初	使用能源：煤 使用动力：蒸汽机 生产工具：天轴传动的机器 运输工具：蒸汽火车、蒸汽轮船 通信工具：有线电话、邮局 社会经济状态：工业化初期，资本原始积累，劳资矛盾激化	▷工厂制代替手工作坊 ▷劳动分工能提高生产 ▷科学管理 ▷一般行政管理	√亚当·斯密《国富论》1776年 √查尔斯·巴贝奇《论机器和制造业的经济》1832年 √泰勒《科学管理原理》1911年 √法约尔《一般管理与工业管理》1916年
第二次工业革命	电气时代 20世纪初至20世纪中	使用能源：煤、石油 使用动力：发电机产生电力 生产工具：电动机传动的机器 运输工具：电气火车、内燃机火车、汽车、螺旋桨飞机 通信工具：无线电报、有线电话 社会经济状态：工业化中期，资本大量集中，形成垄断经济	▷机械化 ▷电气化 ▷流水生产 ▷行为管理	√梅奥《工业文明中人的问题》1933年 √麦格雷戈《企业的人性面》1960年

续表

时代		时间	时代特征	主要管理思想	代表人物和著作
第二次工业革命	电子时代	20世纪中至20世纪末	使用能源:煤、石油、核能、水电 使用动力:电力、高压输电网 生产工具:电子计算机、数控机床 运输工具:高速公路、高速铁路、喷气式飞机、大型海运船 通信工具:电话、传真、电视 社会经济状态:工业化后期,经济繁荣,市场经济与计划经济两大体系并存	▷过程管理 ▷系统管理 ▷权变管理 ▷全面质量管理 ▷精益生产 ▷大规模定制生产	√哈罗德·孔茨《管理的丛林》1965年 √弗雷德·菲德勒《权变管理》1974年 √系统管理学会《经营管理》1975年 √大田耐一《丰田的生产系统》1978年 √威廉·大内《Z理论》1980年 √迈克尔·波特《竞争战略》1980年 √迈克尔·波特《竞争优势》1985年
第三次工业革命	信息时代	20世纪末以来	使用能源:化石能源向清洁能源转化 使用动力:超高压电网、长距离输送电力 生产工具:智能电子计算机、智能化机器 运输工具:高速公路网、高速铁路网、大型超音速飞机、超大型海运船 通信工具:互联网、电子计算机、智能手机、高清电视、云计算、QQ、微信、FaceTime 社会经济状态:经济全球化、资源配置市场化、电子商务普及化	▷流程再造 ▷ERP ▷CRM ▷MRM ▷虚拟组织 ▷学习型组织 ▷全球供应链 ▷业务外包 ▷大数据 ▷SaaS	√威廉·戴维陶、麦克·马隆《虚拟企业》1992年 √迈克尔·哈默《公司再造》1994年 √彼得·圣吉《第五项修炼》1994年 √普瑞斯·戈德爱·内格尔《敏捷竞争者与虚拟组织》1995年 √托马斯·弗里德曼《世界是平的》2005年 √维克托·迈尔舍恩伯格·肯尼思·库克耶《大数据时代》2012年 √冯启思《数据统治世界》2013年 √涂子沛《大数据》2013年

(三)中西管理的实践对比

对中西管理的实践进行总结可以发现,在不同的历史阶段,解决各种管理实践问题的有效方法都源自管理文化的发展,中西管理的比较,除了对人性假定和认识不同外,中西管理还存在如下的差异:

1. 本位观与社会制度

中西方社会文化中,对社会组织成员的本位观存在着本质的不同认识。中国传统社会和文化强调集体本位,而西方社会和文化强调个体本位。同时,中西方社会制度不同。西方发展了数百年的资本主义制度,率先进入了现代文明,发达的资本主义国家先后进入了后工业时代,当前西方普遍推行的是资产阶级的所谓普世价值观。而中国则是在半封建半殖民的基础上建立了社会主义制度,完成了现代国家的基础建设,当前正在大力开展社会主义核心价值体系建设,推进以全民所有制为主,多种所有制并存的社会主义市场经济,加快高质量发展的步伐,构建人类命运共同体。比较中西方管理,一定要注意上述的根本不同。

2.管理方式

西方管理注重个性培养,以激发个体动机,促进员工个人需要为主,体现重视生产效率、科学制度、个人成就的管理风格。中国式管理强调培养和重视员工的集体主义和团体的合作精神,强调群体意识、协商共识,国家至上、社会为先、家庭为根。

3.管理中的情理法

西方管理重程序、重法理,其关注程度的顺序是:法→理→情,先法后理最后情;中国式管理重态度、重情理,其关注程度顺序:情→理→法,先情后理最后法。

4.管理组织文化

西方管理中,组织文化以个人利益为主的个人主义,崇尚尊重自由、尊重创新的个人主义文化;中国式管理中,组织文化以大众利益为主的集体主义,奉行和为贵、和而不同,主张中庸和谐、团结合作、谦虚谨慎、无私奉献。

中国管理智慧

师从八路军的美国卡尔逊突击队 在太平洋战场屡立战功

卡尔逊(1896年—1947年),美国著名军官,曾就读于美国军事最高学府——西点军校。在他的一生中,曾经数次到中国访问,并两次来到敌后抗日根据地。同时,他也是第一个到访延安的美国军官,亲眼见证了中国共产党的抗战决心和军事智慧。卡尔逊被誉为美国的"游击之父",而他的本领却是"偷师"八路军的。他将学到的八路军作战理论和方法运用到太平洋战场,奇袭日军,大获全胜。

——摘自《光明日报》(2021年6月20日第8版)

在第二次世界大战期间,八路军和美军的装备、补给有着天壤之别。八路军通常是小米加步枪,军服更是缝缝补补;而美国军队,尤其是美军特种部队,都配备着全球最顶尖的军服、武器等。世界上第一支特种部队,就是由美国卡尔逊建立。而他的经验、战法和制度等,都来自中国八路军。

1938年1月,时任美国海军情报官的卡尔逊,受总统罗斯福的秘密嘱托,来到中国访问,并考察八路军的根据地。他对考察所见所闻既感到新奇,又感到疑惑。他不理解:为什么敌后根据地的人民,比其他国家、地区的人民的精神面貌好很多?到底是什么力量,共产党能把民众组织得如此好?战争比拼的是军事,为什么共产党在努力发展政治、经济、文化?在十分落后的条件下,八路军、游击队如何做的后勤保障?小米加步枪如此差的装备,而八路军、游击队却是如何战胜日本军队的?!

他带着巨大的疑惑,来到了晋察冀司令部,并虚心向司令员聂荣臻求教。聂荣臻司令花了大半夜的时间,从井冈山游击战开始,详细介绍了共产党在各个时期的发展史,并从多个方面回答卡尔逊的各种问题。

卡尔逊用了50多天,行程1 200多公里,详细考察了根据地的情况,并深入、系统地研究了八路军的战法。他给罗斯福总统的信中表示:八路军的游击战不是一种简单的战术问题、技术问题,而是一种与政治、经济、文化等制度广泛深入结合在一起的教育制度。在这种教育制度的训练下,士兵们能拥有某种共同的信念,并愿意为之而战、为之而生、为之而死。卡尔逊将这种神奇的教育制度叫做"伦理训导"。

在结束中国访问后,卡尔逊成了八路军的粉丝,他不遗余力地在各种场合宣传八路军和根据地,并预言中国的未来属于共产党。

1941年5月,日本突袭珍珠港。为了更好地打击日本,卡尔逊奉命组建了海军陆战队第一独立营——卡尔逊飞行突击营。自此突击营战斗英勇,立下多项战功。在著名的突袭马金岛战斗中,突击营阵亡21人,但击毙日军150余人,缴获了大量日军机密文件。这是太平洋战争爆发后,美军第一次比较有名的成功战役和战斗,对定位未来的军事行动,提供了宝贵的经验。

在之后的太平洋战争中,卡尔逊带领他的飞行突击营一路高歌,以极小的伤亡代价,取得了多次大战的胜利,对二战的胜利贡献突出。他本人三次获得美国海军十字勋章,成为美国历史上最有影响的海军陆战队将领之一。

这支传奇队伍的经历被拍成电影:*Gung Ho*,中文名译为:《喋血马金岛》。"Gung Ho"一词,源于汉语"工合"。在美军训练过程中,卡尔逊巧妙地运用"伦理训导",潜移默化地给士兵们注入精神动力。"Gung Ho",表示一同奋战,一定做到。当美军将领发出命令后,士兵们都会高喊"Gung Ho",气势大涨。"Gung Ho"也很快成为美国海军陆战队的训练口号,成为很多将领和士兵的座右铭。

> **创建第二版八路**
>
> 1942年,太平洋战场陷入了胶着状态,形势对美军非常不利。而此时,卡尔逊早已回到美国。他接受了美国海军的派遣,组建一支新型的海军陆战队,用于对日袭击作战,因此又称"袭击者"营。这是美国历史上第一支特种部队,卡尔逊也因此被称为"特种战斗之父"。

更有意思的是,卡尔逊突击队所秉承的是一种被称作"工合"精神的信条。

事实上,"工合"二字确实来源于汉语。这是卡尔逊在山西时,从一位民工口中得知的。卡尔逊曾经问那位民工:"你们中国人为什么不怕死?""救——国!""那你们靠什么来救国呢?""共同合作!"因为口音问题,卡尔逊没有听清,那人便再次重复,并简化为两个字"工(共)——合!"这下卡尔逊终于听清了,虽然已经不是原来的那两个字了……

讨论问题

1. 学习了诸子百家的管理思想,你对提高管理水平最深刻的感受是什么?
2. 谈一谈如何运用《易经》、道家、儒家思想指导现代管理工作。

书面作业

从国学智慧的视角,反思新冠疫情影响下的现代管理得与失。

扩展阅读

[1] 吴雯萱. 向八路军"偷师学艺"的美国军官. 光明日报,2021—06—20(08).

[2] 王佳妮. 埃文斯·福代斯·卡尔逊:坚持真理和正义. 中国军事网. http://www.js7tv.cn/news/201610_64573.html?from=singlemessage.

综合案例

科学管理造就福特王国

福特公司成立于1903年,至今已走过100多年的历史。这个汽车王国的兴起,首先得益于科学管理这一伟大思想。

有一次,亨利·福特把一辆汽车卖给一位医生。一个看热闹的行人对同伴打趣道:"不知哪一年我们才能买得起汽车。""这很简单!从现在起,你不吃饭,不睡觉,一天干24小时,我想只要5年,你便会拥有一辆汽车。"这句话使在场的人哄笑起来。然而,福特听了却没有笑,他反而从玩笑中获得了经营灵感。事后,福特决心研制一种"连擦皮鞋的人也能买得起的汽车"的方法。

4年后,福特的T型汽车问世了。他受芝加哥一家屠宰场分解牛的流水线启发,获得了创造流水线的灵感,并于1913年开始实施他的流水线作业。原来由数名工人"包干"的汽车,改成若干个工序,每个工人只负责一个工序上的操作,无须来回奔跑。原来组装一台电机需要20分钟,通过流水线作业,只需5分钟了。原来生产一个T型车底盘需要12小时,为了进一步提高生产效率,福特请来了科学管理之父泰勒对工序进行改进,将汽车生产分解为84道工序。最终,曾经需要12小时的下线速度,缩短为惊人的10秒钟,这使福特汽车的生产效率大大提高。T型车的售价也从825美元降为300美元,一举打败了竞争对手,奠定了福特的汽车行业霸主地位。

流水线生产方式打破了福特公司传统的工作方法,工人也由全能型技工向单一工种发展。加之工序细化后,动作标准化、工具标准化使得工作越来越单调,工人的积极性受到了打击。福特又运用了科学管理中的"刺激性报酬"与"第一流工人"的思想,在薪酬上寻找突破。1914年1月5日,福特对外宣布,计划在一星期后将普通工种的工资提高100%,公司将实现5美元工作日,任何"合格"的福特工人,即使是最低工种的人和车间清洁工也不例外。除了"5美元工作日"外,福特还将9小时工作时间改为8小时。福特公司的这一举措,吸引了大量的海员、农民、矿工、职员等。他们从各地赶来,参加福特公司的招聘会。福特公司招收到第一流的工人,这为福特的发展又创造了有利条件。

福特感慨地说:"即使是玩笑,只要你留心思考,也可能有触发你经营灵感的东西。"无论是科学家、文艺家还是经营者,在创造活动中,都存在着灵感现象。但灵感也跟机遇一样,只偏爱有准备的头脑。亨利·福特留给后人最宝贵的遗产,就是他造"百姓车"的理念:汽车不应该属于少数富人,而应该让每个人都买得起。"更多,更好,更便宜"是他的经营理念,也正是由于这种理念,福特公司才在当时的1 000多家汽车公司中脱颖而出。

讨论问题

请分析亨利·福特与泰勒所倡导的理论有何异同。

书面作业

根据管理理论发展历程,调研一家企业,提交一份企业管理模式改进建议。

扩展阅读

[1] 张追. 福特制在科学技术史上的体制变革与工业效应[J]. 北京印刷学院学报, 2021,29(10):73-75.

[2] 赵薇. 浅析福特汽车公司衰落背景下的"经济人"企业管理本质[J]. 商场现代化,2017(03):100-101.

[3] 赵巧临. 从标准化管理到自反性管理[D]. 上海:华东师范大学,2010.

小故事 大管理

一、运动员鞋中的沙子

一名运动员参加长跑运动会。在比赛中,他感觉自己跑步不太舒服,鞋子里面有东西硌脚。但由于比赛已经开始了,来不及停下来清理,觉得忍一忍应该不会影响比赛。但是跑着跑着,他发现自己的脚越来越疼。坚持跑到最后一圈时,他疼得不得不停下来。把鞋子脱下来一看,原来是里面有一粒沙子。而就是这粒沙子,把他的脚都磨破了,无法再进行比赛。最终,他只好眼睁睁地看着对手一个个从身边跑过,自己也与奖牌擦肩而过。

启示:这则故事中包含着深刻的管理思想,那就是:鞋子中的沙子虽小,但是同样可以在一个时期内影响目标的达成。我国有一位漫画家在谈到管理时说:人们常常认为管理是公司经理、政府官员的事,跟平常百姓没啥关系,然而并不是这样。其实管理是无处不在的。比如说,对学生的培养教育,就是一件极富管理艺术的事。教书育人是教师的一项事业,不仅需要用爱心浇灌,同时也需要融入相当多的管理技巧。

二、丁谓建宫

宋真宗大中祥符年间,皇宫发生重大火灾,部分宫殿烧毁殆尽,参知政事丁谓受命重建皇宫。摆在他面前有三个难题:第一是盖皇宫要很多泥土,可是京城中空地很少,取土要到郊外,路途遥远;第二是需要大批建筑材料,都要从外地运来,而汴河在郊外,离皇宫很远;第三是清理废墟后,将碎砖破瓦运出京城同样很费事……

丁谓并没有按传统习惯做法马上开工兴建,而是首先仔细分析提出一个方案:先把皇宫前的大街挖成沟河,利用挖出来的土作为原料来烧制砖瓦;把京城附近的汴河水引入了挖成的沟河,利用它来把大批建筑材料运到宫前;新宫建成后,再用建筑废墟填平沟河就地处理碎砖烂瓦,从而一举修复了原来的大街。丁谓一举解决了取土烧砖、建材运输和废墟处理等问题,节省了大量人力、物力、财力,提高了效率。在很短时间内,宏伟的宫殿和亭台楼阁修建一新。丁谓的方案一举三得,当时无人不佩服之至。

启示:丁谓建宫是我国有文字记录的最早的经典项目管理案例,体现了古人的管理策略和系统管理的思想。企业可以通过对项目整个业务流程进行梳理,降低管控成本,达到管控目标。

三、丙吉问牛

汉代有位名叫丙吉的宰相,有次他外出视察,遇到了一宗杀人的事件,他没有理会。后来他看见一头牛在路边不断地喘气,他却细细询问。随从的人觉得很奇怪,问为什么人命关天的事情他不理会,却如此关心一头牛的喘气。丙吉说,路上杀人自有地方官吏去管,不必我去过问;而牛喘气异常,就可能发生了牛瘟,或是其他有关民生疾苦的问题,这些事情地方官吏一般又往往不太注意,因此我要查问清楚。

启示:这则故事有很多耐人寻味的地方,如果我们把"杀人事件"看成例行事件,那么这丙吉问牛实际上就是一个例外管理的典型。"杀人事件"的处理,实际上已制度化、流程化,并由专门的机构负责,作为领导完全可以让他们去解决。相反,牛喘气作为一种偶发性例外事件,由于缺乏制度化、流程化的解决方式,而且没有专门负责的组织机构,就容易被忽视而造成严重的后果。丙吉这种放手流程内和例行性事件、专注流程外和例外事件的管理思想,对现在公司的管理及其他工作同样具有借鉴意义。

四、毛泽东与蒙哥马利谈治国

1958年,英国陆军元帅蒙哥马利到中国访问,看望他最崇拜的东方伟人:毛泽东。1961年,他再次访华。在两次访华中,他曾多次向毛泽东虚心求教"秘诀"。他不明白,毛泽东缔造的军队,为什么那么优秀?他们不断取得胜利的秘诀是什么?

1961年,两人的第二次会面中,毛泽东说:"有的东西你们外国人是学不到的,这里既有民族积淀的因素,也有意识形态内容。你可以先学一学辩证法,然后再来研究中国战略战术,收获会多一些。"

毛泽东认为,要了解中国,解决中国的问题,必须了解中国文化。他从小就开始深刻研究中国文化,经常手不释卷。而在众多的文化思想中,他非常看重中国传统的辩证法。随着历史车轮的滚滚向前,毛泽东也将马列主义的辩证法、唯物辩证法与中国实际相结合,并不断地应用于革命实践中,取得了重大的进步。蒙哥马利不了解辩证法,因此就很难了解中国。

启示:道家思想中"无为而治"的管理思想、"辨道顺道"的管理辩证法等,是我国传统文化核心的构成。"辨道"要准确认识客观规律,"顺道"是要根据客观规律组织管理。

五、美美与共,和而不同

中华民族自古就崇尚"以和为贵""协和万邦""四海之内皆兄弟也"等思想。中国近代以后遭遇了100多年的动荡和战火,中国人民绝不会将自己曾经遭受过的悲惨经历强加给其他国家和民族。纵观历史,任何国家试图通过武力实现自己的发展目标,最终都是要失败的。中国将毫不动摇坚持独立自主的和平外交政策,坚持走和平发展道路,坚持互利共赢的开放战略，秉持正确义利观，推动建立以合作共赢为核心的新型国际关系，始终做维护世界和平、促进共同发展的坚定力量。

——摘自习近平在博鳌亚洲论坛2015年年会上的主旨演讲，2015年3月28日

礼之用，和为贵，先王之道，斯为美。

——《论语·学而》

君子和而不同，小人同而不和。

——《论语·子路》

君子敬而无失，与人恭而有礼，四海之内，皆兄弟也。

——《论语·颜渊》

四大文明古国之中，唯有中国文化没有出现断层，并能够代代传承数千年，主要归功于中国的理念，如"和谐中道"与"和而不同"。"中道"一词，最早出现在道家经典《周易》中。后世提出的"和谐"，便是由"中道"衍生而来。"和谐中道"是在遵循一定原则的基础上，"求大同、存小异"，进而达到"和而不同"的境界。在这种理念的作用下，中国文明得以延续，并不断发展、创新。反观欧洲众多国家，上千年的宗教战争，不断侵蚀西方文化，很多文明在战火中毁于一旦。

中国道路的显著特点就是不偏激、不走极端。中国的改革之路，在稳健中不断前行，这也使得中国从百废待兴，到迅速崛起。在当今世界，随着全球合作日益广泛，"和谐中道""和而不同"的理念，更具有重大的国际意义。各国也唯有坚持这些理念，才能加深国际合作，才能更好地应对和解决全球变暖、环境治理等挑战。

和睦相处自古有之，一直是中华民族的优良传统和美德。中国也一直信奉着和睦相处的原则。2017年3月15日，沙特阿拉伯国王萨勒曼率领1 500人的访问团，乘专机抵达北京，直至3月20日返程回国。仅隔两天，以色列总理内塔尼亚胡，率领政府官员、行业精英百余人到访中国，在增进两国友谊的同时，与中国签署了很多合作协议，访问收效显著。从这可以看出，在国际交往当中，我们一直秉行中国传统价值，如"和为贵""和而不同"等。

共建和谐社会，一直是中国人的理想和追求。和而不同，也一直是中国政治文化的重要核心之一。和平共处五项原则、建设人类命运共同体、"一带一路"倡议等很多伟大理论的背后，都有和而不同这种哲学观所体现的理性和包容。

启示：中国人讲求天人合一，认为人与自然、世界、宇宙是一种相互依存、互相联系的关系。中国人所推崇的"和而不同"，是一种大智慧、大包容。"和而不同"也是一个哲学问题，它承认矛盾的普遍性和特殊性，同时也承认它们的相互依存和发展。

六、泰勒的科学管理

泰勒在伯利恒钢铁公司进行著名的铁锹试验中发现，用同一把铁锹去铲不同的物料是不合理的。例如，铲煤时，每铲负重是3.5磅，而在铲铁矿石时，每铲负重是38磅。泰勒通过安排第一流的铲工进行试验后，确定每一铲的合理负重在21磅时，产生的效率最高。为此，泰勒提出应准备几种负荷大体在21磅大小不同的铁锹供工人选择使用，以便工人铲重物时用小铁锹，铲轻物时用大铁锹。自此，工人上班时都不再自带铁锹，而是根据物料情况，从公司领取特别的标准铁锹，这种做法大大提高了劳动生产效率。(注：1磅=0.453 592千克)

1881年,为了解决工人的怠工问题,泰勒从米德韦尔公司开始,进行了金属切削实验。他自己具备一些金属加工的知识,对车床的效率问题进行了研究,开始了预期6个月的试验。在用车床、钻床、刨床等工作时,他要决定用什么样的刀具、多快的速度等,来获得最佳的加工效率。这项试验非常复杂和困难,原来预定为6个月,实际却用了26年,耗费了80多万吨钢材,总共耗费约15万美元。最后,在巴斯和怀特等十几名专家的帮助下,试验取得了重大进展。这项试验还获得了一个重要的副产品——高速钢的发明,并取得专利。

金属切削实验为泰勒的科学管理思想奠定了坚实的基础,使管理成为一门真正的科学,对管理学理论的成熟和发展起到了极大的推动作用。

启示:科学管理制度又称"泰勒制",其目的是通过共同协作,提高劳动生产率。泰勒通过提高劳资双方的经济份额,强调劳资双方来一场"心理革命",将争夺盈余转向提高盈余。这场"心理革命",构成了科学管理的实质。

想一想

联合邮包服务公司的工作

联合邮包服务公司(United Parcel Service,UPS)雇用了15万名员工,平均每天将900万个包裹发送到美国各地和180个国家。为了兑现他们的承诺——在邮运业中办理最快捷的运送,UPS的管理当局系统地培训他们的员工,使他们以尽可能高的效率从事工作。

例如,UPS的技术工程师对每一位司机的行驶路线都进行了时间研究,并对每种送货、暂停和取货活动都设立了标准。这些工程师们记录了红灯、通行、按门铃、穿过院子、上楼梯、中间休息喝咖啡,甚至上厕所的时间,将这些数据输入计算机中,从而给出每一位司机每天中工作的详细时间标准。

为了完成每天取送130件包裹的目标,司机们必须严格遵循工程师设定的程序。当他们接近发送站时,他们松开安全带,按喇叭,关发动机,拉起紧急制动,把变速器推到1挡上,为送货完毕的启动离开做好准备,这一系列动作严丝合缝。然后,司机迈出驾驶室,右臂夹着文件夹,左手拿着包裹,右手拿着车钥匙。他们看一眼包裹上的地址,把它记在脑子里,然后以每秒3英尺的速度快步走到顾客的门前,先敲一下门以免浪费时间找门铃。送货完毕后,他们在回到卡车上的路途中完成包裹信息登记录入工作。

生产率专家公认,UPS是世界上效率最高的公司之一。举例来说,联邦捷运公司平均每人每天取送80件包裹,而UPS却是130件。相应的,UPS的员工一般每小时的工资要高出其他竞争对手1美元左右,司机每小时可挣15美元左右。

问题讨论
1. 案例主要体现了什么管理理论?是谁提出来的?
2. 该理论的中心思想是什么?
3. 这一管理理论主要有哪些内容?

练一练

谁来承担损失？

小田是某大学的一位大学生。为了准备全国英语六级考试,他在 A 书城购买了一本历年全国英语六级考试全真试题。没想到等到准备做试题时,他却发现该书缺页达 40 页之多。无奈,他只好找出购书时电脑打印的列有所购书名的付款小票,准备去调换一本。

到了书城,小田直接到总服务台说明了情况。营业员甲接过书和付款小票看了看说:"没问题,可以调换。请您直接去 5 层找营业员调换。"随即,小田来到 5 层,找到相应专柜的营业员乙。营业员乙马上在书架上找,结果却发现该书一本都不剩了,于是对小田说,"这本书已卖完了,不知仓库里有没有?你去找总台问。"此时,小田显得有些不耐烦了,问营业员乙为什么不能帮助顾客联系解决,而要顾客楼上楼下来回跑。营业员乙一边抱怨一边打电话给总台说,"书架上已没有该书,请你们处理吧。"小田一脸的无奈,只好再次跑下楼去找总台。

没想到总台营业员检查完电脑记录后,小田却被告知,该书已脱销了,现在出版社也没有此书了。小田十分生气,本来只想调换一本,结果自己楼上楼下跑,跑来的结果却是一本不剩。他要求退书,可是营业员甲说:"退书必须在购书 7 日之内,您所购书是 8 天前买的,我们不能给您退。"小田此时已气愤至极,买了一本缺 40 余页的书本来已经够恼火的了,专门来调换却没有书可换。于是,他找到书城负责人理论说:"我从你们书城买的书缺了 40 多页,我是来换书的,并不想来退书,可现在因为该书脱销你们不能给我换书,我才退书的。"书城负责人不无遗憾地说:"这是单位规定,超过 7 天不予退,只能换。"小田据理力争道:"如果因为我个人的原因在 7 天之后要求退书,你们可以不退。但现在不是因为我的原因,而是该书脱销,而卖给我的书又少了 40 多页,你们没有理由不给退。"书城负责人说:"不是我们不给你换,是没有书可换,我也没有办法。超过 7 天我们不予退书,要退,你找出版社去。"此时,围观的人越来越多,人们纷纷谴责书城负责人的做法。

1. 从案例这一事件中,对于该书城"超过 7 天不予退,只能换"的规定,书城营业员、负责人始终坚持遵照执行,他们的做法有错吗?为什么?

2. 如果你是该书城负责人,对小田的退书要求,你认为应该怎样处理?

第三章　管理情境

利润不是企业和企业活动的目的,而是企业经营的限制性因素。

——彼得·德鲁克

光做善事是不足的,你必须按正确的方式做善事。

——约翰·莫利

故论人之道,贵则观其所举,富则观其所施,穷则观其所不受,贱则观其所不为,贫则观其所不取。

——《淮南子·氾论训》

孟子:"老吾老以及人之老,幼吾幼以及人之幼。"

墨子:"老而无妻子者,有所侍养以终其寿;幼弱孤童无父母者,有所放依以长其身。"

孔子:"修己以安人,修己以安百姓。""礼以行义,义以生利,利以平民,政之大节也。"

荀子:"先义后利者荣,先利后义者辱。"

本章思维导图

知识点摘要

一、组织的内外部环境要素

(一)环境分类

环境是由众多因素交错而成的整体。管理学界常见的分类方法是把环境分成三个层次,即一般或宏观环境、具体或微观环境以及组织内部环境,如图3—1所示。

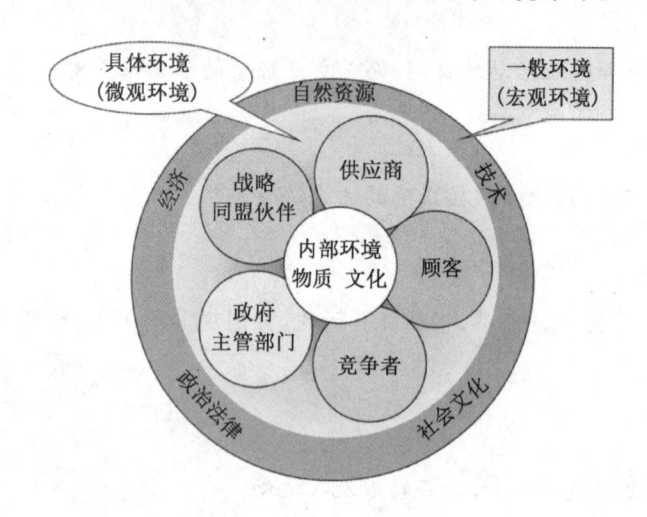

分类	主要内容	构成要素
一般或宏观环境	对所有组织具有影响,既制约组织的发展,又推动组织快速发展。	经济环境、技术环境、社会环境、政治法律环境、自然资源因素。
具体或微观环境	与组织目标的制定与实施直接相关的因素。	顾客、供应商、竞争者、合作伙伴等因素。
组织内部环境	由物质环境和文化环境组成,对组织影响最为频繁、最为直接。	物质环境包括物力资源、人力资源、财力资源、信息资源、技术资源等。文化环境包括物质文化、制度文化、精神文化等。

资料来源:陈传明等:《管理学》,高等教育出版社2019年版,第84页。

图3—1 组织环境的层次类型

组织的三类环境并不是绝对的,而是相对的,彼此之间可以相互转化。对同一个组织而言,一般环境和具体环境可以相互转化;对不同的组织而言,同一个因素对某一个组织而言可能是一般环境,对另一个组织而言可能是具体环境。

(二)组织与环境的关系

组织与环境两者之间相互关联,相互影响,见图3—2。

1. 环境对组织的影响

环境是组织赖以生存的土壤,何一个组织都必须在一定环境下生存和发展。环境影响组织的管理,任何一项环境因素的变化,都会对组织产生影响。组织也需要及时调整,以更好适应环境的变化。环境制约组织的管理过程和管理效率。组织处于好的环境,管理过程会更顺畅,管理效率会更高;组织处于差的环境,管理过程会更艰难,管理

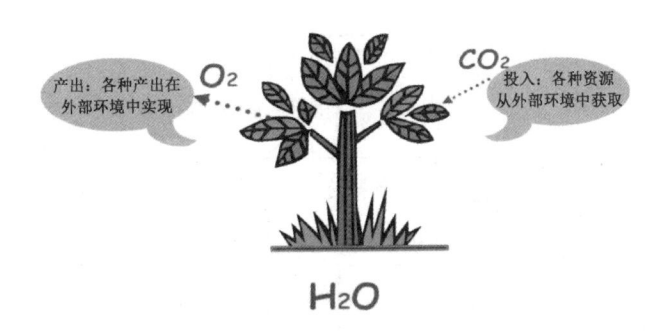

图 3—2　组织与环境的关系

效率会更差。

2.组织对环境的影响

当环境变化时,组织需要调整策略以适应新环境。通过信息交流、技术交流等方式改变给组织带来干扰的要素,给环境施加影响。组织根据发展需要可以选择新环境,如 IBM 从计算机终端供应商转变为网络咨询、服务商。

(三)环境分析常用的方法

1.一般环境分析方法——PEST 分析方法

一般环境分析中最常见的是 PEST 分析方法。PEST 分析,就是指从政治与法律环境(P)、经济环境(E)、社会与文化环境(S)、技术环境(T)四个方面来探察、认识影响组织发展的重要因素(见表 3—1)。一般环境分析通常要借助各种经济、社会以及其他相关学科的知识,而每个组织的情况又有很大差别,因此,环境分析没有通用的和一般性的方法,需要具体问题具体对待。

表 3—1　一般环境分析的主要内容

主要方面	主要内容
人口	人口的地理分布、就业水平、收入水平、年龄、文化差别等
经济	增长率、政府收支、外贸收支及汇率、利率、通货膨胀率等
政策与法律	环境保护、社会保障、反不正当竞争法以及国家的产业政策
社会与文化	公民的环保意识、消费文化、就业观念、工作观念等
科学技术	高新技术、工艺技术和基础研究的突破性进展

资料来源:Michael A. Hit, R. Duane Ireland and Robert E. Hoskinsson. *Strategic Management*, 2nd ed. Cincinnati, Ohio: South-Western College Pub. 1996.

2.具体环境分析方法——波特五力模型

具体环境通常包含诸多因素,其分析方法涉及面较广,且要结合组织自身的实际情况。迈克尔·波特教授提出五种力量模型,即现有其他企业、卖方、买方、潜在进入者和替代产品,如图 3—3 所示。该模型能帮助人们深入分析行业竞争压力的来源,使人们清晰地辨识组织的优势和劣势,评判所处行业发展趋势中的机会和威胁。

3.内部环境综合分析方法——SWOT 分析

组织自身的实际情况,是管理者制定计划、开展活动的基础。管理者要充分了解组

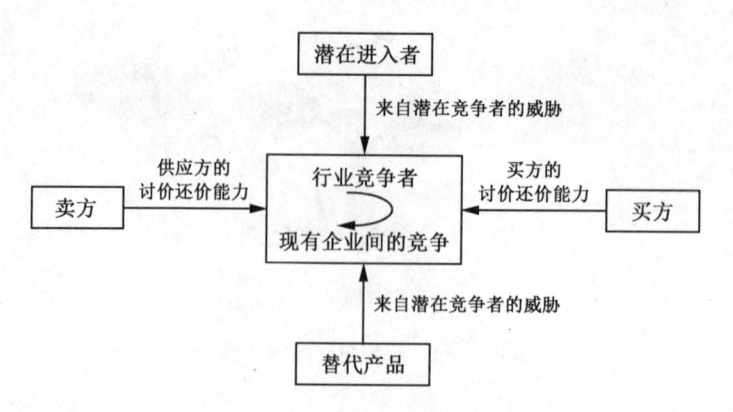

资料来源：[美]迈克尔·波特著，陈小悦译：《竞争战略》，华夏出版社1997年版，第12页。

图3—3 五种力量模型

织内部情况，才能更好地制定发展规划、制定组织目标、开展组织活动。

哈佛大学的安德鲁斯等人提出的SWOT分析法，通过估量组织内部优势（strengths）、劣势（weaknesses），辨别组织外部的机会（opportunities）、威胁（threats），进而综合分析，并形成环境分析矩阵，以帮助管理者有效了解组织现实情况。

SWOT分析法是一种建立在内外部环境综合分析的基础上，将外部环境中的机遇与威胁和内部的优劣势相结合的科学分析方法。该方法将错综复杂的内外部环境通过二维平面矩阵的形式，直观地反映出来，便于管理者能够清楚了解组织的关键问题，是应用最广的环境综合分析技术。SWOT分析有四种不同类型的组合，如图3—4所示。

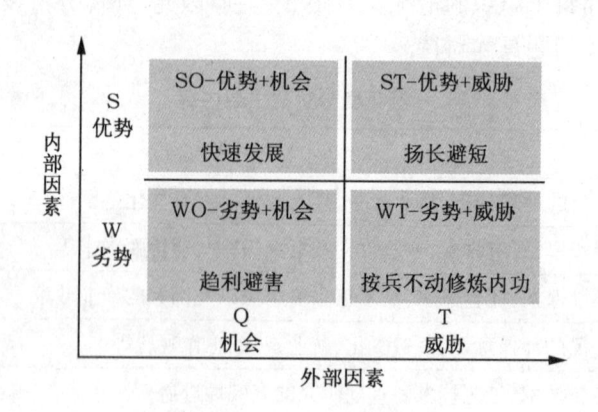

图3—4 SWOT分析模型

（1）优势-机会（SO）组合。这是组织内部优势与利用外部机会的组合，一种理想的状态。在这种情况下，组织能使机会与优势充分结合并发挥出相应作用，用自身内部优势抓住外部的绝佳机会。例如，在拥有企业市场份额提高等内在优势的同时，配以良好的产品市场前景、供应商规模扩大和竞争对手有财务危机等外部条件，可成为扩大生产规模、企业收购竞争对手的有利条件。

（2）劣势-机会（WO）组合。当组织外部存在某一机遇，但内部某一缺点严重阻碍了使用这个机遇，这时则需要提高对应弱点的配置，使其能够抓住机遇，发展自身，从而把握外部机遇。例如，若企业弱点是创新和生产能力不够，在新型产品市场前景看好的基础下,企业可考虑加大科研投入,提升产品创新,先一步占领市场赢得竞争优势。

(3)优势-威胁(ST)组合。当外部环境存在威胁,而组织自身有着一定的优势,外部环境状况极有可能对公司的优势元素构成威胁,致使出现优势不优的局面,使优势得不到充分发挥。为此,组织需要利用自身优势,扬长避短地回避或减少外部威胁所造成的不利影响,以发挥优势的优越性。例如,企业面临竞争大幅度降低生产成本带来的成本压力,同时材料供应价格上涨等,这使企业在竞争中处于劣势的地位,但企业若能够利用自身优势元素开发新技艺,提高原材料的使用率,降低材料消耗和生产成本,则可以应对来自外部威胁的挑战。

(4)劣势-威胁(WT)组合。当组织内部的自身弱点与外部威胁相遇时,组织面临的挑战难度过高,超出了自身的承受范围,其结果往往是致命的。例如,企业资金链中断,生产能力落后,原材料供应不足,无法实现规模效益,且设备老化严重,使企业在生产控制方面极为落后,企业一度面临转型还是破产的境地。这时,企业必须采取合理战略,摒弃落后淘汰的陈旧模式,采取以旧换新的模式来减少生产成本方面的劣势,并回避劣势因素所带来的不利条件。

4.针对环境变化的分析方法——脚本法(情境分析法)

脚本法以情境为基础,设定环境脚本,并在此基础上制定决策的方案脚本。管理者可以预设多个情境,并编制多个脚本方案,如图3-5所示。当情境变化的时候,管理者能及时选用相应的情境脚本。该方法具有较高的灵活度,能有效提高管理者对情境的关注,提高组织的反应能力。

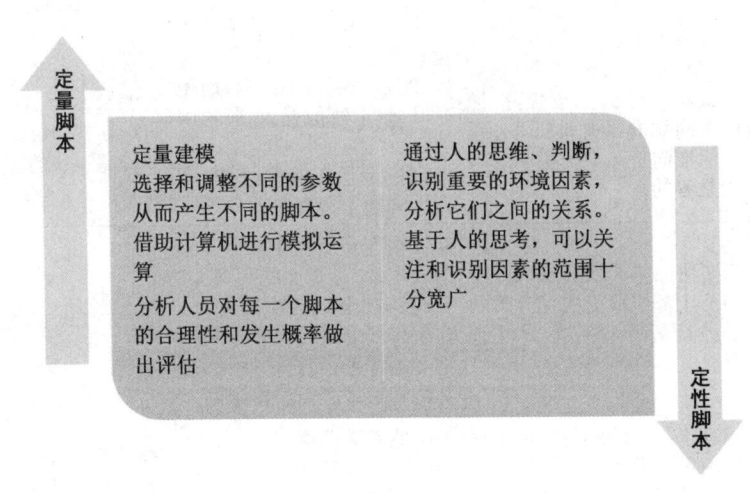

定量脚本 ↑

定量建模
选择和调整不同的参数从而产生不同的脚本。
借助计算机进行模拟运算
分析人员对每一个脚本的合理性和发生概率做出评估

通过人的思维、判断,识别重要的环境因素,分析它们之间的关系。基于人的思考,可以关注和识别因素的范围十分宽广

定性脚本 ↓

图3-5 情境分析法

二、管理道德

(一)管理道德的概念

道德,是社会意识形态之一,是人们共同生活及其行为的准则和规范。管理道德是指管理者应遵守的行为准则与规范。

对管理者自身而言,管理道德可以说是管理者的立身之本、行为之基、发展之源;对企业来说,管理道德不仅是对企业进行管理的价值导向,还是企业健康持续发展所必需

的一种重要资源,更是企业提高经济效益、提升综合竞争力的核心。可以说,管理者与企业的精神财富就是管理道德。

(二)管理道德观

不同的管理道德形成了不同的道德观念,管理道德观念也分为多个类型,且每种观念,都有其一定的合理性和局限性,如表 3—2 所示。管理者在组织中,要树立良好的道德观,更好地推动组织成长。

表 3—2　　　　　　　　　　　管理道德观类型

	基本观点	合理性	事例
功利主义道德观	能给行为影响所涉及的大多数人带来最大利益的行为才是善的。	合理性:如果行为能为行为影响所及的大多数人带来最大利益,必然得到大多数人支持。 局限性:①没有考虑取得最大化利益的手段;②没有考虑所得利益的分配。	谚语"不管白猫、黑猫,抓到耗子就是好猫"。
权利至上道德观	能尊重和保护个人基本权利的行为才是善的。	合理性:尊重人权,保护个人的基本权利。 局限性:①过高的保障期望会给社会经济发展带来负面效应;②组织整体利益的需要和个人的权利不可能完全一致。	若某企业从皮革中提取蛋白生产酸奶属实,则该企业商业角色违背了权利至上道德观。
公正公平道德观	管理者不能因种族、肤色、性别、个性、个人爱好、国籍等因素对部分员工歧视,按照同工同酬的原则和公平公正的标准向员工支付薪酬的行为是善的。	公平公正是指支付薪酬的依据,应当是员工的技能、经验、绩效或职责等因素,而不是其他各种似是而非的因素。 在理论上是正确的,但在实践中问题十分复杂。	当最低工资不足以维持该员工的基本生活时,管理者决定向新来的员工支付比最低工资高一些的工资。
社会契约道德观	只要按照企业所在地区政府和员工都能接受的社会契约所进行的管理行为就是善的。	能大幅度降低企业人力资源的成本,增加企业的利润。 契约具有很强的情境特征,在很多场合是相关各方利益博弈的结果,与合理性无关;契约的对象必须严格限制。	同工不同酬现象。
推己及人道德观	其追求的结果不是经济利益,而是"无怨"的"和为贵",即"合作""和谐""双赢"的结果。	中国儒家道德观: "己所不欲,勿施于人"; "在邦无怨,在家无怨"; "仁、义、礼、智、信"。	"换位思考""将心比心""设身处地""忠诚""仁爱""义气""诚信"。

(三)管理道德的特征

管理道德作为一种崇高的价值观,能够有效引导、规范组织成员的行为,为组织带来生机和活力。管理道德具有多个特征,如图 3—6 所示。

1. 将遵守道德规范视作组织的责任;
2. 为了社会整体,可牺牲组织的短期利益;
3. 善于处理组织与利益相关者的关系(见图 3—7);
4. 组织的行为是为了人;

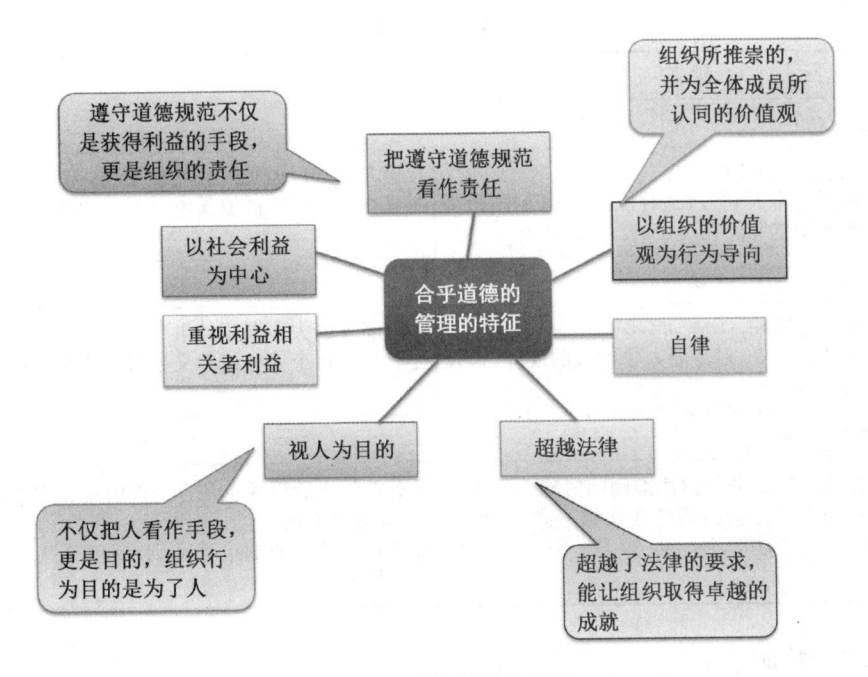

图 3—6 道德管理的特征

5. 超越了法律的要求；
6. 能够自律；
7. 以组织的价值观为行为导向。

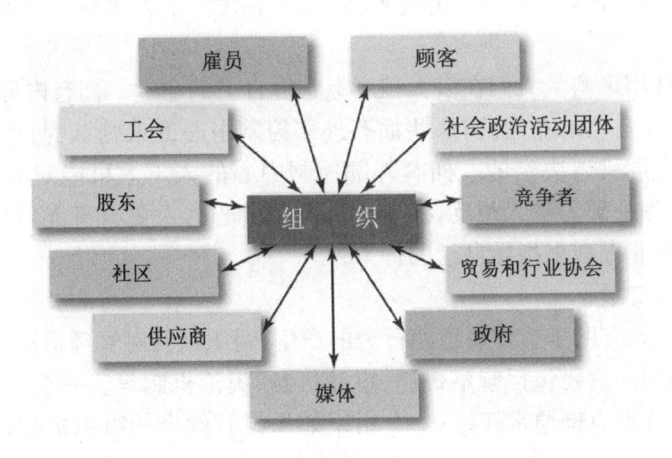

图 3—7 组织利益相关者的范畴

(四)影响管理道德的因素

1. 道德的发展阶段

根据研究表明，道德的发展历程总共要经历三个层次，而每个层次又划分为两个阶段(见表 3—3)。随着道德阶段的上升，个人的道德越来越不受外部因素的影响。人们渐进地通过道德发展的六个阶段，道德发展可能中断，或停留在某一阶段，但不能跨越，多数成年人处于道德发展的第四阶段。

表3—3　　　　　　　　　　　　道德发展阶段

层次	阶段
前惯例层次	
只受个人利益的影响。 决策的依据是本人利益,这种利益是由不同行为方式带来的奖赏和惩罚决定的。	1.遵守规则以避免受到物质惩罚。 2.只在符合个人的直接利益时才遵守规则。
惯例层次	
受他人期望的影响。 包括对法律的遵守,对重要人物期望的反应,以及对期望的一般感觉。	3.做周围的人所期望的事。 4.通过履行个人允诺的义务来维持平常秩序。
原则层次	
受个人用来辨别是非的道德准则的影响。这些准则可以与社会的规则或法律一致,也可以与社会的规则或法律不一致。	5.尊重他人的权利。在自身价值观和权利的选择上,置多数人的意见于不顾。 6.遵守自己选择的道德准则,即使这些准则是违背法律的。

2.个人特征

每个管理者的自身特征,会影响其管理道德。管理者因其个人价值观(包括道德观)、自信心和自控力的不同,其所形成的管理道德也大不一样。影响个体行为的人格变量包括自我强度和控制中心。

自我强度是用来衡量自己信念的力量。一个人的自我强度越高,他们就越有可能抵制冲动,遵守自己的内在信念。这意味着,自我强度高的人更有可能做他们认为正确的事情。

控制中心被用来衡量人们在多大程度上掌握自己的命运。拥有内部控制中心的人认为,自己掌握了自己的命运;而那些拥有外部控制中心的人则认为,他们生活中发生的事情是由运气或机遇决定的。拥有外部控制中心的人不太可能对其行为的后果负责,更有可能依赖外部力量。相反,拥有内部控制中心的人更有可能对后果负责,并依靠自己固有的是非标准来指导自己的行为。

3.组织结构变量

组织结构设计有助于管理者道德行为的产生,组织结构对管理道德影响非常大。

(1)组织机制。主要包括监察机制、审计机制、舆论机制等。一个组织如果有健全的组织机制,其管理道德通常较好;一个组织如果没有健全的组织机制,其管理道德通常较差。

(2)规章制度。规章制度会对组织成员的思想、行为产生一定的约束性、规范性。一些组织成员违反了内部规章制度,组织通常会进行相应的批评教育与惩罚。

(3)上级示范。上级领导的行为,会对下级成员产生一定的示范引领作用。很多组织成员会在潜移默化中,受上级领导思想和行为的影响,并反映在日常组织行为之中。

(4)绩效评估考核体系。在很多组织的绩效考评中,道德占了很大的比重,甚至起着一票否决的作用。组织成员为了提高绩效考核,会严格遵守管理道德,严格规范个人行为。绩效评估考核体系能够引导组织成员提高自身道德水平。

4. 组织文化

组织文化的内容和强度也会影响道德行为。最有可能产生高道德标准的组织文化，是一种具有很强的控制风险和抵御冲突的能力的文化。具备诚信、包容的组织文化，对组织的可持续发展起到推动作用。诚信做事、包容失败的组织文化，将降低不道德的管理行为发生的概率。

5. 问题强度

问题强度用来表示管理者所面对问题的大小和严重程度。道德问题强度会直接影响管理者的决策。所谓道德问题强度，是指该问题如果采取不道德的处理行为可能产生后果的严重程度。当问题的强度更大时，我们就有更多的理由期望管理者在道德上采取行动。

（四）培育管理道德的途径

改善管理道德行为、提升管理道德水平是综合性的、长期的工作，其培育途径主要包括以下几个方面（见图3—8）。

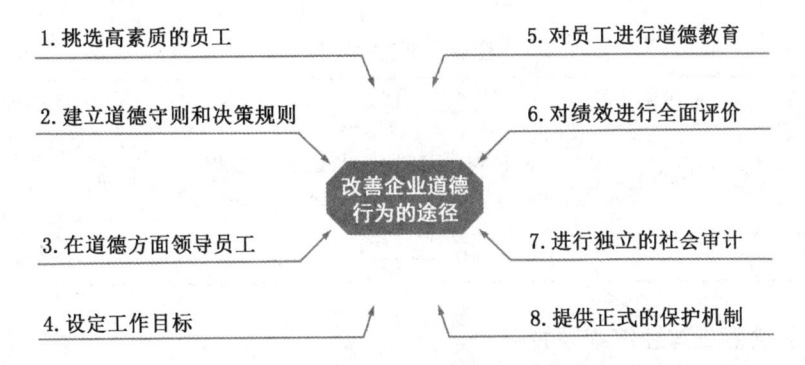

图3—8 培育管理道德的途径

三、社会责任

（一）社会责任的含义

社会责任（corporate social responsibility, CSR）是指组织应该承担的对社会、环境、内部成员等的责任的统称，是在管理道德要求下的一种义务的自愿行为。传统理念认为企业是以营利为目的，但在企业的社会责任要求下，企业在创造利润、对股东和员工负责的同时，还要承担对消费者、社会和环境的责任。

（二）两种不同的社会责任观

在企业对待社会责任问题的方式上，理论界存在古典观与社会经济观两种不同的观点，如图3—9所示。

（三）企业的价值观

价值观是关于信念、倾向、主张和态度的系统观点，是评价人或组织行为善恶的标准和原则。企业价值观是企业内部成员共同遵循的一种价值理念和标准，其发展主要经过四个阶段，如表3—4所示。

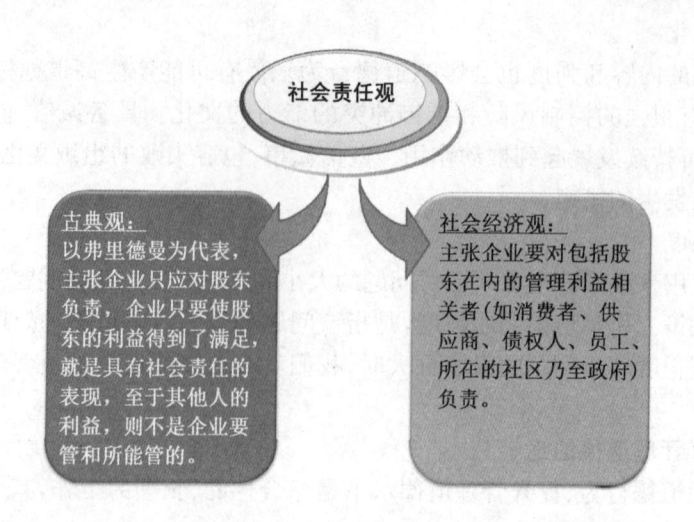

```
                          社会责任观

   古典观：                              社会经济观：
   以弗里德曼为代表，                      主张企业要对包括股
   主张企业只应对股东                      东在内的管理利益相
   负责，企业只要使股                      关者(如消费者、供
   东的利益得到了满足，                    应商、债权人、员工、
   就是具有社会责任的                      所在的社区乃至政府)
   表现，至于其他人的                      负责。
   利益，则不是企业要
   管和所能管的。
```

图3-9　两种社会责任观

表3-4　企业价值观的发展

历史阶段	工业化初期	工业化中期	工业化后期	后工业化时期
企业目标	股东利润最大化	企业利润最大化兼顾员工利益	追求企业相关利益者价值最大化	追求企业相关利益者价值最大化同时要保护和增进社会福利
社会责任	更小 ←――――――――――――――――――――→ 更大				

（四）社会责任与经济绩效关系

研究表明，公司社会参与和经济绩效之间存在一种正相关关系。主动承担社会责任的公司，其经济效益较好；不承担社会责任的公司，其经济效益较差，甚至会倒闭、破产。

20世纪80年代，美国运通公司最早开始社会责任营销。2002年，农夫山泉启动"阳光工程"，向公众承诺：每卖一瓶水就捐一分钱，获得极大成功。消费者通常更信赖社会责任强的公司。塑造品牌的社会责任形象，能帮助企业快速提升品牌的知名度和美誉度，提高企业长期盈利能力。

（五）企业承担社会责任的内容

1. 企业对员工的责任

企业对员工的责任是企业的首要社会责任，具体包括营造良好的工作环境、定期或不定期培训员工、不歧视员工以及善待员工等措施。

2. 企业对利益相关者的责任

企业应适时、适度、有效向股东、顾客、供应商等提供本企业经营信息。积极、公正、及时发布本公司的经营理念、经营方针、业务活动、公益活动，通过宣传本公司的经营方针和内容来赢得社会的信赖。

3. 企业对环境的责任

企业在生产、经营的过程中，从自然界中获取大量的资源，并产生大量的废弃物，会对环境造成很大的破坏。因此，企业要主动承担治理环境的责任，在减少资源消耗、污

染环境的同时,积极投身到生态环境保护中来。

4. 企业对竞争对手的责任

在市场竞争中,企业要严格遵守市场秩序,公平竞争。企业若是采用不公平竞争的方式,企图破坏市场环境,打败竞争对手,就会破坏市场秩序,造成市场不稳定,给竞争对手、消费者带来很大的影响。

(六)企业社会责任的体现

企业主动承担社会责任,是企业树立良好的社会形象,实现更好、更快、更长发展的必由之路。承担社会责任越多的企业,社会声誉会更好,吸引的消费群体就会更多,也会使企业获得更多的支持,拥有更好的发展环境,从而获取新的竞争力。对雇员的责任,企业应办好企业,保障雇员的工资和福利待遇;对顾客的责任,提高服务质量,增强顾客的满意度;对社会的责任,加大对慈善事业、公益服务、公共服务的投资等;对环境的责任,主动节能减排,减少生态环境破坏,自觉保护自然环境。

中国管理智慧

褚时健山高人为峰,从烟王到橙王

褚时健的一生,充满了传奇色彩。他以 74 岁高龄再创业的事迹,也激励了几代人。他将濒临倒闭的云南玉溪卷烟厂,做成了亚洲第一、世界第三的烟草巨头。在 70 多岁高龄时,他去哀牢山种橙树,又取得了成功,成为一代橙王。褚时健的成功经验中,有一个非常显著的特点,就是同利同事业的价值观。

1979 年 10 月,褚时健被调到云南的玉溪卷烟厂工作。当时,云南有数千家卷烟厂,玉溪卷烟厂不景气,效益也很不好,固定资产仅 1 000 多万元,工人每个月也只有 30 元左右的工资,属于行业薪酬的中下水平。那时的他,已经 51 岁了,快到退休的年纪了。换做很多人的话,再熬几年,然后享受退休生活。但是他却不这样想。他想要振兴卷烟厂。

褚时健刚到烟厂,就有很多工人来找他签字,要调离这个企业。因为生产效益很不好,工人们想去待遇更好的地方。同时,玉溪卷烟厂生产的卷烟检验质量也不好。褚厂长去开会,参会代表互相敬烟的时候,别人拿着玉溪卷烟厂的烟,轻轻地一碰就折断了。在会场上,大家都笑话褚厂长,希望他明年生产的卷烟不要这么轻易地会被折断。

当时,褚厂长对来找他签字的那些工人说:"能不能再给我半年时间,你们安心地在烟厂再干半年,干完半年,要是这个效益还起不来,你们那个时候再来找我签字,我二话不说让你们走。"工人们记住了他这句话,同意继续留在烟厂再干半年。在这半年的时间里,褚厂长采取了各种各样的方式,对生产经营管理进行了大量的改革创新。

他认为,卷烟的质量关键来自源头:烟叶的质量。他专门和当地的烟农签订协议。只要农民按照他的要求来种植烟叶,即使由于天灾造成当年烟叶减产,烟厂还是会按照既定的固定价格来收购,所有的损失由烟厂来承担。同时,他还利用烟草能进口优质化肥的条件,和烟农达成合作,为烟农提供优惠的优质化肥,引导这些烟农重视优良的卷烟烟叶生产。由此,烟厂与烟农同利同事业,形成了互利共赢的关系。褚厂长认为,烟草的质量决定香烟的品质。于是,他把烟田当做第一车间,经常下到这些烟田,查看烟草生长的态势。半年时间,玉溪卷烟厂的生产效益就得到了极大的提升。那些原来想走的工人都不走了,后面有更多的人想调到玉溪卷烟厂工作,玉溪卷烟厂取得了极大的发展,发展成了红塔山烟草集团。到1997年,红塔烟草集团资产高达350亿元,创造了中国财富神话,位居中国香烟排行榜第一、亚洲排行榜第一、世界排行榜第三。在17年的时间里,褚时健带领红塔集团,上缴税收800多亿元,为市场经济发展作出了贡献。

褚时健一生经历跌宕起伏,先后经历两次成功的创业人生,被誉为中国烟草大王、中国橙王。2002年,他发现中国水果行业竟然生产不出高端水果。于是,他进军水果行业,立志要打造中国高端水果品牌。他在家乡的哀牢山,承包了2 000多亩的土地,开始了人生的第二次创业——种橙子。一开始,只有他和老伴。后来,慢慢地有不少当地的农户愿意投奔到他的这个橙园,跟他合作。2015年,跟他种橙的农户超过了100多户,这些农户每年可以领到3万—8万元。这与当地农户的年均收入只有2 000元相比,有很大的差距。以往,褚厂长在管理烟厂时,想到厂里上班的工人挤破头。而此时,他又去种橙树,跟他一起去种橙的农户,也是越来越多。2015年,他的果园每年生产橙子8 000吨以上,年利润超过3 000万元。固定资产也超过了1亿元。每年褚橙在市场上供不应求,甚至出现了限购的现象。很多人乘飞机到褚橙果园里,只是为了买橙子。而且,很多地方都把褚橙称为励志橙。

讨论问题

褚时健山高人为峰,从烟王到橙王。他作为一个典型的中国企业家,在实践中如何将中国传统文化与现代管理相结合?

书面作业

从国学智慧的视角与观点,解析中国式现代化背景下中国企业的现代管理方式。

扩展阅读

[1]毛大庆. 王石为什么一次次上山找褚时健? 他在寻找意义. 中国商人. 2022(06):78—81.

[2]方华. 褚时健去世:无畏于低谷,有道于高峰. 课堂内外(作文独唱团). 2020(07):38.

[3]周桦. 褚时健:我的十年种橙路. 黄金时代. 2019(12):26—29.

[4]杨丽华,刘明. 褚橙成功路. 企业管理. 2014(04):58—59.

[5]褚时健. 烟王变身橙王. 财会月刊:财富文摘. 2013(08):47.

小故事 大管理

一、袁世凯吃盐

范旭东,一位杰出的化学工业家,中国重化工业的创始人,被誉为"中国民族化学工业之父"和"中国重工业之父"。1915年,范旭东在天津成立了久大精盐公司,股本5万元。在塘沽渔村,他开始开发精制盐,不久就达到了90%以上的纯度。久大精盐公司用海滩盐加工卤水,在钢板锅中蒸发结晶,生产出第一批国产精制盐。久大精盐公司的产品干净、均匀、卫生,主要品种有食盐、粉盐、砖盐等。以往按照中国传统制盐法生产的粗盐,根本无法与久大精盐相比。

在 20 世纪初,中国人被西方人嘲笑为"吃土"的民族。这是因为我国盐业开采已有几千年的历史,但由于工艺落后,盐中杂质含量较高。在外国,含盐低于 85％的盐一般被禁止饲养牲畜,而当时许多中国人食用的粗盐,所含 NaCl 不足 50％。当时虽然有从国外进口的精制盐,但由于价格较高,普通百姓无法食用。为了尽快改变这种情况,1915 年,范旭东四处募捐,创办了久大精盐公司,生产的精制盐 NaCl 含量高达 90％以上,又好又便宜,深受人们欢迎。这一研发成果宣告了中国产盐业新时代的到来。然而,也引起了外来资本的觊觎,蓄意制造意外,差点毁掉了范旭东精制盐的前程。在 1915 年 8 月的某一天,天津一家报社传出"精盐毒死人"的消息。天津街头立刻传得沸沸扬扬,老百姓们无不谈盐色变。紧接着,英国驻津的舰队奉命封锁了天津港湾,禁止久大精盐向外运输。一时间,国内外的盐商更是群起而攻之。

而真正的原因是,久大精盐触犯了国内外盐贩勾连的集体利益。多年来,中国的食盐产出与销售都由官商合伙垄断。他们肆意哄抬价格,有些奸商甚至还向食盐中加土,残害百姓。而范旭东所创办久大精盐公司,直接损害了他们的利益。于是他们通过散布谣言的方式,图谋将久大精盐公司逼出市场。

面临绝境,久大精盐公司如果不能快速做出反应,其后果难以预料。范旭东几经辗转,终于拿出良策。短短数日后,这种被谣传有"毒"的盐,被呈上了军阀袁世凯的餐桌上。在袁世凯吃得高兴的时候,旁边的杨度提醒他道:这菜所放的是被外面谣传有"毒"的久大精盐。袁世凯听后仔细品尝,连声说几声"好"。次日,"大总统袁世凯亲自品尝并称赞久大精盐"的新闻就刊登在了各大报纸。一时间,那些散布久大精盐有毒的谣言不攻自破。而与此同时,范旭东还获准通过国内的五个港口运销精盐,扩大市场份额。久大精盐从此名声大振,远销国内外。

启示：利用重大事件开展公关活动,是企业创造商机的重要手段。重大事件一般成为媒体和公众关注的焦点。如果能将品牌与重大事件积极联系起来,必然会提高品牌知名度,使企业与政府或公众的关系更加密切。此外,利用名人的名气,也是许多品牌成功的原因之一。

二、自行车的滞销

新中国成立初期,我国工业发展很快,中国制造质量非常好,很多产品远销国外。我国的永久、飞鸽自行车,就深受很多国家的喜爱。但卢旺达却出现了滞销,原来卢旺达多山,骑自行车的人上坡时,要扛着车子上去。我国的自行车虽然质量好,但因为重量大,令当地人感到十分不便,因此出现滞销。但是,我国企业并没有重视这个问题。日本人发现这一情况后,便想着尽快占领市场。于是,他们结合卢旺达的情况,专门研发了一种轻型山地车。他们的车子用铝合金材料做车身,重量减轻了很多,也更加耐用。卢旺达消费者在骑行、扛车上山的时候,更加省力。日本自行车很快抢夺了中国的市场。我国企业由于只知己不知彼,没有因地制宜进行改进,白白丢失了市场份额。

启示：决策要适应外部环境,成功才有保证。企业的外部环境是一个不可控的动态环境,其中某一因素的变化都会直接或间接、或早或晚地对企业的运营周期,及其不同阶段产生不同程度的影响。所以,企业要想在竞争中脱颖而出,实现可持续发展,就必须顺应时代变革潮流,及时调整与企业有关的既定目标、计划方案,采取及时有效的对策及措施,用以适应内外部条件的不同变化。

三、可口可乐进军欧洲之行

第二次世界大战,很多企业破产。但是,可口可乐却借机扩大了自己的海外市场。

战争爆发后,可口可乐公司老板很头疼。他好不容易打开的市场,可能会在战火中毁灭。一天,他听说:前线士兵很喜欢喝可口可乐。他进行了详细调查后,发现这是真的。于是,他做出了一个惊人的决定:"让每个战士只花5分钱就能喝到一瓶可口可乐。"在当时,这个价格非常低,公司几乎没有多少利润。

可口可乐老板还对此进行了系列报道,来扩大影响力。通过媒体的传播,可口可乐老板的这一决定,瞬间引起了强烈的社会反响。军方向可口可乐公司发出巨额订单,还出动了海军运输舰,帮忙运送可乐及其生产设备。可口可乐也从此打通国际渠道,迅速打开了市场。

启示:可口可乐老板的决定,虽然没有创造多少利润,但是提高了知名度、增加了订货量、取得了军方的合作。更重要的是,打开了欧洲和太平洋地区的市场,换来了长远的利益。任何决策都有其相应后果,管理者要善于做出科学、合理的决策。

四、刘玄德义取西川

刘备是个卖草鞋的,武艺平平,智谋一般,可他却在群雄逐鹿中三分天下,成就了霸业,显然他必有高招。诸葛亮在隆中就对刘备讲,曹操占有"天时",孙权占有"地利",你只有抓住"人和"这一条,才有争天下的希望。在三国中,刘备是最会收买人心的,可谓"仁义布于天下"。他走的是"得人心者得天下"的路子。

刘备的"仁义取天下"这个指导思想,在取西川的时候表露得最清楚。当西川的张松来献地图,后又派法正来邀请,表示可以里应外合取西川。军师庞统竭力鼓动,说这是天赐良机。当时刘备正愁没有安身之地,孙权经常来索要荆州。

但刘备却顾虑西川的刘璋是他的同宗,夺其地盘怕影响他的名声,于是他讲:"今与吾水火相敌者,曹操也。操以急,吾以宽;操以暴,吾以仁;操以谲,吾以忠;每与操相反,事乃可成。若以小利而失信义于天下,吾不忍也。"刘备的意思是,他没曹操的那份实力,也赶不上曹操的权谋,只有扬长避短,不像曹操那样奸诈、残暴,而以仁义的面孔出现,才有望成功。虽然刘备最后还是进兵西川,但却始终高举"仁义""信义"的大旗。

启示:"每与操相反",这就是刘备采取的与曹操截然相反的差异化战略决策策略,事实证明也是他成功的原因。

五、石崇斗富

西晋时期,晋武帝司马炎崇尚奢靡之风,朝野内外充斥着炫富的气息。王恺是皇帝司马炎的舅舅,本身也是一个喜欢炫富的人。王恺接连几次与石崇斗富较量,如拿糖水刷锅(糖水在当时是奢侈品),建造了四十里的紫纱长廊、赤石膏涂墙等,可石崇皆有应对措施,拿蜡烛当柴火烧,建造一个五十里的彩缎长廊、花椒涂墙等!王恺斗输不服气,求助皇帝司马炎,搞到了一批皇宫中的珊瑚树,便带到石崇面前去炫耀。这珊瑚树都是贡品,是当时非常奢侈的东西。结果石崇没有正眼看,并且还拿出铁如意把珊瑚树给抡打断了。王恺非常生气,石崇却不以为然,让下人从后院搬出十几个珊瑚树给王恺,并且说:"这些你随便挑。"王恺非常羞愧,这简直太侮辱人了。

大臣傅咸看不下去了,于是给晋武帝提交了一道奏章。在奏章中,他大批奢侈之风,认为它的危害比天灾对国家的影响还大。如果长此以往,国家将会陷入混乱和灭亡。他劝谏晋武帝能够出面,阻止这种比阔气、比奢侈的不正之风,并对他们进行相应的处罚。没想到,晋武帝不但不予理睬,还同石崇、王恺一样,过着更加穷奢极侈的生活。

就如大臣傅咸的推测一样,西晋王朝在这种奢侈之风的吹动下,很快发生了历史上著名的"八王之乱"。在八王之乱中,赵王伦为了更好地筹集军饷,盯上了石崇的家财。石崇也落得一个身死财散的下场。在行刑前,石崇跪在地上,后悔地叹道:"没想到巨额的财产,竟给我带来了杀身之祸。"赵王伦鄙夷地看着他,反问道:"既然你知道自己的钱多会带来杀身之祸,为什么不早点分给大家呢?"

启示:《易传·文言传·坤文言》曾记载:积善之家必有余庆,积不善之家必有余殃。臣弑其君,子弑其父,非一朝一夕之故,其所由来者渐矣,由辨之不早辨也。从本文中,我们可以看出石崇斗富折射出西晋奢靡之风盛行下的社会腐败,正是因为皇帝司马炎奢侈,等于带头鼓励上层社会堕落。至于后期爆发的八王之乱,也就不足为怪。导致大半个中国陷入动乱,最终断送了西晋政权。这个教训是深刻的。而墨子提倡节用、节葬、非乐原则的应用,是防止贵族浪费的具体措施,正所谓"上有所好,下必甚焉",所以任何时代都不能低估奢侈的危害。

六、下雨就要打伞

一天,记者采访日本松下电器创始人松下幸之助,问道:贵公司发展得这么迅速,您的秘诀是什么?

松下听了记者的问话后,反问记者:如果下雨,你会怎么办?

记者毫不犹豫地说:当然要打伞了!

松下缓缓地说:下雨就要打伞,这就是我使企业快速发展的秘诀。

启示:松下幸之助坚持"下雨就要打伞"的管理理念,帮助企业渡过了一次次的危机,促进公司快速发展。管理者在组织活动中,要不断顺应环境的内外部变化,及时调整组织计划。

七、孟母三迁

孟母三迁的故事在中国家喻户晓。儒家宗师孟子能取得巨大的成就,与孟母从小的教育密不可分。孟子小时候很调皮,不爱学习。为了能让孟子改变学习习惯,有一个良好的学习环境,她先后三次搬家。一天,孟母看到孟子和邻居小孩跟着大人学习跪拜、哭嚎、办理丧事,孟母立马搬了家。到了新家后,孟母又看到孟子跟别人学起经商,学习欢迎客人、招待客人、讨价还价,孟母立马又搬了家。这一次,孟母将家搬到了学校附近。孟子从此开始跟其他学生一样,变得守秩序、懂礼貌、喜欢读书。最终,孟子被后世尊为"亚圣"。

启示:孟母为了让孟子有一个良好的学习、成长环境,先后三次搬家。这件事告诉我们人的性格和生活环境有很大的联系,接近好的人、事、物,才能学习到好的习惯。人们在生活中应该善于学习与思考,不要完全被周围的环境所影响。

想一想

一、七人分粥

有七个人住在一起，每天共喝一桶粥，显然粥每天都不够。一开始，他们抓阄决定谁来分粥，每天轮一个。于是，每周下来，他们只有一天是饱的，就是自己分粥的那一天。后来，他们开始推选出一个道德高尚的人来分粥。但是，强权就会产生腐败。大家开始挖空心思去讨好他、贿赂他，搞得整个团队乌烟瘴气。然后，大家开始组成三人的分粥委员会，及四人的评选委员会，互相攻击扯皮下来，结果粥吃到嘴里全是凉的。最后，他们想出来了一个方法：轮流分粥。与之前的分粥不同的是，分粥的人最后挑。等其他人都挑完之后，分粥的人拿剩下的最后一碗。为了不让自己吃到最少的那一碗，每人分粥的时候，都尽量分得平均。如果哪一次分得不平均，分粥的人也只能认了。在这种方法的作用下，大家的生活也更快乐了。

问题讨论

同样是七个人，不同的分配制度，为何会有不同的风气？

二、谁应该对此事负责？

为了庆祝五四青年节，学校党委决定，在全校范围内开展"五四"知识竞赛。校团委接到任务后，马上召开会议，布置给了校学生会，由学习部具体负责落实，并由学工部的老师指导开展。

在学工部郑老师的直接指导下，学习部部长小林安排干事分工负责。活动开始后，很多学生组队参与。经过激烈的学院初赛、学校复赛，6支队伍成功晋级学校决赛。

五四青年节当天，知识竞赛决赛隆重举行。学校党委、学工部、团委等部门的领导出席了活动，观众席也坐满了人。然而，出乎意料的是，活动出现了很多问题。首先，主持人很紧张，念错了很多词；其次，由于工作人员的失误，投影放错了顺序；第三，在比赛过程中，投影仪的灯泡突然坏了，比赛暂停了很久……因为事故频发，很多观众都出现了怨言。比赛开始没多久，观众便陆续离场了。

比赛结束后，校党委对活动很不满意。党委书记要求学工部就此次事件追究责任，并作出深刻检讨。

第二天，小林召集学习部所有成员，召开了总结会议。大家讨论了一个多小时，也都知道有问题，但也认为不能直接责怪谁。小林一下子很为难，不知道该如何向学工部交代。

问题讨论

在此事件中，谁应该对活动负责？为什么？

三、惠普之道

从1939年到2007年，惠普公司从一个不知名的小企业成长为全球百强企业，年营业额破千亿美元，员工32万人之多。其业务范围更是涉及打印机、数码影像、软件、计算机与咨询服务等多个领域。这与惠普的企业精神有很大的关系，尤其是对人的尊重与信任,更是广受称赞。

在组织氛围方面,惠普对员工有着极强的凝聚力。惠普友善、随和的氛围,让很多人感觉很轻松,感受不到大公司应有的那种压力。在惠普任何一个自助餐厅中,员工都可以用不到三美元,享受丰盛的午餐。而且惠普的自助餐厅,就像大学校园的餐厅一样,笑声洋溢,轻松活泼。

在工作方面,惠普注重人性化、灵活性。与很多大企业不同,惠普的实验室备品库全面开放,工程师可以随意使用存放的电器、机械零件等,甚至可以带回家中。公司也没有严格的作息表,员工可以灵活安排上班。

在人才培养方面,惠普高度重视员工的培养。每年花费大量的人力、物力、财力用于员工培训。即便惠普知道每年人员会流失,公司依旧不遗余力地提高员工的能力和素养。

很多人都很好奇惠普成功的密码。在一次采访中,惠普的创始人比尔·休利特说:"惠普的成功主要得益于'重视人'的宗旨,就是从内心深处,相信每个员工都想有所创造。我始终认为,只要给员工提供适当的环境,他们就一定能做得更好。"基于这样的理念,惠普特别关心和重视每个人,承认他们的成就、尊严和价值。

问题讨论

惠普的成功对你有何启示?

四、敲响食品安全警钟

近些年,食品安全问题屡见不鲜、屡禁不止。某市上百名儿童因食用了劣质奶粉,出现了营养不良综合征,相继住进了医院,虽经全力救治,不幸的是仍有 13 名儿童不治身亡。事件发生后,政府高度重视奶粉质量问题,开展了大范围的调查、整治行动。市场上很多类似的劣质奶粉也被曝出来,在社会上引起了极大的反响。与此同时,多地还发现了大量的假酒、假药、有毒食品等。相关部门严肃地处理了事件责任人。针对假冒伪劣产品泛滥的问题,仅仅依靠行政、法律等强制性约束措施还不够,必须强化媒体和社会监督机构的有效监督,更需要企业增强管理道德和社会责任意识,从根本上消除假冒伪劣商品存在的土壤,保障人民生活安全。

问题讨论

1. 什么是企业的社会责任?社会责任的具体表现是什么?
2. 结合案例,谈谈你对企业社会责任的看法。

练一练

一、SWOT 分析法使用练习

运用 SWOT 分析法进行自我分析,并制定行动方案。

二、PEST 分析法使用练习

运用 PEST 分析法对自己的专业进行分析,更好地了解所学专业。

第二篇

决策

第四章　决　策

故经之以五事,校之以计,而索其情。一曰道,二曰天,三曰地,四曰将,五曰法。

——《孙子兵法·计篇》

管理就是决策。

——赫伯特·西蒙(Herbert Simon)

企业总裁是一个职业的决策者,不确定性是他的敌人,克服它则是他的使命。

——约翰·麦克唐纳

本章思维导图

知识点摘要

一、决策及其任务

（一）决策的概念和要素

1. 决策

狭义的决策是一种行为,管理者需要在两个及以上的行动方案中做出选择。广义的决策是一个过程,包括在做出最后选择之前必须进行的一切活动。

(1)决策的前提:解决某个问题,实现一定的目标,如图4-1所示。

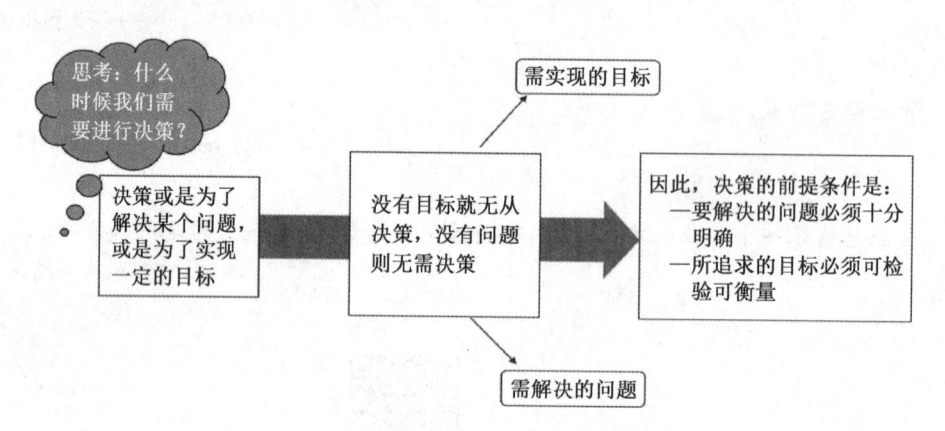

图4-1 决策前提示意图

(2)决策的条件:若干可分析比较的方案,如图4-2所示。

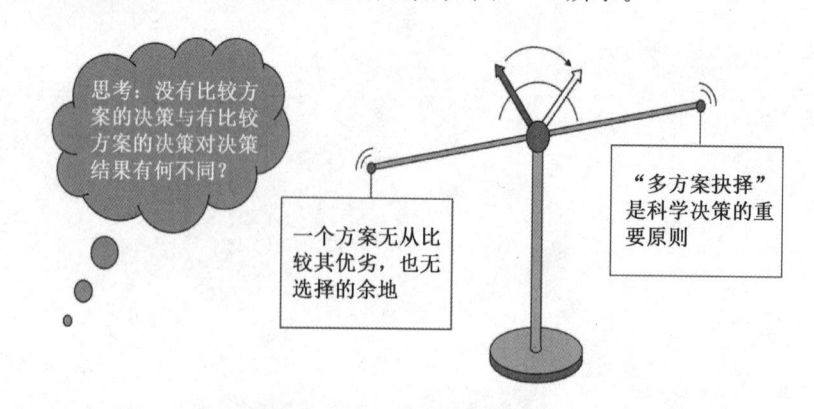

图4-2 决策条件示意图

(3)决策的结果:选择一个相对满意的行动方案,如图4-3所示。

决策的本质是一个过程。管理者在决策中,需要经过一定的程序和方法,来识别问题、解决问题、利用机会,从而实现组织目标。总之,决策是指管理者通过分析判断,从多个方案中选择最优方案的过程,如图4-4所示。

2. 决策的要素

决策要素可分为有形要素和无形要素两大类。如图4-5所示。

图 4—3　决策的结果示意图

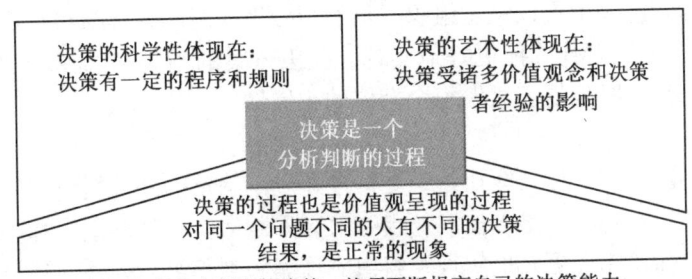

图 4—4　决策的本质示意图

图 4—5　决策的构成要素

(1)决策主体包括个人、群体、组织等,是决策的核心要素。决策者可以是独立的个体,也可以是群体;组织指具有完整架构的群体,如政府、机构、企业等。

(2)决策制度包括人员安排、职务职位等。组织决策需要依据一定的流程、程序有序进行。组织内部的结构、行为等相关内容进行调整也要进行决策,如职位变动、职级提升等。

(3)决策方案是指为实现目标而制定的可行方案。任何一个组织在开展活动中,都需要依据内部环境和外部环境,制定详细的行动方案。组织中的管理者在决策过程中,也需要分析、判断不同的方案,从而更好地指导组织行为。

(4)组织目标是主体所要达到的预期成果。任何一个组织的行为,都不是盲目的,都具有一定的目的性。决策方案的制定,需要依据组织目标。管理者在决策过程中,也需要依据组织目标。

(5)不确定情境指决策中主体不可控的部分。组织生存于一定的情境下,包括内部情境和外部情境。有些情境是确定的,但有些情境是不断变化的。不确定的内部情境包括人员变动等;不确定的外部情境包括政府政策、科技手段、竞争对手等。管理者在决策过程中,需要预测不确定情境,提高决策的科学性。

(二)决策的功能与任务

1.决策的功能

从组织层面看,决策能够为实现组织目标而建立明确的方向。在组织中,管理者需要根据组织目标而科学地安排组织成员的行动。而决策能够为行动和步骤指明方向,以保障组织目标更好地实现。

从个体层面看,决策可以激发组织成员的积极性。组织目标与组织成员关系密切,也需要组织成员分工合作才能更好地实现。决策方案的制定和选择,需要考虑组织内每个个体的情况,同时也能够激发每个个体的积极性。

2.决策的任务

从外部环境视角看,决策能让组织更好地适应不确定的外部情境,进而实现组织目标。外部环境复杂多变,且难以控制。组织只有不断适应外部环境,才能够更好地生存和发展,组织目标才能够更好地实现。组织应预测和判断组织的外部环境,并以此为依据,制定出相应的可行性方案,进而有规划地实现组织目标。管理者需要决策出最优方案,进而安排组织行动。

从组织内部视角看,决策能有效调整和优化组织体系,进而实现组织目标。在很多时候,管理者需要依据组织目标,不断调整优化组织结构,进而推动组织不断升级。因此,管理者需要不断决策,从多个方案中选择最优方案。

二、决策的类型与特征

(一)决策的分类

1.根据环境因素的可控程度分类

根据环境因素的可控程度,决策问题可分为三种类型,即确定型决策、风险型决策和不确定型决策,如图4-6所示。各种类型之间转换关系如图4-7所示。

按环境因素的可控程度分类:

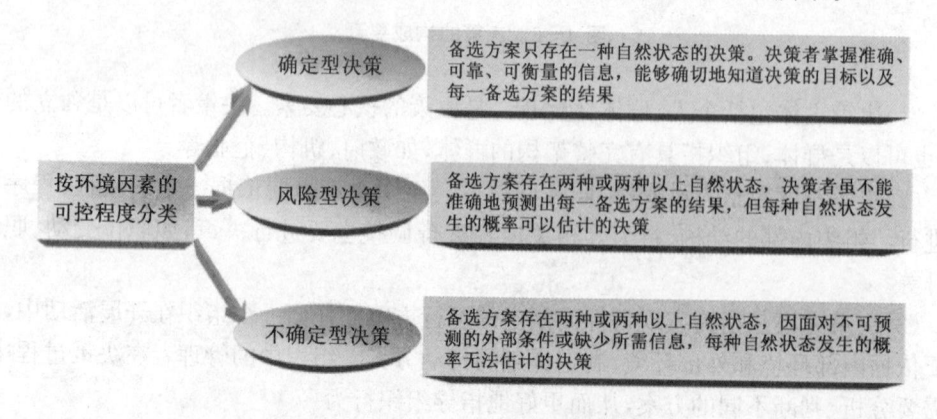

- **确定型决策**:备选方案只存在一种自然状态的决策。决策者掌握准确、可靠、可衡量的信息,能够确切地知道决策的目标以及每一备选方案的结果
- **风险型决策**:备选方案存在两种或两种以上自然状态,决策者虽不能准确地预测出每一备选方案的结果,但每种自然状态发生的概率可以估计的决策
- **不确定型决策**:备选方案存在两种或两种以上自然状态,因面对不可预测的外部条件或缺少所需信息,每种自然状态发生的概率无法估计的决策

图4-6 根据环境因素的可控程度分类

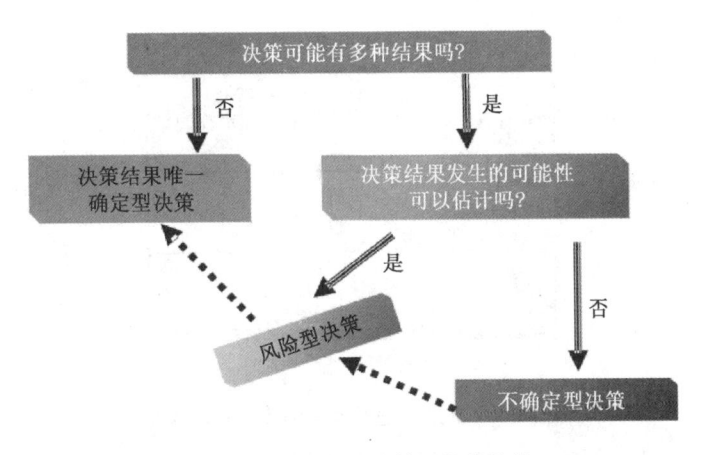

图 4—7　各种类型决策之间的转换

2. 根据决策所涉及问题分类

根据决策所涉及问题，决策可以分为程序化决策和非程序化决策两种类型，如图 4—8 所示。两者之间区别以及与组织层次的关系，如表 4—1 和图 4—9 所示。

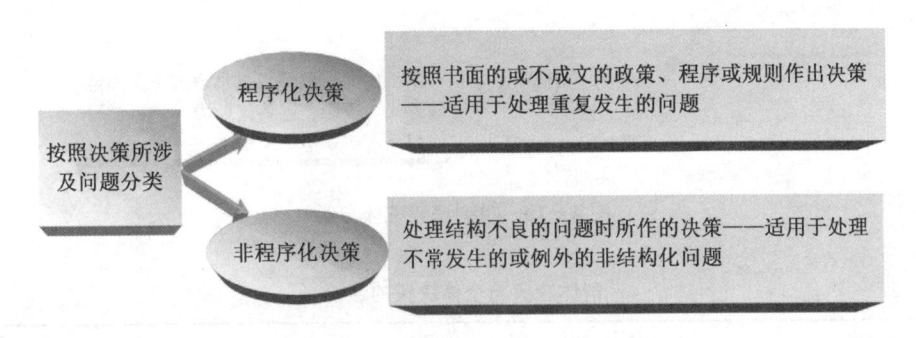

图 4—8　根据决策所涉及问题分类

表 4—1　程序化决策和非程序化决策区别

特征	程序化决策	非程序化决策
问题类型	结构化的	开放的
管理层级	基层	高级别
发生频率	重复性的、常规的	不同寻常的、崭新的
相关信息	易于获得的	模糊的或不完整的
目标	清晰的、具体的	模糊的
用来寻找解决方案的时间限制	短暂的	相对较长的
解决方案依赖于	程序、规定和政策	判断和创造力

3. 根据决策主体分类

根据决策主体，决策可以分为个体决策和群体决策，如图 4—10 所示。两者的比较如表 4—2 所示。

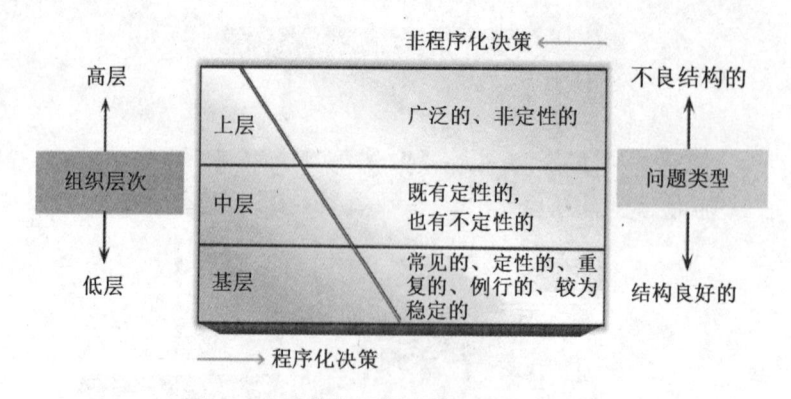

图 4—9 决策问题类型与组织层次的关系

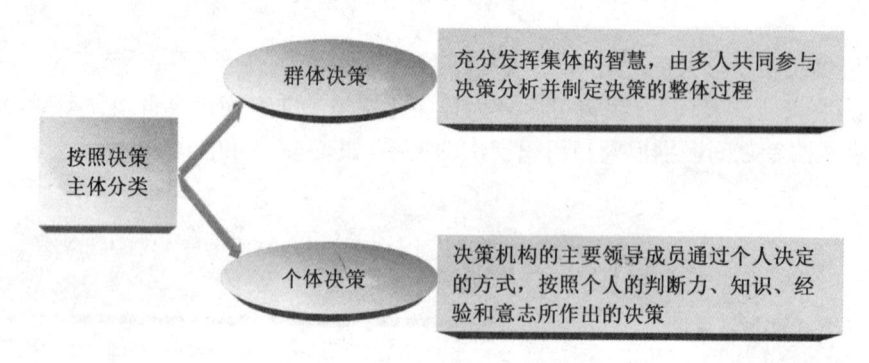

图 4—10 根据决策主体分类

表 4—2　　　　　　　　　群体决策与个体决策的评价

类型	优点	缺点	适用范围
个体决策	效率高 责任明确	质量低 接受性差	简单、次要、无需广泛接受的决策
群体决策	质量高 接受性强	效率低 速度慢	复杂、重要、需广泛接受的决策

4.根据决策的重要程度分类

根据决策的重要程度,决策可以分为战略决策、战术决策、业务决策,如图 4—11 所示。决策类型与管理层次联系如图 4—12 所示。

(二)决策的特征

1.目标性

任何一个决策,都需要围绕一个特定的目标。任何一个决策方案的制定,都需要依据组织目标来规划。

2.可行性

决策的开展实施要具有可行性。好的决策方案,能够有效指导组织成员一步步实现组织目标。如果不能实际落地实施,再好的方案都只是空谈,都会对组织产生很大的负面影响。

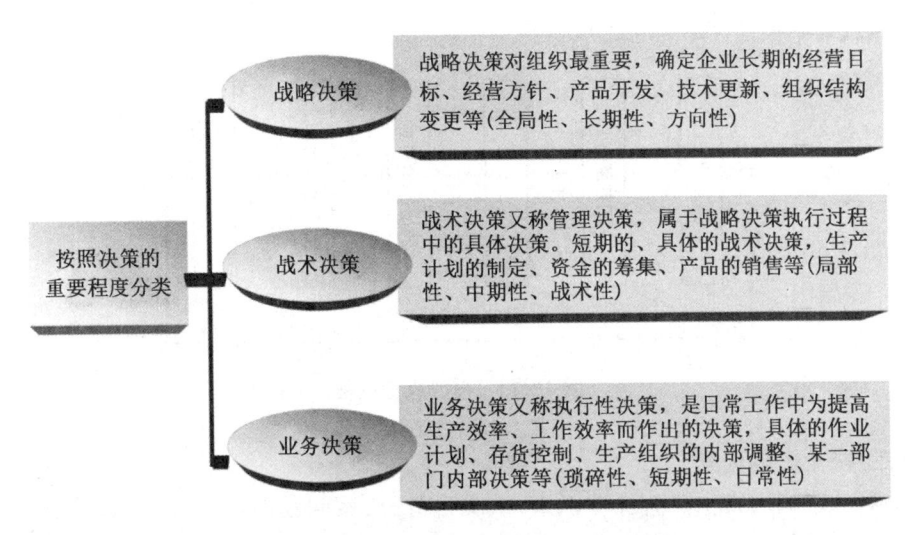

按照决策的重要程度分类
- 战略决策：战略决策对组织最重要，确定企业长期的经营目标、经营方针、产品开发、技术更新、组织结构变更等(全局性、长期性、方向性)
- 战术决策：战术决策又称管理决策，属于战略决策执行过程中的具体决策。短期的、具体的战术决策，生产计划的制定、资金的筹集、产品的销售等(局部性、中期性、战术性)
- 业务决策：业务决策又称执行性决策，是日常工作中为提高生产效率、工作效率而作出的决策，具体的作业计划、存货控制、生产组织的内部调整、某一部门内部决策等(琐碎性、短期性、日常性)

图 4—11　根据决策的重要程度分类

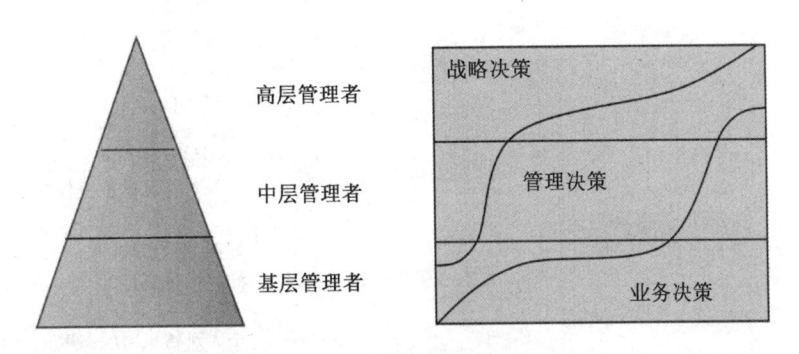

图 4—12　决策类型与管理层次

3. 创造性

决策要具有一定的创造力，要具有一定的新意，才能够打破组织现有的不良局面。在现代社会，创新越来越重要，已经成为时代发展的潮流。创新也成为组织发展的重要力量。管理者在决策中，也要具有一定的创造性，具有一定的创新意识。

4. 动态性

决策需要结合实际，不断调整和变化。组织方案在实施过程中，难免会遇到一些突发情况。管理者要不断调整决策，保障组织目标的实现。必要时候，管理者甚至于终止组织行为，及时止损。

5. 整体性

决策不是单一的存在，而是要考虑组织整体的情况。现代社会日趋开放化、多元化，管理者在决策过程中，要树立大局意识，要考虑组织内部、外部的情况。

三、决策过程与影响因素

(一)决策过程模型

一般的决策过程包括识别问题、诊断原因、确定目标、制定备选方案、评价选择方案、实施和监督六个步骤,见图4—13。

```
识别问题 → 诊断原因 → 确定目标 → 制定备选方案 → 评价选择方案 → 实施和监督
            └─────────── 解决问题周期 ───────────┘
```

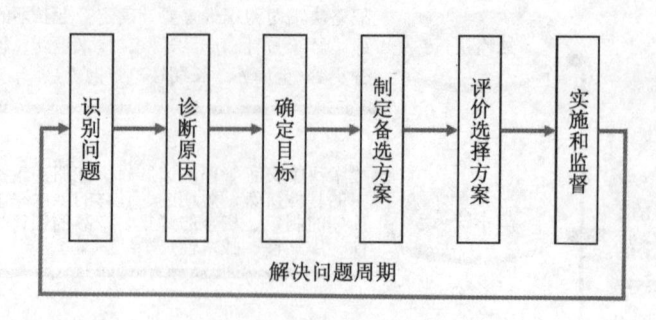

图4—13　一般决策过程

(二)决策影响因素

决策的影响因素主要有环境因素、组织自身、决策问题的性质、决策者特点等。如图4—14所示。

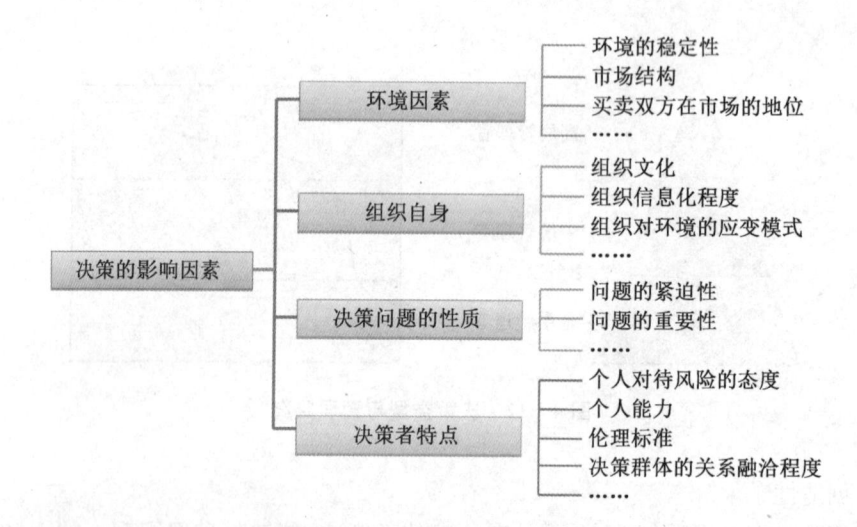

```
决策的影响因素
├─ 环境因素 ─┬─ 环境的稳定性
│            ├─ 市场结构
│            ├─ 买卖双方在市场的地位
│            └─ ……
├─ 组织自身 ─┬─ 组织文化
│            ├─ 组织信息化程度
│            ├─ 组织对环境的应变模式
│            └─ ……
├─ 决策问题的性质 ─┬─ 问题的紧迫性
│                  ├─ 问题的重要性
│                  └─ ……
└─ 决策者特点 ─┬─ 个人对待风险的态度
               ├─ 个人能力
               ├─ 伦理标准
               ├─ 决策群体的关系融洽程度
               └─ ……
```

图4—14　影响决策的主要因素

(三)决策理论

决策理论主要经历了三个发展阶段,如表4—3所示。

表4—3　　　　　　　　　　决策理论学派发展阶段

类型	代表人物	主要观点
古典决策理论	20世纪初到50年代期间,泰勒	基于"经济人"假设提出来的。 ①最优化标准; ②决策者应建立一个自上而下执行命令的组织体系; ③决策的目的在于使组织获取最大的经济效益。
行为决策理论	始于19世纪50年代,西蒙——"有限理性"模式、林德布洛姆——"渐进决策"模式	①决策者是有限理性的; ②决策者的完全信息是相对的; ③以满意标准代替古典的最优化标准; ④决策者往往厌恶风险; ⑤决策者存在知觉偏差,直觉往往是有效的。

赫伯特·A.西蒙(Herbert. A. Simon,1916—2001),美国管理学家和社会学家,经济组织决策管理大师,1978年度诺贝尔经济学奖获得者。西蒙的博学足以让世人折服,他获得过9个博士头衔。

续表

类型	代表人物	主要观点
回溯决策理论(最爱理论、当代决策理论)	皮尔·索尔伯格	①直觉往往效果很好； ②决策贯穿于整个管理过程； ③决策过程：凭借直觉，产生最爱方案(意识)→按照最爱方案(下意识)，确定选择标准→按照标准对比可选方案→最佳方案选择(→将最爱方案落地)； ④广泛应用教学、系统论、计算机行为科学的有关理论。

（四）决策的标准

决策过程中，管理者通常会依据不同的标准，来指导自己的决策。不同的学者也提出了各自的决策标准，典型的两种决策标准之间的区别如图4-15所示。

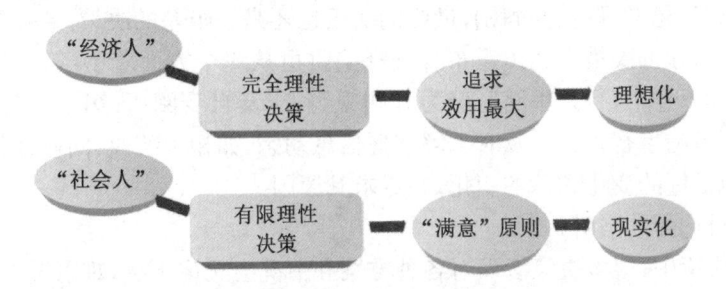

图4-15 完全理性决策与有限理性决策标准

泰勒提出了最好标准，他认为任何一种管理工作，都存在一种最佳工作方式；西蒙提出了满意标准，他认为决策遵循"满意原则"而不是"最优原则"。

（五）决策误区

1.沉锚陷阱

人们在作决策时，思维常会被得到的第一信息所左右，就像沉入海底的锚一样，把你的思维固定在某处。沉锚效应表现方式有很多种，无意中的一句话、新闻上的一件小事、报纸上的一个数字、某个专家的预测等，都可能像沉锚一样沉在我们的脑海里，左右着我们的思考和决策。沉锚陷阱对决策者的影响非常大，许多决策者都因此做出过一些错误的、不恰当的决策。

决策者可采取多种措施，以避免掉入沉锚陷阱：第一，多角度思考问题、选择方案，不要太过依赖第一个想法；第二，发挥群体决策的优势，集思广益，多听取不同的意见，多借鉴不同的方法；第三，不断学习，开拓自己的思维，打破原有思维框架。

2.有利证据陷阱

在日常生活中，我们经常会被其他人的成功或失败的事例所影响，进而干扰我们作出的决策。决策者在做一个决策的时候，常常会搜集其他成功或失败的案例等信息，从而来证明自己决策的科学性、合理性，躲避其他不同的意见和信息。

在决策过程中，很多决策者会掉进"有利证据陷阱"而不自知。如果决策者想要跳出这个陷阱，可以考虑以下三种方式。方式一：增强大局意识，重视整体性思维，减少有力证据的倾向性，同等对待各类信息。方式二：采用逆向思维，依据自己的思维倾向并进行逆推，同时查找不利证据，转变个人的思维意识。方式三：重新审视个人动机，保证个人思维倾向是为了组织的合理决策,而不是单纯给个人决策找理由。

3. 框架陷阱

趋利避害是先秦时期传统养生理念的精髓,也是我们人的本能之一。在现实生活中,我们常常会为了确保安全,不自觉地倾向于已有事物的最初框架,而不愿意冒险突破原有框架。人们会局限于一些传统的框架思维模式,如乌鸦一定是黑的,车轮一定是圆的等。

决策者要想走出框架决策陷阱,可以采取如下措施:第一,从多方面考察问题或机会,预测不同的结果;第二,保持中立态度,充分考虑决策的得失,接受不同的参照点。

4. 霍布森选择的陷阱

决策者的思维也常常受到一定的局限和影响,容易自我僵化。决策理论代表人物西蒙把没有选择余地的选择,讥讽为"霍布森选择"。这种选择被限制在有限的空间里,无论决策者如何思考、评估与甄别,最终的决策也还是一个差的决策。

在决策中,帮助决策者走出霍布森选择陷阱可从三个方面着手:第一,打开思维空间,俗话说"读万卷书,行万里路",努力开阔视野,丰富自身阅历;第二,广交智友,定期与智者交流,借脑生智;第三,及时了解掌握信息动态,如相关产业、同业、同行和竞争对手的变化,包括好的变化和差的变化,并寻求其原因。

5. 布里丹选择的陷阱

在组织决策中,很多决策者面对各种方案和情况会犹豫不决,难以做选择。人们把这种现象称为"布利丹效应",又称为布里丹选择困境。

面对"布里丹选择"的困境时,决策者既要善于选择,还要学会放弃。正所谓"鱼与熊掌不可得兼",当我们选择了"熊掌",就要毫不犹豫地放弃"鱼"。另一方面,决策者要善于决断,养成良好的品质。

6. 群体思维的陷阱

群体决策是一种有效的科学决策基本方式,但不能完全等同于科学决策。经验丰富的管理团队,在进行集体决策的时候,也难免犯一些幼稚的错误。群体决策有时候会共同选择一个失败方案,这常常会带来灾难性的后果。这就是所谓的群体思维的陷阱。

在决策中,帮助决策者走出"群体思维的陷阱"的建议主要有三点:第一,明确决策原则,树立工作的立场,端正态度,审视自我的局限性,避免刚愎自用、自以为是;第二,合理运用冲突,促进思想碰撞,可适当运用头脑风暴法、德尔菲专家意见法、六项思考帽法等科学的决策方法和工具;第三,学会优化决策程序,可以适当听取、借鉴其他优秀人员的建议。

四、决策方法

决策的方法多种多样,但根据决策的内容和使用的工具,大体归结为定性决策法和定量决策法两大类,见图4-16。科学的决策需要将两种方法更好地融合、灵活地运用,从而帮助管理者更好地决策。

(一) **定性分析方法**

定性决策法又称软方法,是决策者将搜集来的各类数据、信息,运用自身的知识、经验、智慧等个人能力和素质,经过定性的推理过程,作出的判断与决策的技术,对决策者个人综合素质要求较高。定性决策法包含较多的学科知识,如社会学、逻辑学、心理学

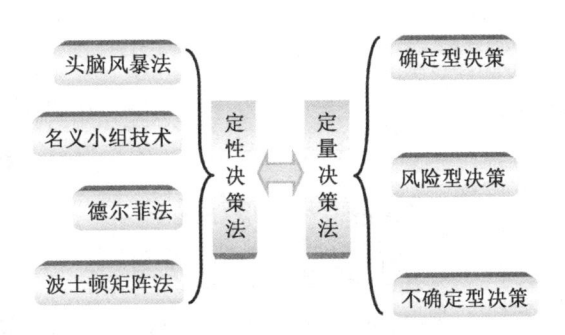

```
        头脑风暴法
        名义小组技术      定  定    确定型决策
                        性  量
        德尔菲法         决  决    风险型决策
                        策  策
        波士顿矩阵法     法  法    不确定型决策
```

图4—16　决策方法分类

等。定性决策法方法较为灵便、普适性强、容易运用，尤其适用于非程序化决策。但因为太过依靠个人的综合能力，缺乏严格的论证，容易受主观影响。定性分析方法适用于抽象的、高层次问题的决策，如战略决策等。

1. 头脑风暴法

头脑风暴法又称"自由畅谈法"或"智力激励法"。1939年，美国创造学家A.F.奥斯本首次提出"头脑风暴法"一词。头脑风暴法适用于比较单一的问题，被广泛用于各类群体决策中。头脑风暴法的主要原则包括小组成员各自发表自己的意见，对别人的建议不作评论。提出的建议不必深思熟虑，越多越好。鼓励独立思考、奇思妙想，提倡简短精练的发言，尽量减少详述。时间一般在1小时左右最好，参加者一般5～10人为宜。

2. 名义小组技术

名义小组技术又称名义群体法，通过成立决策小组，把对问题有研究、有经验的人组织起来，由他们各自提出建议，并经过小组讨论。名义小组召开会议时，所有小组成员都必须参加，每个人不受其他人的影响，独立思考相关问题，并提出自己的方案。

名义小组技术可以充分发挥小组成员独立思考的能力，充分发挥每个成员的聪明才智和创造力，也可以有效地调动员工的参与度，促使他们积极思考、认真发言，避免传统会议的一些缺陷和弊端。

3. 德尔菲法

德尔菲法又称专家调查法、专家意见法或专家函询调查法，是专家反复征询意见的一种方法。专家们背靠背看不到彼此，围绕相关问题，发表个人的看法；然后，管理小组收集统计专家的看法，并进行统计、处理、反馈后，再发给专家们进行第二轮。经过多轮循环之后，最终形成一个统一的意见。1946年，兰德公司采用德尔菲法来预测组织发展，在有效地为决策提供参考意见的同时，起到组织凝聚力的作用，很快这种方法被很多公司广泛运用。

德尔菲法具有较高的专业价值，简单易操作、科学性和实用性较强、避免附和权威或照顾情面、防止冲突等优点。但该方法需要多轮循环，整个活动耗时较长，意见统一难度较大；活动所需经费较多，每一轮都需要花费不少经费。

4. 波士顿矩阵法

波士顿矩阵又称波士顿咨询集团法、四象限分析法、产品系列结构管理法等，1970年，美国波士顿咨询公司创始人布鲁斯·亨德森在研究了很多决策方法后，创造了波士顿矩阵法(见图4—17),并将其运用在公司的日常管理决策之中。

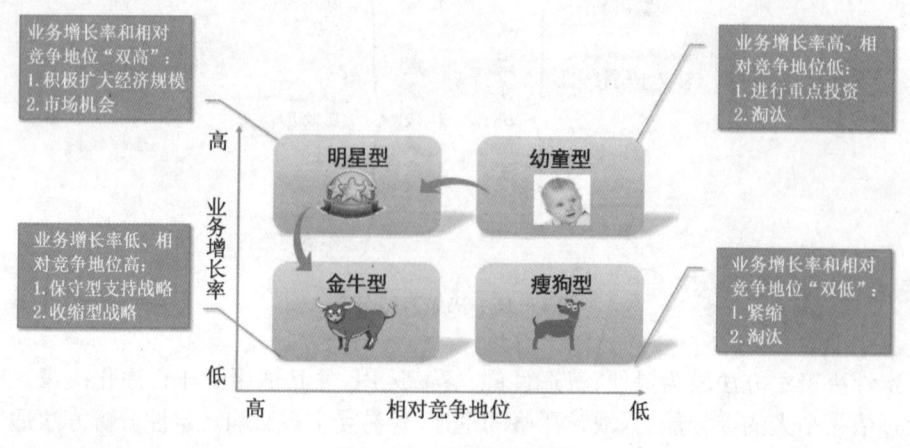

图4—17 波士顿矩阵法

波士顿矩阵法可以提高管理者的分析能力和战略眼光,加强了管理者与业务部门之间的沟通和联络,及时调整企业产品结构,帮助企业更好地投资。因为企业的业务较多,各项业务较难平衡,决策者在使用该方法过程中,要尽量多地查阅资料,细致分析,避免造成相关失误。

(二)定量决策法

定量决策法,又称硬方法,是将数学模型原理和计算机技术综合运用,将搜集到的信息用数学模型表示出来,对决策问题进行计算和量化研究,从而帮助决策者更好地决策。该方法涉及的学科理论包括管理学、统计学、运筹学、计算机科学等。通常确定型决策、风险型决策、不确定型决策采取定量法来进行决策。三种类型决策所面临问题的复杂性和信息掌握程度不同,对于不同的方案产生不同的可靠程度,见表4—4。

表4—4　　　　　　　　　　　定量决策方法分类

决策方法	选择	风险
确定型决策	只有一种选择	没有风险
风险型决策	几个相互排斥的状态	风险概率一定
不确定型决策	几个相互排斥的状态	风险概率不清楚

1. 确定型决策方法

各方案自然状态和发生的风险都是已知和肯定的,各方案的预期结果也非常明确,决策者通过计算出各个方案的结果,便可选择出最满意的方案。确定型决策通常具备以下三种条件:第一,目标明确;第二,确定的自然状态只有一种;第三,满意方案存在于众多方案之中。

(1)直观判断法

直观判断法相对较为简单,此类方案资料和数据,可根据相关模型、公式很清楚地分析出来,决策者可以直观地选择出满意方案。该方法只适合简单的决策。

例:某公司因经营问题,需要大量资金,管理者打算从A、B、C三家银行贷款,三家银行提供了不同的利率(如表4—5所示)。这种情况就适用直观判断法。管理者只需要根据其具体的利率,选出利率最低的银行即可。

表 4-5　　　　　　　　　　三家银行贷款利率表

银行	A 银行	B 银行	C 银行
利率	7.5%	8.0%	8.5%

从上表中可以看出,A 银行的利率仅为 7.5%,在三家银行中利率最低。在其他条件不变的情况下,管理者可以直观地选择 A 银行进行贷款。

(2)量本利分析法

量本利分析法又称盈亏平衡分析法,是企业常用的一种经营决策法。"量"指的是企业的产量或销售量;"本"指的是企业生产过程中的成本或费用,包括固定成本和变动成本两类;"利"指的是企业的利润。在企业的生产经营过程中,量、本、利三者之间存在着密切的关系,影响着企业的盈亏。

量本利分析法其原理是边际贡献理论,主要是分析销售额与变动成本的差额,以确保企业的盈亏平衡。当销售额与变动成本之间的差额与固定成本相等时,企业刚好达到盈亏平衡。在此基础上,企业增加产量,就会增加相应的利润。

根据备选方案的产量(销售量)、成本(费用)和利润三者之间的关系,综合分析企业盈亏的决策方法。

量 X——产量或销售量;本 Z——成本(费用),包括固定成本 C 和可变成本 V;利 P——企业利润。三者的关系:

$$P = I - Z = S * X - V * X - C = X * (S - V) - C$$

I——销售额;S——产品单价。

盈亏平衡点指总销售收入曲线与总成本曲线的交点。量、本、利三者之间盈亏平衡关系如图 4-18 所示。

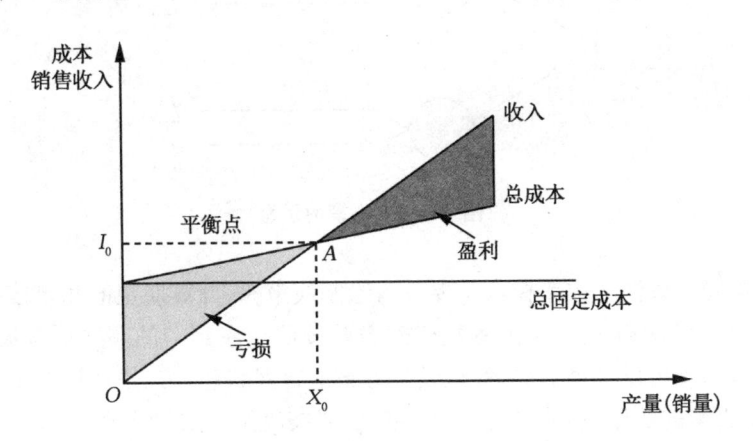

图 4-18　盈亏平衡(量、本、利关系)示意图

A 点对应的临界产量和销售额:

$$X_0 = \frac{C}{S-V} \quad I_0 = \frac{C}{1-\frac{V}{S}}$$

例：某大型企业生产的机器销售单价为 10 万元/台，企业变动成本为 6 万元，固定成本为 400 万元，求：企业临界产量为多少？临界产量的销售额为多少？若计划完成 200 台，能否盈利？盈利额多大？

解：临界产量为：

$$X_0 = C/(S-V) = 400/(10-6) = 100(台)$$

临界产量的销售额为：

$$I_0 = \frac{C}{1-\frac{V}{S}} = 1 - \frac{400}{1-\frac{6}{10}} = 1\,000(万元)$$

因为企业计划产量为 200 台，大于临界产量 100 台，故能够盈利。盈利额为：

$$P = I - Z = X(S-V) - C = 200 \times (10-6) - 400 = 400(万元)$$

2. 风险型决策方法

决策者具体估计不同方案在不同发展方式上出现的概率，算出各方案的收益值并进行比较，选择收益最大的方案。风险决策具备以下几个条件：决策目标明确、损益值可求、概率可预测。常用的风险决策方法有决策树法。决策树法用树状结构图的方式，将影响方案的各种因素，形象地表示出来，决策者再按照决策原则和程序进行选择。

（1）决策树的构成。决策树由五个关键要素构成，分别是决策点、方案枝、状态结点、概率枝和损益值（见图 4—19）。决策点是决策树的出发点，用"□"表示；由决策点引出若干方案枝，每个备选方案为一个方案枝；方案枝的末端为状态结点，用"○"；根据自然概率的不同，每个状态结点可引出不同的概率枝；每个概率枝上需要标明出现的概率值，概率枝的末端为其损益值，用"△"表示。

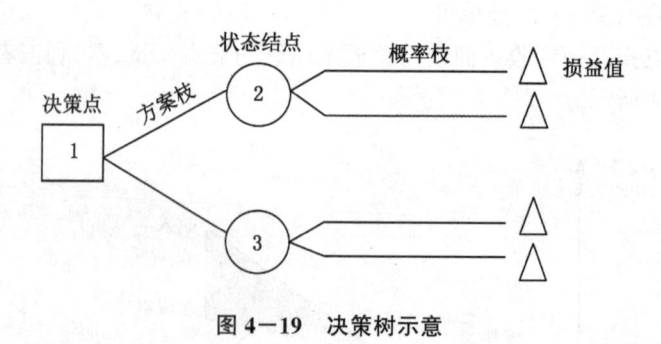

图 4—19 决策树示意

（2）决策树的画法。决策树法主要分为绘制决策树、计算期望值和剪枝决策三个步骤绘制。一是绘制决策树。决策者建树时需要按照从左到右的顺序层次展开，首先确定决策条件，明确可供选择的方案，以及各方案的自然状态。二是计算期望值。需要按照从右向左决策的顺序，逆向进行计算。三是剪枝决策。决策者逐一对比决策树右端的期望值，将期望值小的方案剪掉，仅剩的一个期望值最大的方案，即为决策方案。

（3）决策树的特点。决策树法将复杂的数学计算方法以直观的图形形象化的展示出来，能够让决策者清楚地了解各方案的概率及损益值等，也方便决策者对各方案进行检查、补充和修改。该方法通常适用于集体决策，解决较为复杂的决策问题。

例：某企业打算开发一种新的产品，公司制定了 A、B、C 三种方案，决策者需要从中选择一个方案进行投资。该产品有效利用期预计为 6 年，有三种自然状态，需求量高的概率为0.5,需求量一般的概率为0.3,需求量低的概率为0.2。其中,方案A投资金额为2 000万元,方案B投资金额为1 600万元,方案C投资金额为1 000万元。各方案每年的损益值如表4-6所示。决策者应该选择哪一个投资方案?。

表4-6　　　　　　　　　　各方案每年的损益值

损益值＼自然状态　方案	需求量高 p_1=0.5	需求量一般 p_2=0.3	需求量低 p_3=0.2
A项目(万元)	1 000	400	100
B项目(万元)	800	250	80
C项目(万元)	500	150	50

解:绘制决策树,如图4-20所示。

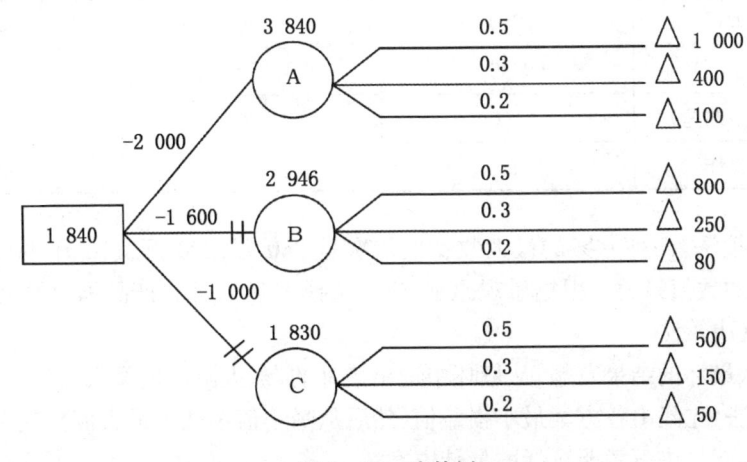

图4-20 决策树

决策者需要由左至右先绘制决策树,首先确定决策点,并由此分出方案A、方案B、方案C三个方案枝;各方案枝的右端需要标明各方案的状态结点,并由此分出各自然状态下的概率枝,概率枝的右端需要清楚地计算出各损益值。

结点(方案)A:期望收益值=(1 000×0.5+400×0.3+100×0.2)×6=3 840(万元)

结点(方案)B:期望收益值=(800×0.5+250×0.3+80×0.2)×6=2 946(万元)

结点(方案)C:期望收益值=(500×0.5+150×0.3+50×0.2)×6=1 830(万元)

扣除投资后的余额为:

A方案:3 840-2 000=1 840(万元)

B方案:2 946-1 600=1 346(万元)

C方案:1 830-1 000=830(万元)

通过比较三种方案的期望值大小,删除期望值较小的方案B、方案C(在决策树中进行剪枝//),保留最大期望值方案A作为被选的实施方案。

3.不确定型决策方法

不确定型决策中,有多种方案可供选择,但决策者缺乏各事件自然状态下发生的概率等资料,只能依据个人主观经验,制定决策标准,择优选择方案。常用的不确定型决策法主要有四种,分别是乐观决策法、悲观决策法、后悔值法和机会均等法。

(1)乐观决策法

特点:从最优的结果着想,从最优中选出最优的,最大限度地提高收益。

具体方法:先找出各方案最大损益值,然后从中选出盈利的最大值,并选定其对应的方案。

例:针对某产品的改革方案,有以下四种方案可供决策者参考(如表4-7所示)。方案1为承包给大厂,方案2为承包给小厂,方案3为自己进行技术改造,方案4为与其他企业合作。

表4-7　　　　　　　　　　　　　　预期的盈利　　　　　　　　　　　　　　单位:万元

方案/状态	畅销	一般	滞销
方案1(大厂)	280	180	-100
方案2(小厂)	230	180	80
方案3(技术改造)	110	100	70
方案4(合作)	90	60	40

乐观决策法:四种方案的最大收益值依次是280万、230万、110万、90万元,其中方案1对应的数值最大。根据乐观原则,应该选择方案1,即将产品承包给大厂。

(2)悲观决策法

特点:从最坏的结果着想,从最坏中选出最好的,最大限度地降低风险。

具体方法:先找出各方案最小损益值,然后从最小值中选出最大值。这个最大值所对应的方案,就是决策者要选择的最佳方案。

例:某企业打算对A、B、C、D四种产品进行投资,每种产品都有销路好、销路一般和销路差三种情况(如表4-8所示)。

表4-8　　　　　　　　　　　　　　四方案的损益值　　　　　　　　　　　　　单位:万元

损益值　　自然状态　方案	销路好	销路一般	销路差
A	2 000	800	-100
B	1 000	500	-60
C	2 500	600	-80
D	1 500	700	-50

悲观决策法:四种方案的最小收益值依次是-100万、-60万、-80万、-50万元,其中方案D对应的数值最大。根据乐观原则,应该选择方案D。

(3)后悔值法

后悔值用于指机会损失值。后悔值法又称最大最小后悔值法,在一定自然状态下由于未采取最好的行动方案,失去了取得最大收益的机会而造成的损失。具体做法:

第一步,计算后悔值=该自然状态下最大损益值-相应损益值。

第二步，找出每个方案的最大后悔值。

第三步，从最大后悔值中选择最小值，其所对应的方案就是最优方案。

例：某企业打算生产一种新产品。管理者对市场进行了预测，这种产品在需求量上有较高、一般、较低、很低四种情况，但管理者无法预测每种情况出现的概率。鉴于此，企业制定了三种方案。方案 A：企业改造原有设备；方案 B：全部购进新设备；方案 C：购进关键设备，其他设备自己制造。该产品预计生产 5 年，管理者预测了各方案 5 年内在各种自然状态下的预期损益（见表 4—9）。

表 4—9　　　　　　　　　　　　各方案的损益值表　　　　　　　　　　　　万元

自然状态 方案	需求量较高	需求量一般	需求量较低	需求量很低
A 方案	70	50	30	20
B 方案	100	80	20	−20
C 方案	85	60	25	5

每种自然状态下，最大损益值分别为：100、80、30、20。再依次算出每种自然状态下各方案的最大后悔值（见表 4—10）分别为，方案 A：30，方案 B：40，方案 C：20。三种方案中，方案 C 的最大后悔值最小，所以选择方案 C。

表 4—10　　　　　　　　　　　　最大后悔值比较表　　　　　　　　　　　　万元

方案	需求量较高	需求量一般	需求量较低	需求量很低	最大后悔值
A 方案	30(100−70)	30(80−50)	0(30−30)	0(20−20)	30
B 方案	0(100−100)	0(80−80)	10(30−20)	40(20+20)	40
C 方案	15(100−85)	20(80−60)	5(30−25)	15(20−5)	20

(4)机会均等法

机会均等法假定每种自然状态发生的概率是相等的，决策者计算出各方案的平均期望值，选择平均期望值最高的方案即为最优方案。

例：某企业打算生产一种产品，但有四种产品方案可供选择，管理者预测了每种产品方案在每一种自然状态下的收益值（见表 4—11）。

表 4—11　　　　　　　　　　　　四种产品方案　　　　　　　　　　　　万元

收益值方案 市场状态	滞销	一般	畅销
方案一	50	55	60
方案二	45	60	80
方案三	20	40	70
方案四	10	50	90

如果运用机会均等法，那么这四种产品方案的每种自然状态都会有 1/3 的出现概率。其平均期望值分别为：

方案一平均期望值：1/3(50+55+60)=55(万元)

方案二平均期望值：1/3(45+60+80)=61.7(万元)

方案三平均期望值：1/3(20+40+70)=43.3(万元)

方案四平均期望值：1/3(10+50+90)=50(万元)

根据四种产品方案的平均期望值可以看出，产品方案二的平均期望值最大，决策者会选择产品方案二。

中国管理智慧

回望伟大的抗美援朝

朝鲜战争对于以毛泽东为核心的新中国领导人来说，是一场不期而遇的战争。

1950年6月25日，朝鲜战争爆发。此时，新中国刚刚成立，百废待兴，台湾还未解放。经过多年的战争，中国人民渴望和平，渴望统一，但美帝国主义偏要恶意挑起战争。当天，美国第七舰队开进台湾海峡，阻止人民解放军解放台湾。中国政府强烈谴责美国的侵略行径，但美方仍然肆意妄为。

朝鲜战争爆发后，毛主席就断定，朝鲜战争有两种可能。第一种，朝鲜人民军速战速决，迅速统一半岛全境，结束战争；第二种，美国迅速投入兵力，战争陷入僵持状态，甚至发生逆转，危及中国。党中央军委当即决定，组建东北边防军。

不出毛主席所料，9月15日，美军在仁川登陆，朝鲜人民军腹背受敌，有全军覆没的危险。9月22日，中国政府发表声明，中国人民坚决支持朝鲜人民与美国进行斗争，并警告美国：不要越过三八线进犯朝鲜北部。然而，10月1日，所谓"联合国军"总司令麦克阿瑟公然发出通牒，要求朝鲜无条件投降。当天夜里，金日成紧急约见时任中国驻朝鲜大使倪志亮，向中国求援。10月2日，麦克阿瑟下令越过三八线。

抗美援朝战争，是中国政府尽力避免，却被以美国为首的侵略集团强加在中国人民头上的一场战争。

10月2日下午，毛主席组织召开书记处会议，讨论出兵援朝，未能达成共识。10月3日凌晨一点，周恩来总理约见印度驻华大使潘尼迦，由他通过印度政府转告美国，美国军队如果越过三八线，中国人要管。实际上，越过三八线早已是美国的既定军事目标。早在9月27日，杜鲁门就已经给麦克阿瑟发出正式命令：在三八线以北进行军事行动，包括两栖登陆、空降和地面等军事行动。10月4日下午和5日下午，毛主席连续主持召开政治局扩大会议，决定出兵援朝。10月8日，毛主席下达命令，将东北边防军改为中国人民志愿军，任命彭德怀为司令员兼政治委员，迅即向朝鲜境内出发。同时，周恩来、林彪秘密访问苏联，就援朝问题进行协商。10月11日，周恩来从莫斯科发来电报，苏联将提供军事装备，但不兑现出动空军的承诺。这一现实，成为党中央不得不重新考虑出兵的问题。

抗美援朝，是毛泽东为核心的党中央从国家根本利益和民族长远利益出发反复权衡斟酌的谨慎决策，也是毛泽东一生经历过的最为艰难的决策。

10月13日，毛主席召集政治局委员开会，再次讨论出兵援朝的问题。经过深入讨论，会议认为，即使苏联不出空军，中国还是要出兵援助朝鲜。

中国入朝作战主要涉及三大问题。

第一个问题，权衡出兵的利弊。出兵援朝一定会带来损害，推迟中国的经济恢复进程，甚至使中国变成战场。毛主席权衡利弊后认为，不出兵对中国的损害更大。毛主席用"三把刀"的比喻来阐述观点，美帝把三把尖刀插在我们身上：从朝鲜一把刀插在我们的头上，从台湾一把刀插在我们的腰上，从越南一把刀插在我们的脚上。毛主席说："天下有变，美国就会从三个方向向我们进攻，那我们就被动了。我们抗美援朝，就是不许他的如意算盘得逞。"毛主席提出"打得一拳开，免得百拳来"，妥协是换不来尊重、和平的。毛主席当时给在莫斯科的周总理发了电报："我们认为应该参战，必须参战，参战利益极大，不参战损害极大"。如果等朝鲜彻底垮了，中国再想出兵，就没有理由和机会了，只能在中国境内迎战美军，中国在战略上将处于非常被动的地位。彭德怀在会上也讲，如等美国占领了朝鲜半岛，将来的问题更加复杂，所以迟打不如早打。毛主席高度认可彭老总的观点。毛主席的思路是，当最坏的局面已无法避免的时候，那就做好底线思维，尽快主动出击。

第二个问题，中国胜算的可能性。1950年，中国的钢产量只有60万吨，而美国是8772万吨，是中国的146倍；志愿军一辆坦克都没有，美军陆战一师每个团都有一个坦克营，配备70辆坦克；志愿军没有空军，美军有强大的空军。但毛主席认为，中国军队胜算的可能性比较大。他对美国军力的分析是"一长三短"。一长，就是钢多；三短：战线太长，运输路线太长，战斗力太弱。而我们是"一强一正义"。一强，战斗力极强；一正义，是保家卫国的正义之战。当毛主席了解到，朝鲜战场陆军作用更大后，他对中国的陆军充满信心。毛主席坚信，拥有高昂的战斗精神，丰富的战争经验，敢打近战、夜战的志愿军，可以打败"铁多气少"的美国军队。

第三个问题，苏联军事援助问题。苏联答应的是供应武器装备，但不同意立即出动空军。彭德怀曾回忆："毛主席当时问我可不可以打，苏联是不是完全洗手？我说这是半洗手，也可以打。此时毛主席讲：'即令'打不过也好，他总是欠我们一笔，我什么时候想打就可以再打。"

志愿军副总司令宋时轮将军曾总结：抗美援朝中，体现出来的主席的军事思想，其核心是战略上后发制人，但同时确保战略战役的突发性。

中国人民志愿军40天收复平壤，70天打下汉城，震撼了世界。经过五次大的战役，最终把美军从鸭绿江边打回到三八线，打到了谈判桌前。1953年7月27日，《朝鲜停战协定》在板门店签订。

讨论问题

1. 如何充分认识抗美援朝决策的伟大意义？
2. 请分析抗美援朝决策过程及影响因素。
3. 毛主席出兵朝鲜的决策思考，对处理中美博弈和解决台湾问题有哪些启迪？

书面作业

请使用PEST分析和SWOT分析对抗美援朝决策制定进行分析。

扩展阅读

[1]董洁. 化解危局：抗美援朝出兵决策分析[J]. 中国党政干部论坛，2014(06).
[2]王国学，陈锡久. 中国抗美援朝战略决策探析[J]. 学术交流，2001(06).
[3]章百家. 从危机处理的角度看抗美援朝出兵决策[J]. 中共党史研究，2000(06).

小故事 大管理

一、该选谁拯救世界？

西方电影充满了个人英雄主义。他们的套路是，当世界出现了危机，会有一个英雄挺身而出，拯救世界。这些英雄的身上，也会有很多个人的性格特色。假如现在世界正遭遇一场大的危机，要从以下三人中选择一个英雄，你会选择谁？

A：迷信，占小便宜，两个情妇，嗜好烟酒，意志坚定，比较自我，有雄心，善于鼓励。

B：爱睡懒觉，吸食鸦片，好酒，爱攻击别人，善于辞令，有文学水平，喜欢表现自己。

C：战斗英雄，素食，不吸烟，敏感，有热情，有幻想，比较自我。

实际上，这三人是历史中三个真实的人物：A是罗斯福，B是丘吉尔，C是希特勒。

启示：每个人在做决策的时候，都会有自我倾向，会根据自己的知识、经历、经验，来做相应的决策。罗斯福、丘吉尔、希特勒他们三人身上都有优点，也都有缺点。我们在做选择的时候，既要看到他们身上的优点、缺点，也要看到他们的能力、倾向。另外，还有一样东西更加重要，那就是：价值观。在组织里，我们在选人用人的时候，还要考察他们的价值观。

二、霍布森选择的陷阱

马在古代是重要的交通工具，也是主要的畜力之一。在古代，贩马的生意非常火。很多经济不富裕的人买不起马，便会选择租借的方式。霍布森是英国剑桥有名的贩马商人。他有很多马圈，也养了很多马。而且，他还给客人们承诺：无论是买马、租马，他马圈里的马可以随意挑选。客人们来到霍布森的马圈后，看到很多马个头高大、膘肥体壮、毛色发亮，纷纷在他这里买马、租马。他们也都挑选到了自认为满意的马。

其实，他们都掉进了霍布森的陷阱里。霍布森马圈的进口非常大，可以让所有马都进去，但是出口却非常小。这样，很多马便出不去。人们挑来挑去，最终挑到的都是一些体型相对矮小，身形相对瘦弱的马，并不是马圈里那些良马。

启示：霍布森马圈的出口，其实限定了选择的范围。客人们的选择是在有限的空间里进行的有限选择。因此，无论他们如何思考、评估与甄别，最终得到的还是一匹劣马。我们的思维有时也是如此，常常受到自己一亩三分地思维定式的局限和影响，导致思维的自我僵化。这在管理学上被称为"霍布森选择陷阱"。我们如果想要跳出这个"陷阱"，就需要不断打破个人思维模式，丰富个人知识储备，提升个人眼界，开阔个人视野。

三、布里丹选择的陷阱

布里丹养了一头毛驴。一天，他的毛驴饿了，家里也没有草料了。于是，他决定牵着毛驴去野外吃草。他走了很远，来到了一大片野外草地。布里丹发现左边的草长势茂盛，觉得这草应该很好，便带着毛驴去了左边。来到左边草地后，他又发现右边的草看起来颜色更绿，感觉右边的更好，便带着毛驴又走向了右边。来到右边的草地后，他又发现远处的草好像更肥美，便带着毛驴又走向了远处。他一直感觉别处的草更好，于是他反反复复地跑来跑去。在这个过程中,他的毛驴也饿死了。

启示:在选择草地的过程中,布里丹一直感觉别处的草更好,也一直没有做出选择。他的犹豫不决、优柔寡断,让他的毛驴饿死在了寻找更好青草的路上。这在管理学上叫做"布里丹选择陷阱"。在任何一个组织中,都有很多事情需要管理者决策。但做出好的决策,并不是一件容易的事。因此,决策者、企业经营者要学会避免布里丹效应。

四、"照片泄密案"

在新中国成立初期,百废待兴,各项事业都需要发展,尤其是重工业。而重工业则需依托大量的石油、钢材等资源。中国当时是一个贫油国家,很多石油都需要进口。而中国自产石油,开发自己的油田,就显得尤为重要。

经过全国上下一心的不断努力,终于发现了"大庆油田"。这在当时可以说是振奋人心的大事,也是中国的重要机密。然而,一张照片的出现,却让日本企业轻松破解了"大庆油田"的机密。

我国发现大庆油田后,在报纸媒体上刊发了宣传。在新闻报道里,除了大量的文字以外,还配上了一张"铁人"王进喜现场工作的照片。日本企业正是通过这张普通的照片(见图4—21),预测了大庆油田的位置、储量、产量,针对性地研发了炼油设备,并成功中标后,卖给我国。

图4—21 王进喜现场工作照片

新闻照片中的王进喜,头戴大狗皮帽,身穿厚棉袄。因此他们分析到,大庆油田位于中国东北严寒地区,大概北纬46度至48度之间,进而判断出在齐齐哈尔与哈尔滨之间。照片中,王进喜握着钻机手柄。他们根据王进喜的身高、身形,还原出手柄的大小尺寸,进而推断出油井的直径大小。照片中,王进喜身旁还有其他的井架。他们通过比例测算,还原出油田间的间隔和井架的高度、密度,进而推断出油田的储量和产量等。

通过一系列分析，日本企业大概掌握了中国"大庆油田"的信息，并迅速设计出适合"大庆油田"的开采设备。很快，我国政府向全世界公开招标大庆油田开采设备设计方案。相较其他国家放之四海而皆准的方案，日本企业拿着量身定制的成熟方案，一举夺标。

启示：日本企业通过一张简单的照片，便推断出了我国"大庆油田"的基本情况，并针对性设计了开采设备，一举中标。日本企业通过搜集各类信息，其实是运用了管理学中的系统理论进行决策。在组织里，管理者要学会采用系统理论，提高决策的科学性、准确性。

五、抢救名画

卢浮宫是法国最大的博物馆，在世界四大博物馆中排名第一。卢浮宫内珍藏着很多绝世绘画和雕刻，如蒙娜丽莎等。因此，卢浮宫安保问题、消防问题也成了社会各界关注热点。曾经有一家法国报纸在一次智力竞赛中，就出了这样的一道题目："如果卢浮宫失火了，情况只允许抢救出一幅画，你会救哪一幅？"并承诺提供最佳答案的人，还能得到一大笔奖金。成千上万的人参与到了该题的竞答中来，答案也是五花八门。有人说抢救"蒙娜丽莎"油画，有人说抢救"断臂维纳斯"雕像，还有人说抢救"胜利女神"石雕等。

在万众期待中，报纸公布了获奖人的姓名：法国著名作家贝尔纳。报纸还公布了他的答案：离出口最近的那幅画。

启示：贝尔纳的答案能从成百上千个答案中脱颖而出，是因为他将复杂的问题简单化了。在组织中，每天都会产生很多问题。很多时候，这些问题并不复杂，而是我们所拥有的知识把问题复杂化了。管理者要学会化繁为简，最简单的答案往往就是最好的答案。同时，走向成功往往是从最近的目标开始！

六、卖草帽的人与猴子

一天，卖草帽的老王叫卖归来。他很累，便在路边找了一棵大树，靠着树休息起来。由于太累了，他竟不知不觉地睡着了。在他睡觉期间，一群猴子从树上跳了下来，偷走了他的草帽。老王醒后，发现自己的草帽被猴子们偷走了，而且还跟他一样戴着草帽。老王灵机一动，把头上的草帽拿下来，扔到了地上。猴子见状，也纷纷跟他学，将草帽纷纷扔到了地上。老王捡起地上的草帽，开开心心地回家去了。

到家后，老王将此事告诉了他的孙子小王。一天，小王卖草帽回来，也在大树旁睡着了，草帽也被猴子们偷走了。小王想到爷爷的办法，拿下草帽扔到了地上。出乎他意料的是，猴子捡起他刚扔的帽子，飞快地窜到了树上。猴子到树上后，兴高采烈地告诉他说："你这个把戏，我爷爷早告诉我了。"

启示：小王用老王给的信息，非但没有从猴子们手中骗回帽子，反而把自己头上的帽子也搭了进去。这其实是掌握信息资源的问题。我们不一定知道未来将会面对什么问题，但是你掌握的信息越多，越及时准确，正确决策的可能就越大。

七、英国小伙摆脱囚徒困境

曾经，英国有个著名电视节目《金球》，收视率非常火，也很考验人性，很受观众的喜爱。节目实行淘汰制,最后只剩下两名选手进入决赛。决赛的时候,节目组会准备一笔巨额奖金,由两名选手进行最终的角逐。两名选手面前均有两个球,分别写着:"平分""偷走",并从中选择一个。在做出各自的选择前,节目组允许两人商量如何挑选。但是,他们最终选择时,必须单独选择,而且可以不遵循之前商量的选择方式。

节目组设置了比赛规则。如果两人都选择了"平分",他们就平分大奖;如果一人选择"平分",一人选择"偷走",选择"偷走"的人拿走全部奖金,选择"平分"的人什么也没有;如果两人都选择了"偷走",谁也得不到奖金,奖金归节目组所有。这其实是节目组给选手设的"人性困局"。

某一次比赛中,凯瑞甘和海森进行最后角逐。海森想要平分奖金。因此,在商量阶段,海森向凯瑞甘保证自己一定选择"平分",并恳请凯瑞甘也选择"平分"。但凯瑞甘却很强硬,他一定会选择"偷走"。他还向海森承诺,只要他拿走全部奖金,在节目结束后,会分给海森一半。现场很多人看了凯瑞甘的态度,非常生气,有些人还骂他"无耻"。海森也向凯瑞甘继续求情,但凯瑞甘依旧不肯让步。海森一下子难以选择,陷进了"囚徒困境"。

在这种情况下,海森就只剩下两种选择了:选择一,选择"偷走",两人都拿不到钱,奖金归节目组所有;选择二,选择"平分",凯瑞甘拿走全部奖金,自己有可能分到一半钱。海森很犹豫,他不确定凯瑞甘是否信守承诺。但是他也只能选择相信,这样还有机会分到奖金。

但让人出乎意料的是,凯瑞甘没有信守"承诺"。他选择了"平分"。最后,他们两人平分了奖金,打破了节目组预设的这个人性困局。

启示:节目组的这个规则,其实是对人性的考验。选手的选择,会决定奖金的归属。因此,他们的决策会至关重要。他们掉进了"囚徒困境"。凯瑞甘的承诺,也让海森由单次博弈变成了反复博弈,这便打破了"囚徒困境"。

想一想

一、新兴建筑集团的苦恼(一)

新兴建筑集团山东区域经理小夏参加了总部组织的头脑风暴会议,他感觉操作头脑风暴很简单。每个人说一条,言论自由,天马行空,最后把每个人的想法都收集整理,即可解决问题。于是小夏马上如法炮制,在月度会议上研讨销售提升事宜,然而头脑风暴现场几度失控。主管A刚提出一个想法,主管B就说,"你提的想法,我们从前试过无数遍都没有成功。"主管B提出一个想法,主管A也当仁不让说,"按你说的想法这个项目费用谁来负责?"一会儿主管C起来说,"都不要吵了,我们要以客户为准,你们两个的方案客户都不会买账!"大家你一言我一语,互相攻击,唇枪舌剑,把头脑风暴现场变成了情绪发泄场。面对失控的现场,小夏只能感叹头脑风暴是高素质的人玩的东西,小主管没有集团总部人的觉悟啊!

问题讨论

1. 集团总部组织头脑风暴效果好好的,轮到小夏自己组织却一塌糊涂,是员工素质低还是组织不力呢？

2. 如果你是小夏，你该怎么办呢？是对失控场面发脾气，还是被混乱的想法击昏了头脑，或是面对相互攻击的会场发感叹呢？

3. 小夏组织头脑风暴失败的主要原因是什么？

4. 你认为小夏要想有效控制过程该怎么操作呢？

二、新兴建筑集团的苦恼（二）

新兴建筑集团第一季度业绩只完成目标的60%，可谓"出师不利，抬头不见喜"。于是李总要组织公司管理层出主意、想办法、找对策，希望能通过集体的智慧解决当前公司的困境。李总认为人多力量大，人多想法多。于是，他召集30多位公司主管级以上人员参加头脑风暴会议，希望通过此次会议能得到有效提升业绩方法。李总亲自主持，以表示重视。然而，由于大家业绩都不好，现场人人自危，基本没人敢发言。李总以点名的方式让副总和营销总监发言，但基本没有新的想法产生。李总不得不亲自提出自己的想法，头脑风暴会也成了李总的政策宣讲会。最后，头脑风暴会在沉闷压抑的氛围中开了3个小时。

问题讨论

1. 李总非常希望通过头脑风暴会议解决问题，却没得到员工的回应，问题到底出在哪呢？

2. 你认为李总没有达到预期目的的原因是什么呢？

3. 你认为李总该如何操作才能达到预期目的呢？

练一练

一、不确定型决策的三种方法的使用练习

某公司决定生产新产品。通过市场预测分析，新产品未来销售情况将出现三种可能性：销路好、销路一般和销路差。生产新产品的可行性方案有三种：对公司现有生产线进行改进、投资建设全新的生产线、与其他公司合作采取生产外包的方式进行生产。三种方案在不同市场条件下的收益值估算如表4-12所示。

表4-12　　　　　　　　　　决策收益表（万元）

方案＼销售情况	销路好	销路一般	销路差
改进生产线	220	140	-60
新建生产线	260	120	-100
生产外包	120	80	28

针对上表列出的决策问题，我们无法简单地做出选择，因为三种方案都面临三种不同的结果。三种情况出现的概率，即可能性也无从知晓。由此，我们可以得出该决策属

于不确定型决策。我们可以依据不确定型决策的三种方法,对这一问题进行决策:
(1)悲观决策法。
(2)乐观决策法。
(3)最大最小后悔值法。

二、盈亏平衡法使用练习

某企业生产一种产品,产品的销售价格为 50 元,单位变动成本 35 元,每个月固定成本总额 3 000 元。请运用量本利分析法,计算该产品盈亏临界点销售量和销售额。

三、决策树法使用练习

A1、A2 两方案投资分别为 450 万元和 240 万元,经营年限为 5 年,销路好的概率为 0.7,销路差的概率为 0.3。A1 方案销路好、销路差的年损益值分别为 300 万元和负 60 万元;A2 方案分别为 120 万元和 30 万元。请用决策树法进行方案选择。

四、如何决定小店的经营种类?

每个团队由 5~8 人组成,你和你的团队成员决定在你们所在学校或公司附近开一家个性小店,启动经费为 10 万元。困扰你们的问题是:学校或公司附近已经开设了各种各样的小店。你们所面对的问题是决定小店的经营种类。

训练步骤:
(1)各团队集体花 5~10 分钟时间,讨论形成最可能成功的小店类型。每位成员都要尽可能地富有创新性和创造力,对任何提议都不能加以批评。
(2)指定一位成员把所提出的各种方案写下来。
(3)再用 10~15 分钟时间,讨论各个方案的优点与不足,并确定一个所有成员意见一致的最佳方案。
(4)在做出决策后,讨论头脑风暴法的优点与不足,确定是否有阻碍。
(5)向其他团队分享你们的观点。

第五章　计　划

昭王新说蔡泽计画,遂拜为秦相,东收周室。

——《战国策·秦策三》

凡事豫则立,不豫则废。

——戴圣《礼记·中庸》

凡用兵之道,以计为首。

——明·刘伯温《百战奇略·计战》

只要找对路,就不怕路远。

——张瑞敏

计划工作是一座桥梁,它把我们所处的这岸和我们要去的对岸连接起来,以克服这一天堑。

——哈罗德·孔茨

与其让别人掌握你的命运,不如自己来主宰。

——杰克·韦尔奇

1. 我们的使命是什么?
2. 我们的顾客是谁?
3. 我们的顾客重视什么?
4. 我们追求的成果是什么?
5. 我们的计划是什么?

——彼得·德鲁克《德鲁克经典五问:历久弥新的管理智慧》

成语与谚语:
未雨绸缪、有备无患、防患未然。
人无远虑,必有近忧。
好的开始是成功的一半。

本章思维导图

知识点摘要

一、实施决策的计划制定

(一)计划的本质与特征

1.计划的定义

计划是组织在未来一段时间内的目标和实现目标途径的策划与安排。

从词性上看,计划分为动词意义和名词意义两类。

从动词意义看,计划是组织制定目标和实现目标的行为和活动,包括目标分析、制定、实施、调整等。

从名词意义看,计划是组织为实现目标而制定的方案,包括短期计划、中期计划、长期计划、战略规划等。

计划=做什么(结果)+如何做(手段)

理解计划的含义应把握四点:
- 计划是预先制定的行动方案。
- 计划是一个连续的行为过程。
- 计划是控制的基础和前提。
- 计划需要修正和调整。

2.计划的内容

计划的内容可以概括为5W1H,广泛用于企业管理和各项工作中(见表5-1)。

表5-1　　　　　　　　　　　　　5W1H法

	现状如何	说明	对策
What(对象)	做什么	要做的是什么?该项任务能取消吗?	取消不必要的任务
Why(目的)	为什么	为什么这项任务是必需的?澄清目的。	
Where(地点)	在哪儿做	在哪儿做这项工作?必须在那儿做吗?	改变顺序或组合
When(时间)	何时做	什么时间是做这项工作的最佳时间?必须在那个时间做吗?	
Who(人员)	谁来做	谁来做这项工作?应该让别人做吗?为什么是我做这项工作?	
How(手段)	怎么做	如何做这项工作?这是最好的方法吗?还有其他方法吗?	简化任务

3.计划的特征

(1)首要性。计划是所有管理活动的前提和指导,组织的所有活动都需要依照计划开展。

(2)普遍性。计划普遍存在于一切有组织的活动之中,贯穿于所有管理活动的始终。

在实际工作中,计划职能和其他职能的顺序颠倒,如先控制后计划可以吗?

计划六要素 5W1H

(3)目的性。管理的目的是实现组织目标。计划是组织目标实现的行动指南,能够清晰地展示出组织实现目标的整个过程规划和阶段步骤。

(4)经济性。任何组织在实现组织目标的过程中,都会产生必要的经济投入。计划能够清晰地呈现整个组织活动中的投入和产出。在很多组织中,尤其是企业中,管理者在决策时,会注重考虑每个方案的投入产出比,以及相关经济效益和社会效益。

(5)适应性。计划是组织在一定时间内的行动方案和指南。一旦计划被确定,在该时间段内,一般不会发生大的变化。但由于内部和外部的不确定情境,计划在制定初期,也会留有一定的余地,以便更好地适应客观环境的变化。

(二)计划与决策

1.计划与决策的关系

> 计划等同于决策吗?二者之间有何区别与联系?

计划与决策相互渗透、紧密联系。决策是计划的依据,计划的制定是实施决策的保障。决策为计划的任务安排提供了依据,计划则为决策所选择的活动和活动方案的落实提供了实施保证。计划工作中的目标确定、任务分配、时间安排、资源配置、行动方案选择等都是不同层次的决策工作。其中目标的确定是最高层次的决策,而其他的则是常规性的决策。见表5—2。

表5—2　　计划与决策评析

区别	联系
这两项工作需要解决的问题不同: 决策是关于组织活动方向、内容以及方式的选择。 计划则是对组织内部不同部门和成员在该时期内从事活动的具体内容和要求。	A.决策是计划的前提,计划则为决策的逻辑延续。 B.在实际工作中,决策与计划是相互渗透,有时甚至是不可分割地交织在一起的。

2.制定计划的阶段

计划通常分为四个基本阶段,每个阶段及其步骤与决策都密不可分。

在筹划阶段,明确每个部门任务和产出;在分析阶段,通过组织绩效评定,找出实际绩效与目标绩效的差异,制定最佳行动方案;在综合与交流阶段,根据全体员工的建议,修正决策方案,是计划能否成功的关键;在行动阶段,制定具体的行动方案,对工作进展要及时总结,并对新的情况、新的发现进行进一步的分析,提出新的目标,以便进行下一轮的计划决策。

(三)计划的作用

计划是管理者进行指挥的抓手,依照计划进行指挥与协调;管理者实施控制的标准,依照计划及时控制组织行动,保障组织目标的实现降低未来不确定性的手段,管理者依照计划预测与推断未来的变化,并制定相应的应对措施,将风险降到最低;提高效率与效益的工具,依照计划有效配置组织资源、安排组织活动,提高组织的工作效率;激励人员士气的依据,管理者依照计划开展有效激励,提高组织成员的积极性,提高团队士气(见图5—1)。

二、计划的类型

根据不同方面的影响,计划可以从五个方面进行分类,如表5—3所示。

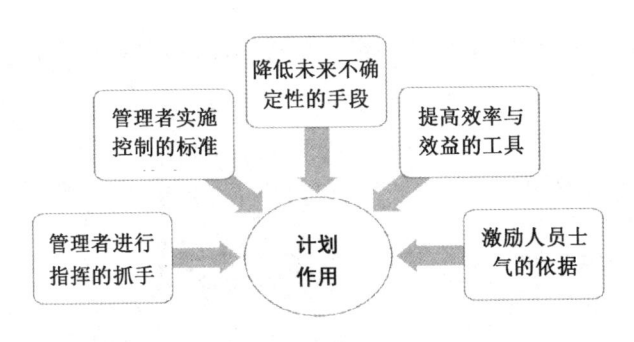

图 5—1 计划的作用

表 5—3　　　　　　　　　　　计划分类

分类标准	类型
跨越的时间间隔长短	长期计划、中期计划、短期计划
对企业经营范围影响程度和影响时间	战略性计划、战术性计划、作业计划
程序化程度	程序性计划、非程序性计划
明确性程度	方向性计划、具体性计划
层次内容抽象程度	宗旨、目标、战略、政策、规则、程序、规划和预算

（一）按跨越的时间间隔长短

按跨越的时间间隔长短，可分为长期计划、中期计划和短期计划（见图 5—2）。

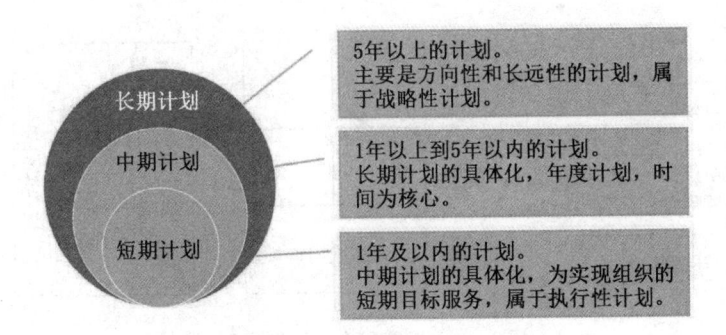

长期计划：5年以上的计划。主要是方向性和长远性的计划，属于战略性计划。

中期计划：1年以上到5年以内的计划。长期计划的具体化，年度计划，时间为核心。

短期计划：1年及以内的计划。中期计划的具体化，为实现组织的短期目标服务，属于执行性计划。

图 5—2　计划按跨越时间长短分类

（二）按对企业经营范围影响程度和影响时间

按对企业经营范围影响程度和影响时间长短，分为战略计划、战术计划和作业计划（见表 5—4）。

表 5—4　　　　　　　　　　计划按经营范围分类

类型	制定者	主要特点
战略计划	高层	事关企业活动总体目标和战略方案，具有长期（远）性、全局性和指导性。决定了相当长的时间内组织资源的运动方向。
战术计划	中层 基层	战略的具体化（如何贯彻和执行战略计划），与组织活动具体如何运作有关。涉及时间跨度比较短，覆盖范围较窄；内容具体、明确，要求具有可操作性。
作业计划	基层	给定部门或个人的具体行动计划。具有个体性、可重复性和较大的刚性，一般情况下是必须执行的命令性计划。

战略、战术和作业计划三者之间在纵向层次方面,存在紧密的关系,能够有效地指导和衔接(见图5—3)。

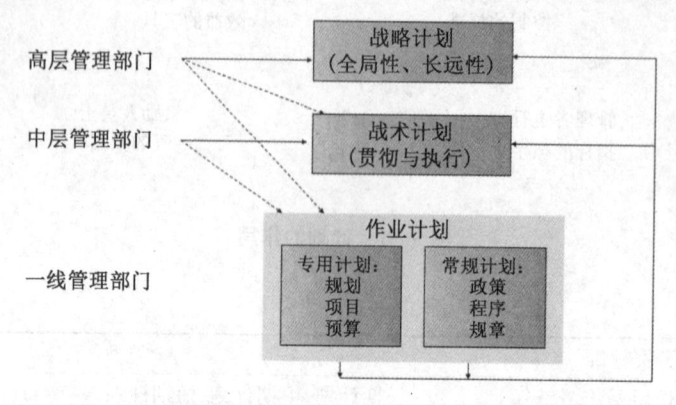

图5—3 组织层次与战略计划、战术计划和作业计划关系

(三)按照程序化程度

赫伯特·西蒙把组织活动分为两类——例行活动与非例行活动。例行活动是指程序性的、重复性的工作,如订货、入库等。非例行活动是指非程序性的、非重复出现的工作,如新品开发、组织变革等。按照程序化程度,计划可分为程序性计划与非程序性计划(见图5—4)。

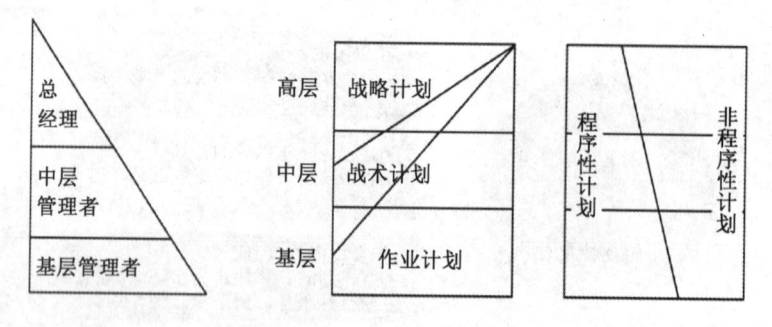

图5—4 组织层次与计划类型

哈罗德·孔茨(Harold Koontz, 1908—1984),美国管理学家,管理过程学派的主要代表人,曾担任美国管理学会会长,美国加利福尼亚管理研究院管理学名誉教授。主要代表著作有:《管理学原理》《管理理论丛林》《再论管理理论丛林》等。

(四)按计划的明确性

按照计划的明确性,分为方向性计划和具体计划,见图5—5。

方向性计划具有行动的方向性,起着指导性作用,由上级提出指导性建议,下级可以根据相关指导原则自由安排活动。方向性计划通常适用于组织重大的决策,员工能够围绕计划创造性开展各项事务,灵活度较高。

具体计划具有明确的任务性,起着指令性作用,由上级给出明确的行动方针,相对较具体,下级必须严格按照各项指令执行。具体计划通常适用于具体的决策,员工必须无条件服从,灵活度较低,没有讨价还价的余地,如对利润指标的拟定。

(五)按计划的层次内容分类

著名管理学家哈罗德·孔茨和海因茨·韦里克,根据计划的不同层次内容,从抽象到具体将计划分为使命、目标、战略、政策、规则、程序、规划和预算等,建立了计划层次

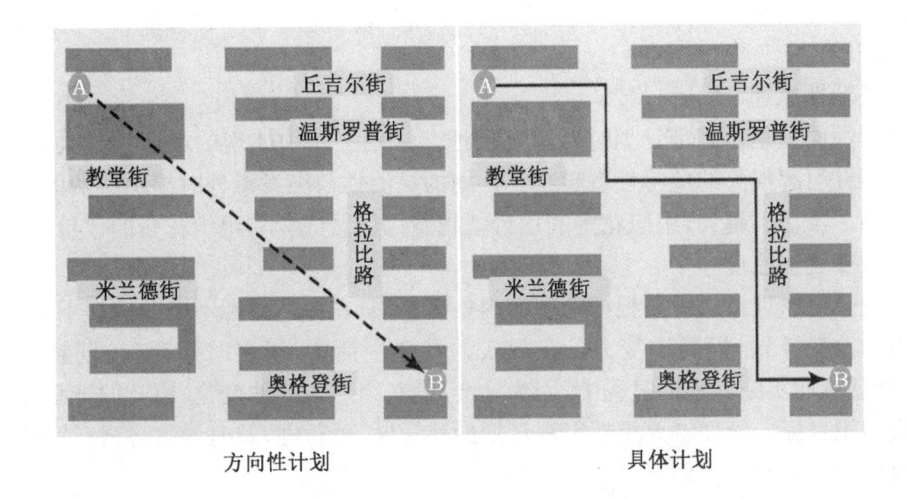

图 5-5 方向性计划与具体计划区别示意图

海因茨·韦里克（Heinz Weihrich），美国旧金山大学国际管理和行为科学教授，SWOT矩阵的创始人，该方法被广泛应用于战略制定领域。目前的研究领域包括如何提高企业和国家的全球竞争力、战略管理、卓越管理和全球化领导。

体系。如图 5-6 所示。

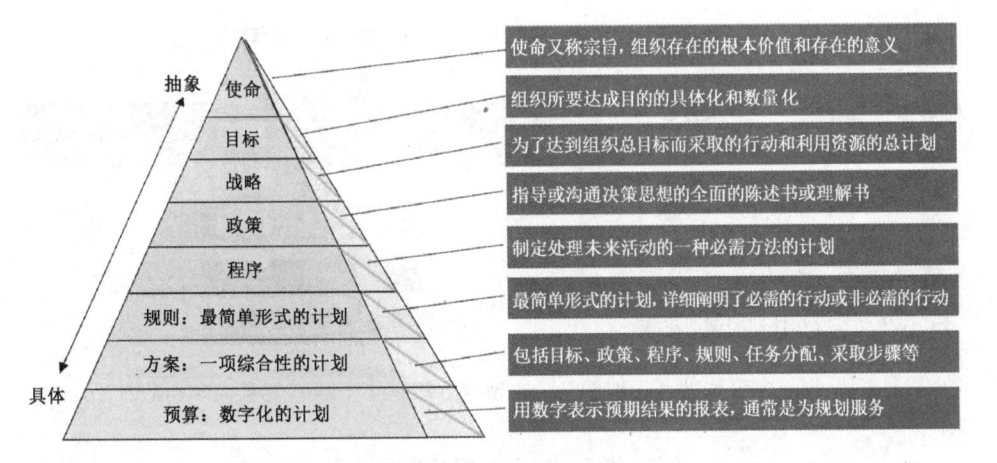

图 5-6 计划的层次体系示意图

设计企业使命

三、计划制定的原理和编制过程

（一）计划制定原理

1. 限定因素原理

美国管理学家彼得提出限定因素原理，又称"木桶原理"。他认为，组织目标实现有多种因素，抓住主要的限制性因素，便能实现组织目标。在制定计划的过程中，管理者要了解和找到限制性的关键要素，准确、客观地制定和选择计划。

2. 许诺原理

从某种意义上来说，计划里的任务都是对组织工作作出的许诺。许诺原理是指任何一项计划都是对完成某项工作所做出的许诺。许诺原理涉及计划期限问题，计划的期限与其所要完成的任务数量成正比。管理者需要注意，每项计划的许诺量要合理，不能太多，否则其时间就越长。许诺原理要求计划必须有时限要求，这也是对计划最严厉的要求。在计划制定时,其期限就应合理地确定;计划期限一经确定之后,不应随意缩短计划期限。

3. 灵活性原理

灵活性原理是指制定计划时要留有余地。计划工作中体现的灵活性越大,那因未来意外事件引起损失的危险性就越小。计划的灵活性与突发意外时组织花费的代价成反比关系。灵活性越大,组织花费的代价就越少;灵活性越小,组织花费的代价就越大。

4. 改变航道原理

改变航道原理指组织要根据管理的内外部情境,在保持目标不变的前提下,可以适当调整和改变计划,提高应变力。在现实的社会生活中,很多时候会"计划赶不上变化"。管理者在实施计划的过程中,因为社会环境、组织内部的变化,原有的计划无法有效完成组织目标。管理者要重新审视计划的科学性、可行性,及时调整、修订计划方案,必要时候要重新制定计划。

(二)计划的编制过程

围绕"拟实现目标"和"如何实现目标"这两个问题,计划编制有相应的步骤(见图5—7)。

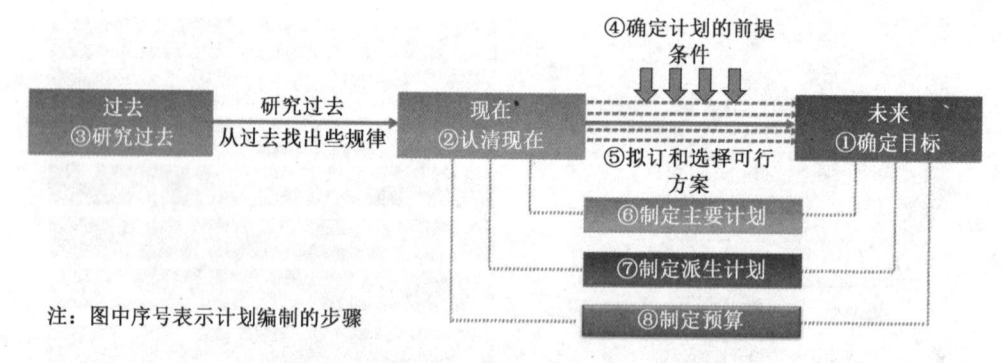

注:图中序号表示计划编制的步骤

资料来源:周三多等编著:《管理学——原理与方法》(第七版),复旦大学出版社2018年版。

图 5—7 计划编制过程

1. 确定目标

目标为组织指明了方向,确定未来目标是计划的核心。组织目标要明确、具体、可衡量。管理者可针对总目标进行目标分解与结构分析:明确主题,期望达到的数量或水平,可用于测量计划实施情况的指标,明确的时间期限。

2. 认清现在

组织目标的实现,需要组织在现有基础上,合理有效地安排组织行为。管理者要分析环境,科学评估现状与目标之间的差距,进而制定符合组织现状的计划。一方面,管理者可在现有基础上进行改进,不断提高组织实现目标的可能性;另一方面,管理者可进行系列变革,从根本上对组织进行调整。

3. 研究过去

组织的发展是一个长期的过程,对组织过去事件的研究,可以得到更多启示和借鉴。管理者可通过演绎法、归纳法等研究方法,探讨事物发展的一般规律。组织内部的经验,更符合组织自身的实际和特点,也更适用于组织自身。

4. 确定计划的前提条件

前提条件是组织实现计划的环境的假设条件。任何组织要实现目标,都必须达到一定的条件。管理者要准确预测这些条件,让组织自身达到实现目标的条件。有些条件对组织实现目标,具有关键性作用。

5. 拟订和选择可行方案

拟订尽可能多的计划,制定计划方案包括提出方案、比较方案、选择方案等工作。在拟订可供选择的方案时,需要注意多方面获取可行方案,防止漏选最优方案。同时,还要注意保证各方案的互斥性,加强选择的直接性。

6. 制定主要计划

主要计划是组织在实现目标过程中,组织行为的操作指南和行动方针。管理者要制定和选择主要计划,并让组织成员执行主要计划,逐步实现组织目标。主要计划要明确、详细,且能够更好地让组织成员阅读、参考、执行。

7. 制定派生计划

派生计划又称为子计划。组织目标的实现,尤其大型组织,需要多方面合力。因此,管理者要制定助推主要计划的派生计划,服务组织目标的实现。

8. 制定预算

在组织活动中,会有很多必要的投入。管理者在制定计划时,也会衡量收益率。预算使得计划的管理具有条理化,减轻后期实施成本、考核的压力。管理者要制定计划的预算,并用数字化清晰地表述。

(三)**计划的编制方法**

1. 滚动计划法

(1)含义:根据计划的执行情况和环境的变化情况,定期修订未来计划,并逐期向前推移,使短期计划、中期计划和长期计划有机地结合起来。通过动态编制计划,以适应组织环境的变化和组织发展需求。如利用滚动计划法制定五年期的计划,见图5—8。

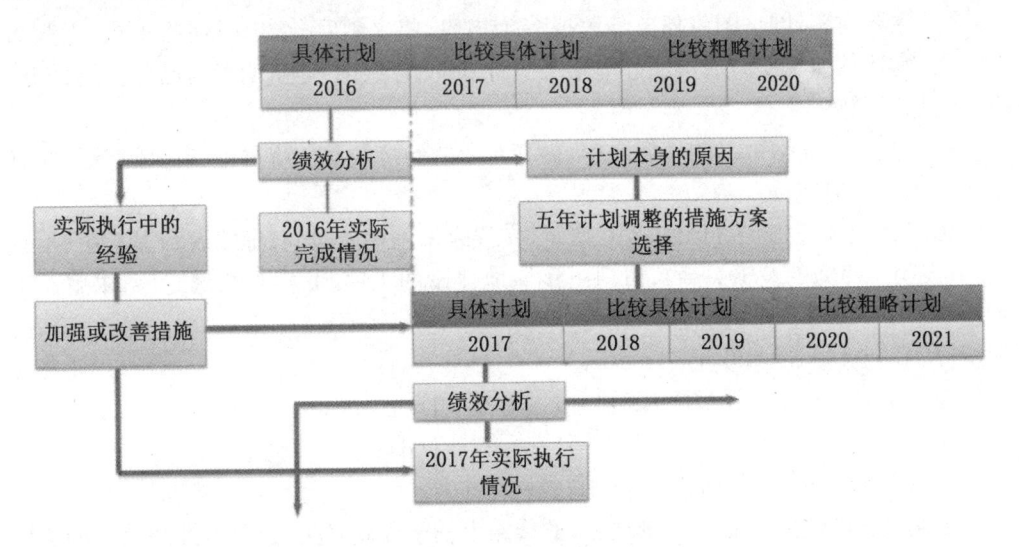

图5—8 五年期的滚动计划法

(2)具体做法:管理者在制定计划时,通常遵循"远概略、近具体"的原则。长远计划通常较为模糊,近期计划通常比较具体。计划通常分为多个阶段,首个阶段完成后,管理者会比较、分析第一阶段实际情况与预期情况,并细化第二阶段的计划,依次滚动实行。

(3)特点:"分段编制,近细远粗"和"长、短期计划紧密结合"。既可用于长期计划的编制,可以是长达数年的计划,又可用于短期计划的编制。

(4)评价:滚动计划法可以有机衔接计划期内各阶段安排,定期进行补充,在解决各阶段计划衔接问题的同时,使计划更符合实际、更科学合理。既保证了计划的相对稳定性,又与社会实际情况结合得更密切,更好地发挥计划在指导组织实际方面的作用。但使用滚动计划法时,计划编制的工作量大。

2. 计划评审技术

(1)含义:计划评审技术又称网络计划法、关键路线法,是产生于20世纪50年代末期的一类计划控制方法。通过网络图的形式进行统筹规划,显示各项工作之间的关系,如图5-9所示。

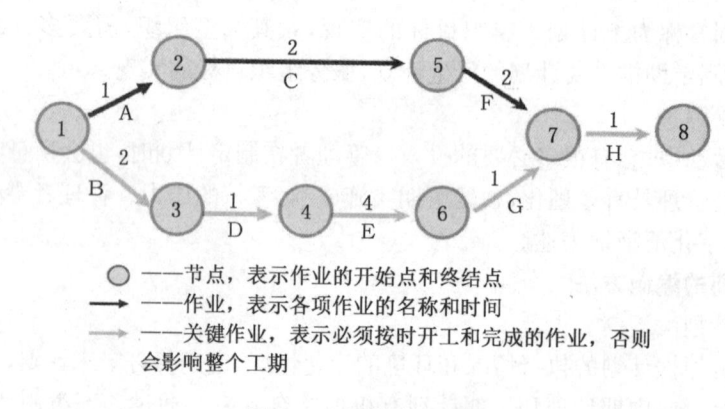

○——节点,表示作业的开始点和终结点
➡——作业,表示各项作业的名称和时间
➡——关键作业,表示必须按时开工和完成的作业,否则会影响整个工期

图5-9 网络图示意图

(2)主要内容:网络图将任务分解成多个内容,将之数字化,以时间为主线,以箭头为方向,衔接各项工作。成员能够清晰了解计划的节点、内容等,明确自己的关键任务,并适当加以调整。

(3)优点:有效缩短工期降低成本,提高企业的经济效益。应用范围比较广泛,尤其适用一次性工程项目。

例:某绿地建设工序如图5-10所示,实线表示工序及时间,虚线表示虚工序(不耗时,只表明工序间的逻辑关系),请列出该绿地建设的工序,并指出关键工序,求解总工期。

解析:A. ①→④→⑦→⑨:4+1=5d;
B. ①→②→③→⑥→⑦→⑨:1+2+3+3+1=10(d);
C. ①→②→③→⑥→⑧→⑨:1+2+3+3=9(d);
D. ①→⑤→⑧→⑨:5+3=8(d)。

工期最长的线路B就是关键线路,此线路上的工序就是关键工序,此线路上的工期就是总工期。

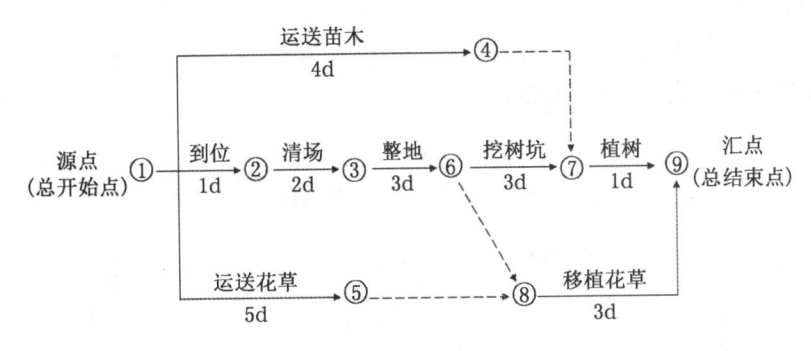

图 5—10　某绿地建设工序

3. 甘特图

甘特图也称条状图，是由科学管理运动的先驱者之一亨利·甘特在第一次世界大战期间提出来的。甘特图是一种理想的控制工具，被认为是管理工作上的一次革命，社会历史学家将其视为 20 世纪最重要的社会发明。

(1) 含义：将活动列表和时间刻度，以图示的形式，清晰地表现出项目顺序、持续时间等。管理者通过图示，能够清晰了解各活动之间的逻辑顺序、起止时间等，更好地掌控计划的实施。

(2) 具体做法：甘特图横轴表示时间，竖轴表示工作内容，空白表示无工作(见图 5—11)。管理者将计划根据逻辑关系，分成若干项任务，具体绘制成甘特图。在计划实施过程中，管理者可清晰掌握各项任务开展的时间、进度、效果等，并适时调整计划。

(3) 特点：简单、醒目和便于编制。

(4) 应用范围：项目管理系统、生产执行系统、资源管理系统或其他的任务资源分配的相关领域等。

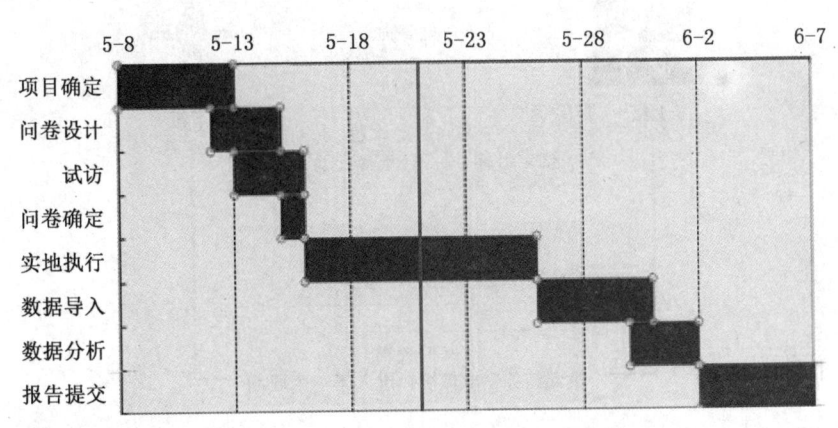

图 5—11　小组调研任务计划甘特图

四、推进计划的流程和方法

(一)目标管理

1954 年，美国管理学家彼得·德鲁克出版了著名的《管理的实践》一书。该书首次提出了"目标管理"(MBO)概念。

彼得·F.德鲁克（Peter F. Drucker, 1909—2005），现代管理学之父，被尊为"管理大师中的大师"。2002 年度被授予"总统自由勋章"。著作 30 余部，管理思想传播到 130 多个国家。

1. 目标管理的含义

目标管理由组织成员参与工作目标的制定，并在组织工作中，充分沟通、自觉完成相关任务目标的方法或制度（见图 5—12）。

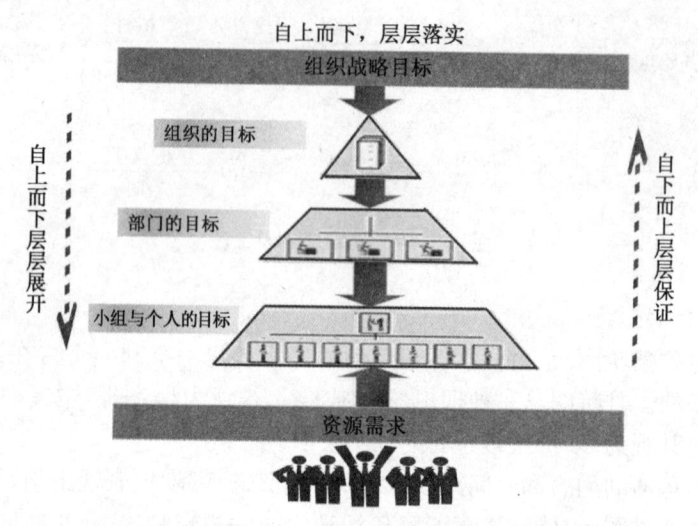

图 5—12 目标管理示意图

目标管理就是管理结果，不包括过程管理，这一观点对吗？

目标管理的理论以目标管理充分结合人本主义与效率主义为基础，在重视工作专业化和人性化的原则下，充分实施授权。

2. 目标管理的特点

目标管理过程，也是组织共同制定计划、上下级共同反馈、共同控制的过程（见图 5—13）。

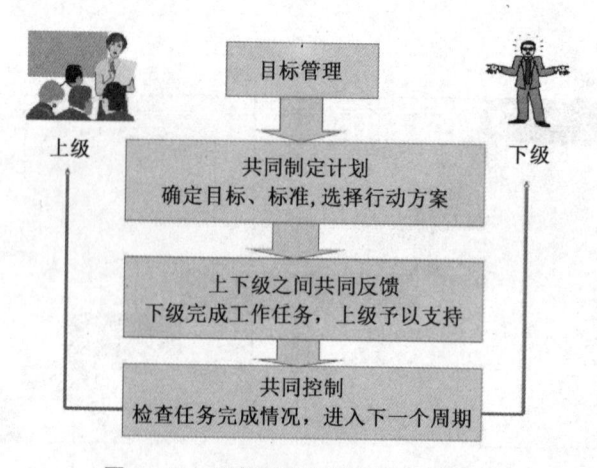

图 5—13 目标管理的过程：三个共同

（1）员工参与管理。员工充分参与到组织目标的制定中，通过共同协商，制定组织各类目标。

（2）重视工作成果而不是工作行为本身。目标管理以目标成果为考核标准，对员工的约束较小，员工自主性较强。

（3）强调自我控制。目标管理不以上级管理为中心，而是以下属组织成员的自我管理为中心。因此,上级管理控制力度较小,更多依靠下级成员自我控制。

(4)建立系统的目标体系。目标管理需要建立一个畅通的系统,组织成员能够通过系统自下而上、自上而下地进行沟通,进而充分联系高层目标、基层目标、个人目标,形成共同的组织目标。

3. 目标管理的类型

(1)全分解式目标管理。组织将整体目标细化,层层分解到组织内部每一个成员(见图5—14)。该方式能够有效整合组织目标与个人目标的关系,充分发挥每一个成员的积极性、能动性,增强个人竞争意识。但因为成员更注重个人目标的完成,减少了成员之间的交流与协作,可能会影响组织整体目标的完成。

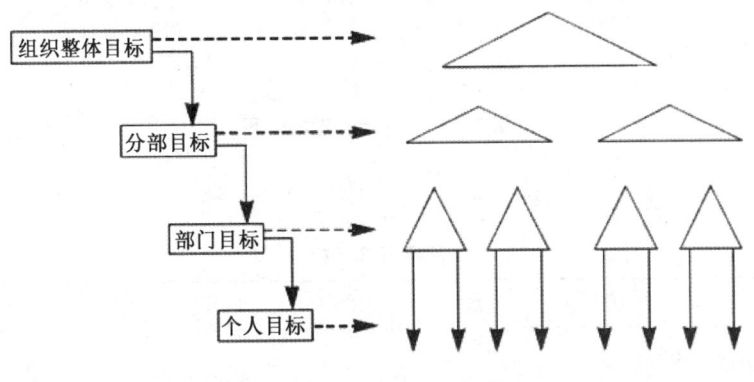

图 5—14　全分解式目标管理

(2)半分解式目标管理。组织将目标分类后,分解到内部各系统、各职能部门(见图5—15)。该方式以部门目标为主,并不明确个人目标。因此,组织目标的实现更多依靠集体的力量,需要成员的团结与协作,而非个人的努力。如果控制不好,容易出现"平均主义""大锅饭"现象,会降低个人的积极性和主观能动性。

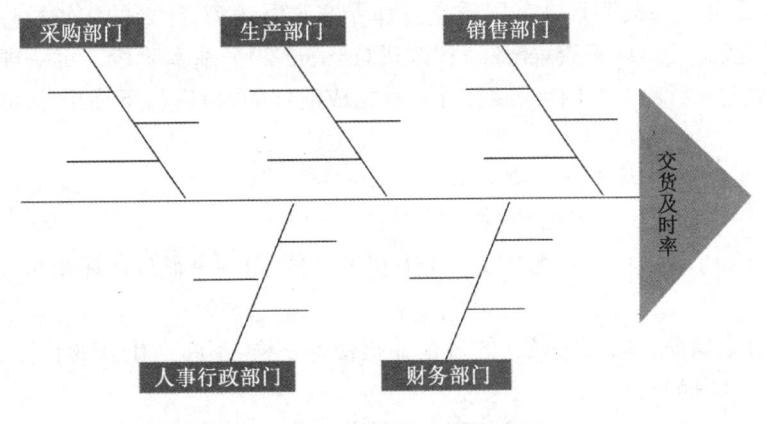

图 5—15　半分解式目标管理

4. 目标管理的基本程序

目标管理的过程分为三个阶段:目标的制定与展开阶段、目标的实施阶段、成果评价阶段,如图 5—16 所示。

```
          目标制定           目标实施           成果评价
          与展开
             ↑                 ↑                 ↑
        ┌────────┐        ┌────────┐        ┌────────┐
        │调查研究│        │咨询指导│        │评价工作│
        │目标展开│        │跟踪检查│        │实施奖惩│
        │定责授权│        │协调平衡│        │总结经验教训│
        └────────┘        └────────┘        └────────┘
          第一阶段          第二阶段          第三阶段
        ┌────────┐        ┌────────┐        ┌────────┐
        │上下协调，制│      │围绕自己的目标采│  │根据目标完成│
        │定各级组织的│      │取措施，保障目标│  │情况，进行奖│
        │目标        │      │顺利实现        │  │惩          │
        └────────┘        └────────┘        └────────┘
```

图 5—16　目标管理的过程

5. 目标管理的优缺点（见表 5—5）

表 5—5　　　　　　　　　　　目标管理评析

优点	缺点
提高管理的效率和效果； 有助于组织机构的改革和完善； 有效激励员工； 促进组织沟通和交流。	过分强调短期目标； 目标设置困难； 缺乏灵活性。

（二）PDCA 循环

1. PDCA 循环的内涵体系

PDCA 循环又叫戴明环。美国质量管理专家戴明认为，计划的实施过程主要包括计划（plan）、实施（do）、检查（check）和改进（action）四个基本阶段。每一项计划的实施，都需要经过 P、D、C、A 四个过程，对没有完成的任务，再进行下一个 PDCA 循环去解决。

2. PDCA 循环的特点

PDCA 循环的总体过程如图 5—17 所示。

（1）大环套小环。PDCA 循环是一个有机的整体，每一个循环环环相扣、周而复始、互为补充。

（2）上升式循环。PDCA 循环的过程如爬楼梯一样，不断产生新的目标和内容，推动管理质量不断提升。

（3）综合性循环。PDCA 循环的四个阶段是一个完整、紧密的过程，是一个综合体，不是相互独立、彼此分开的。

（4）循环的关键是 A（改进）阶段。PDCA 循环的四个阶段，A（改进）阶段处于关键地位，是下一个循环的开始。

爱德华兹·戴明（Edwards Deming，1900—1993），美国统计学家、作家等，现代质量管理理论的奠基人，1951 年日本设立"戴明品质奖"。戴明博士对日本的贡献影响了日本的制造业及工商业，在日本被视为英雄人物之一，但在美国则在他去世后才开始成名。

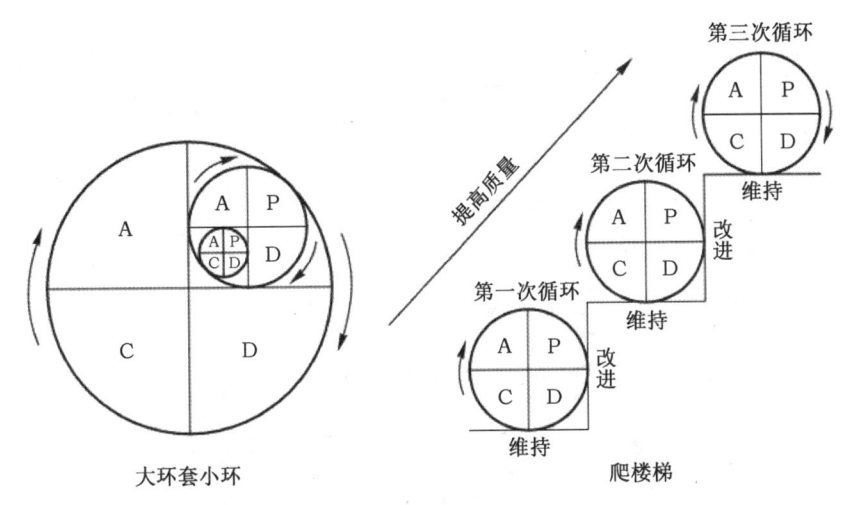

图 5-17 PDCA 循环示意图

3. PDCA 循环的实施步骤

四个阶段分为八个工作步骤,必须抓住:维持质量→提高质量→保证质量只升不降,见表 5-5。

表 5-5　　　　　　　　　PDCA 循环的工作步骤内容

PDCA 循环四个阶段	八个工作步骤	
计划阶段:P	①调查质量现状,找出存在问题; ②找出质量问题产生的原因; ③找出影响质量的主要原因; ④研究和制订出明确具体的措施计划。	找问题 找原因 找要因 订计划
实施阶段:D	⑤认真实施和执行预计的措施计划	执行
检查阶段:C	⑥检查执行措施计划的效果 ⑦通过总结,巩固结果,把成功的经验形成标准化。失败的经验作为教训,放置重犯。	检查 总结
处理阶段:A	⑧把遗留下来尚未解决的问题转入下一个 PDCA。	找新问题

五、决策追踪与调整的方法

(一)基于组织决策的追踪与调整方法

1. 鱼刺图

鱼刺图又名鱼骨图、因果图,如图 5-18 所示。鱼刺图形似鱼骨,主要用于查找问题的根本原因。在鱼刺图中,"鱼头"部分代表的是组织出现的问题,"鱼刺"部分主要代表造成问题的原因。鱼刺图可以分为多种类型,如问题型、原因型及对策型等。

特点:简捷实用,深入直观。

2. 雷达图

雷达图又称蛛网图,如图 5-19 所示。雷达图形似雷达,主要用于组织的综合评价。雷达图由若干个枝干组成,每个枝干代表组织一项事务,如收益、生产、流动、安全等。组织通过对每项事务的评估,并连接各枝干的顶端,共同构成组织评价图形。

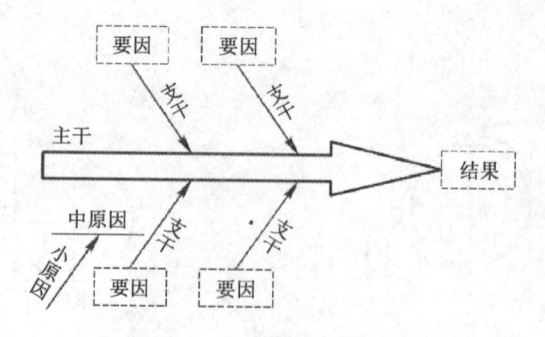

图 5-18 鱼刺图方法示意

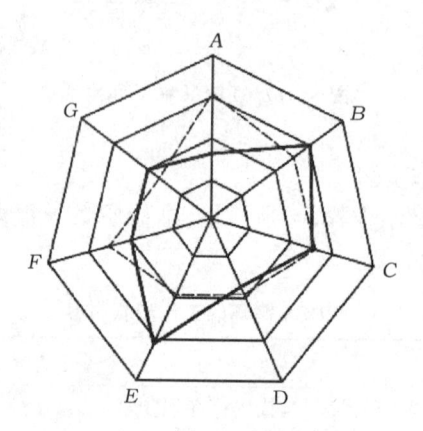

图 5-19 雷达图方法示意

3. 趋势图

趋势图也称统计图或统计图表，如图 5-20 所示。主要用于呈现组织的发展趋势，具体包括柱形图、横柱形图、曲线图、饼图、点图、面积图等。组织通过一定时间的测量结果，以横轴为时间，以纵轴为数据，呈现各阶段的测量结果。管理者通过趋势图，能够了解每个阶段的情况，并找出原因、调整方向。

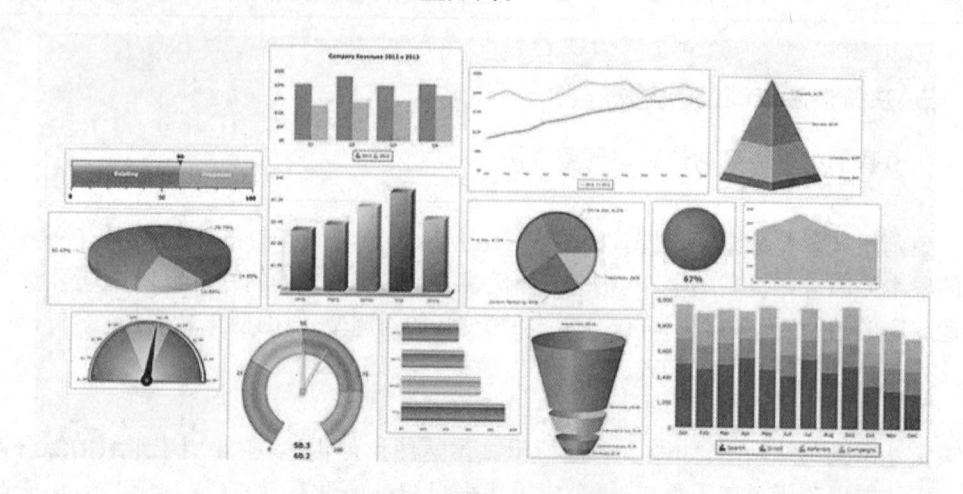

图 5-20 趋势图方法示意

(二)基于个体决策的追踪与调整方法

1. 鼠标实验室

随着计算机进入千家万户,很多人通过鼠标,来处理各类信息。一些学者认为,人们使用鼠标的习惯,是反映人脑信息的重要载体,鼠标实验室应运而生。因此,很多学者便通过研究计算机上人们鼠标移动的信息,来研究信息获取问题。

2. 眼动技术

人们主要通过眼睛来获取事物的信息,并反映到大脑皮层。一些管理者认为,眼睛是人类意识的重要载体,眼睛注意的事物会随着大脑指令而不断调整。因此,可以通过眼动数据,来追踪人们的思想变化。管理者在做决策时,可以了解别人的眼动情况,为自己的决策提供数据支撑。

3. 决策移窗技术

研究者曾经做过一项实验,给被测试者戴上眼动仪,并在屏幕上呈现若干单元信息,并贴上特质标签。当被测试者注意某项信息,眼动仪捕捉到相应信息时,便会呈现单元内的信息;当被测试者不注意该单元信息,眼动仪捕捉不到相应信息时,该单元信息将被遮蔽。记录仪通过持续记录被测试者注视点、眼跳、注视轨迹、瞳孔大小等,对相关信息进行标号,并选出被测试者感兴趣的信息,进而推断出被测试者的特质。

中国管理智慧

从"一五"计划看"一张蓝图绘到底"

编制和实施国民经济和社会发展五年规划,是我们党治国理政的重要方式。

——摘自 2020 年 8 月 24 日习近平《在经济社会领域专家座谈会上的讲话》

新中国成立以来,从"一五"计划到"十四五"规划,时间跨越近 70 年,中国实施完成了 13 个五年规划(计划),从一个一穷二白的国家成长为世界第二大经济体,取得了举世瞩目的成就。一部中国五年规划的历史,几乎就是一部新中国的成长和发展史。五年规划的编制和实施,展现着"中国之治"的巨大魅力,是中国实现现代化和经济社会持续健康发展的"成功密码"。

引进来的五年计划理念

19 世纪,针对主流社会一直认同的英国经济学家亚当·斯密的《国富论》中的市场至上理念,德国经济学家李斯特提出发展经济要有计划。此后,无产阶级革命导师马克思也提出过:"未来的社会要能够调节生产的盲目力量"。德国在第一次世界大战中,用计划的方式来组织战争物资的生产。列宁曾经在德国生活过,他推行的"战时共产主义"政策,从中借鉴了德国的一些做法。在 1921 年,列宁成立了国家计划委员会,苏联最早开始实践探索。1928 年,斯大林主政期间,苏联开启了第一个五年计划,连续制定和实施三个五年计划。从 1928 年到 1940 年,苏联的工业产值年均增长率达到 11%,苏联工业总产值跃居世界第二位,推动苏联在较短的时间内从一个农业国变成一个工业国,为后期苏联在世界反法西斯斗争中战胜德国奠定了物质基础。第二次世界大战后,西方不少国家纷纷借鉴了苏联计划经济的某些经验,在经济社会发展中融入了计划,如日本二战后提出的经济复兴计划。

新中国五年计划是从苏联学来的,但在实践中发现苏联模式的缺陷后,便着手对计划体制进行改革,将传统的指令性计划改革为指导性计划和战略性的规划。由此既发挥市场的作用,也发挥政府的作用。其中最大的变化,就是赋予了市场、企业更多自主权。中国在崛起的过程中,学习和借鉴了大量其他国家的经验,并结合自身国情推陈出新。

第一个"五年计划",诞生曲折,效果卓越

1949年新中国成立的时候,工业经济非常落后,底子非常薄。在这种状况下,我们党在新中国成立之初便考虑到经济建设问题,向苏联学习制定五年计划。1952年8月,周恩来率团访问苏联,向苏联介绍中国的五年计划,征询苏联领导人和专家的意见。当时,苏共中央和斯大林看了这个"一五计划"以后,觉得中国的"一五计划"难以实现,因为以当时新中国的经济基础,支持不了这么快的工业建设。当时新中国刚刚成立,百废待兴,然而时不我待,中国经济建设不能驻足不前。1952年5月,在抗美援朝战争如火如荼继续进行的同时,党中央紧抓经济工作不放松。根据中财委建议,确定了"边打、边稳、边建"的方针,并积极组织力量着手一五计划的编制工作。周恩来总理指出:"从1953年起,我国就开始了经济建设的第一个五年计划。如果我们不建设起强大的现代化的工业、现代化的农业、现代化的交通运输业和现代化的国防,我们就不能摆脱落后和贫困。"

新中国成立前,中国连一辆自行车都造不出来。而"一五计划"的启动,从无到有,从小到大,我国工业残缺不全的状况悄悄改观。那是一个火热的建设年代,工业战线的捷报不断传来,时时提醒人们新中国第一个五年计划取得的进展,充满了新中国初建时期人们对工业化的憧憬。这是新中国第一次大规模有计划的经济建设。到1957年底,第一个五年建设计划的各项指标大部分超额完成。中国第一汽车制造厂生产出了第一批解放牌卡车,中国第一个飞机制造厂试制成功中国第一架喷气式飞机,中国第一个制造机床的沈阳机床厂建成投产,中国第一座长江大桥在武汉开始修建,大批量电子管生产工厂在北京正式投产,在"世界屋脊"青藏高原上修建的康藏、青藏、新藏公路相继建成通车……"一五计划"的完成,奠定了我国工业化的基础,使中国人民从未有过的创造热情被极大地激发出来。随着大规模工业的全面展开,涌现出一大批新的工业部门、工业基地,相继诞生了新中国的第一炉铁水、第一个发电厂、第一个万吨造船厂、第一个生产载重汽车的汽车制造厂,一个又一个的"中国第一"相继投产。当时我国工业生产所取得的成就,远远地超过了旧中国100多年的发展。

从"计划"到"规划",变化与不变

五年规划是不断发展、与时俱进的,与中国经济社会发展变革息息相关,实现了分段接力推进中国特色社会主义建设目标。"一五"计划到"五五"计划在计划经济体制下完成,为我国建立比较完整的工业体系和国民经济体系作出了贡献。"六五"计划到"十五"计划在改革开放后由计划经济向市场经济转轨过程中完成,推动由温饱向小康大步迈进,经济总量从世界第13位跃升至世界第4位,主要工农业产品产量位居世界前列。2010年,中国经济总量已经成为世界第二经济大国。"十一五"规划到"十三五"规划的完成,实现了市场作用从基础性到决定性的转变。"十四五"规划开启了全面建设社会主义现代化国家的新征程,迈向第二个百年奋斗目标。从"二五"至"五五",从"六五"到"十二五",我国实现了从解决人民温饱问题到总体实现小康社会,迈向全面建成小康社会的巨大发展成就。

中国结合中国国情不断地探索和完善自己的规划能力,自"十一五"(2006年—2010年)开始,原来的"五年计划"名称变成了"五年规划"。虽然只是"计划"和"规划"的一字之差,但意义非凡,体现着我国由计划经济体制向市场经济体制的深刻转变,证明了"有效市场"与"有为政府"可以互相配合,共同推进生产力发展。如今,五年规划的全称是"中华人民共和国国民经济和社会发展五年规划纲要"。但在"六五"之前,全称中只有"国民经济",并不包含"社会发展"。名称的变化,意味着五年规划不再是单一的经济发展规划。它标志着我国已经注意到经济增长和社会进步之间的内在联系,并确定了经济与社会协调发展的原则。五年规划又有一以贯之的连续性,实现了超大规模国家发展的统筹协调,确保了现代化进程的连续性,实现了宏伟蓝图与具体目标的结合。

1992年,我国提出社会主义市场经济概念。经过多年的实践,计划理念已经完成了从宏观与微观并重,转向宏观与战略的转变,从直接向间接的转变,更加关注产业、关注区域发展、关注城乡发展、关注社会发展,以及环境、经济结构调整等很多问题。党的十八大以来,特别是"十三五"时期,全面建成小康社会、全面深化改革、全面依法治国、全面从严治党均取得重大成果。习近平总书记在论述国家治理水平时说过,"该管起来就能够迅速地管起来,该放开又能够有序地放开,收放自如,进退自如,这是一种能力"。这一重要论述对我们理解"弹性"非常有益,这就是我国的五年规划制度"青出于蓝而胜于蓝"的奥秘。将加强顶层设计与问计于民、人民中长期利益与当前利益统一起来,把人民群众关心的重大问题作为规划的出发点,最终落脚到人民群众的长远利益,彰显出"以人民为中心"的价值导向。

化蛹成蝶,鸣响了发令枪的"十四五"规划

2021年,全国人大会上通过"十四五"规划和2035年远景目标纲要,拉开了全面建设社会主义现代化国家的大幕。"化蛹成蝶"就是说全面进入新的历史阶段,"发令枪"就是思考成熟进入实施。"十四五"的政策背景有三大特点:基础很扎实、挑战很现实、突破有决心。目标从增长到发展,进入历史新阶段;手段从追赶到创新,引领下一次历史浪潮;策略上是长短期结合、点面结合,这就等于全面开花。从操作层面看,目标从增长到发展和突破。经济从主角变成了只占半边天,经济增速开始平缓,但是内涵发展加速了,也就是大量没有办法统计在数字里面的内功升级,不是指标式、任务式的规划,而是全面突破。尤其是科技创新突破的时间弹性大,有重大的不确定性,为此规划配套了一系列的创新制度。

党中央关于制定五年规划的建议,一般是在新的"五年规划"之前的一年半开始的。五年规划建议文稿形成一般需要几个月,整个编撰的过程就是中国协商民主和决策民主一种展示。编制一个五年规划通常需要10个步骤,历时三年。第一步,是对上一个五年计划的中期评估。此后还有前期调研、形成规划的《基本思路》、党中央《建议》起草、五中全会通过《建议》、起草规划纲要(草案)、公众建言献策、衔接论证、征求意见和审批与发布9个步骤。在编撰规划期间,要广泛听取各个地区、各部门的意见,成百上千次地听取专家、学者、智库和社会的意见和建议。比如,"六五"计划及之后"五年规划"形成的全国人大审议"五年规划"制度,更能广泛吸收人民群众的意见。又如,"九五"计划后,基本形成开门问策、集思广益、党政上下反复沟通的自上而下和自下而上的协商机制,充分协调各主体不同利益。尤其是在编制"十四五"规划期间,习近平总书记针对不同群体召开座谈会,确保规划不仅能体现更广大人民的利益,还能凝聚各方共识,减少执行层面的障碍,有利于规划执行成效的提升。制定"十四五"规划和2035年远景目标,习近平总书记还亲自召开了7场座谈会,直接听取各方人士的意见和建议。特别采用了网上征求意见的方法,民众广泛参与,留言100多万条,有关方面从中整理出1 000余条有用的建议。十九届五中全会通过了《中共中央关于制定国民经济和社会发展第十四个五年规划和二〇三五年远景目标的建议》,引来整个世界的关注。

正因如此,五年规划的编制,既体现了党的意志,又发扬了民主、开门问策、集思广益,是党的领导、人民当家作主、依法治国的有机统一。它坚持以人民为中心的发展思想,体现了全党全国各族人民的共同意志,凝聚起广大人民群众的智慧和力量。五年规划制度是我们党和政府治国理政的重要制度,五年规划的具体内容、目标和手段可以变,但不变的是中国共产党为中国人民谋幸福、为中华民族谋复兴的初心和使命。很多外国学者对中国的五年规划很感兴趣,把五年规划看成是中国之治的密码。

讨论问题

1. 从"一五"到"十四五"创造的中国奇迹,很多外国学者对中国的五年规划很感兴趣,把五年规划看成是中国之治的密码。请问你如何理解?

2. 请分析为何中国模式可以为下一代制定规划,而西方模式考虑今后三个月或者下一次的选举。

3. 中国的五年规划最早是向苏联学习的结果,但是从一开始就不像苏联,这是为什么?最后苏联放弃了五年计划,我国的五年规划却"青出于蓝而胜于蓝",这又是为什么?

书面作业

对比分析中西方治理规划的区别。

扩展阅读

[1] 尹俊,徐嘉. 中国式规划:从"一五"到"十四五"[M]. 北京:北京大学出版社,2021.

[2] 王利伟. 五年规划是党同人民想在一起、干在一起的生动体现,https://m.gmw.cn/baijia/2021-06/28/34955523.html.

[3] 李金哲. 刘朋,党领导国家远景规划的深层治理意涵,http://www.cssn.cn/skgz/bwyc/202208/t20220803_5459778.shtml.

[4] 张维为,唐毅南. 中国五年规划的力量. 东方卫视《这就是中国》,2021年第85期.

小故事 大管理

一、谁最先到达目的地？

有一群专家曾做过这样一个简单的实验：选定 A、B、C 三组人，让他们沿着公路步行，分别走向 10 公里外的三个村子。情景设定：A 组所有成员都不知道即将要去的村庄叫什么名字，也不知道要去的村庄距离有多远，只是提示他们跟着向导走就是了，没有目标，没有方向。B 组成员虽然知道他们要去哪个村庄，也知道它的距离有多远，但是所有人也都没去过，路边也没有里程碑，人们只能凭经验估计大概要走两小时。C 组成员最幸运，大家不仅知道自己将要去的是哪个村子，距离多远，而且还知道路边每公里都有一块里程碑。

实验结果如下：

A 组成员刚走了两三公里的时候，就有人叫苦了。走到一半时，有些人几乎愤怒了。他们抱怨为什么要大家走这么远，何时才能走到。有的人甚至坐在路边，不愿意再走了。越往后人的情绪越低，七零八落，溃不成军。

B 组成员走到一半时才有人叫苦，大多数人想知道他们已经走了多远了，比较有经验的人说："大概刚刚走了一半的路程。"于是，大家又簇拥着向前走。当走到四分之三的路程时，大家又振作起来，加快了脚步。

C 组成员一边走一边留心看路边的里程碑。每看到一个里程碑，大家便有一阵小小的快乐。这个组的情绪一直很高涨。大概走了七八公里以后，大家确实都有些累了，但是他们不仅不叫苦，不抱怨，反而开始大声唱歌、说笑，以消除疲劳。最后的两三公里，他们越走情绪越高，速度反而加快了。因为他们知道，要去的村子就在眼前了。

启示：《礼记·中庸》中讲过这样一句话：凡事预则立，不预则废。意思就是说，不论做什么事，事先要有准备，就能获得成功，不然就会失败。上述实验表明，如果想要带领大家共同完成某一项工作的话，首先要让大家知道要做什么，就是要有明确的目标（走向哪个村庄）；其次要指明行动的路线，这条路线应该是清楚的、快捷的、有方向的（如路标），也就是说要提出实现目标的可行途径，即计划方案。这些是有效开展工作的前提。做什么工作前，都需要充足的准备，确定目标及计划行动方案是管理计划的核心任务。

二、清华学霸姐妹的学习计划表

2012 年末，有这样一段演讲视频火爆全网，被网友们广为谈论。视频的主人公马冬晗，是来自中国顶尖大学——清华大学的一名学生。她曾在 2011 年获得了清华授予学生最高荣誉的奖项——清华大学本科特等奖学金。在短短 6 分钟的视频中，我们可以看到，她成绩单的最低分是 95 分，连续三年学分总成绩和学分绩班级第一、素质测评第一。然而，她还参加了一系列活动及比赛，并且历任精仪系乒乓球队、排球队、羽毛球队等各类球队队长，各种科研、竞赛获奖 28 项。不仅如此，跑马拉松、主持晚会、朗诵诗歌也不在话下。视频中还有一份详细到每个小时的计划表，什么时候做微积分的习题，什么时候开班会，都精确到分钟。甚至连午休的那一个小时的时间，她都能挤进去两三件事。她每天睡觉也只留了 5 个小时。

启示：著名管理大师哈罗德·孔茨曾经说过："计划是一座桥梁，它把我们所处的此岸和我们要去的彼岸连接起来，以克服这一天堑。"自我激励在这里运用的是"目标聚合力"。当一个人有了明确的目标，就会坚持不懈，争分夺秒，不达目的，誓不罢休，这是一种有效的目标激励手段。在我们的日常学习或工作中，有计划是非常重要的。一个活动不论大小、轻重、全局或是局部，都需要有计划有目标。当你成为一名企业的管理者时，你要会善于思考怎样才能有效激励员工的工作意愿。其中，树立充满魅力的目标，则是一定要的。因为有魅力的目标具有一种特殊的吸引力，员工就会对其感兴趣从而产生关注，激发其达到目标的意愿。

三、袋鼠与笼子的故事

一天，动物园管委会发现袋鼠从笼子里跑出来了。于是他们开会讨论，一致认为是笼子的高度过低。所以他们每次都不断地加高笼子。从第一次笼子高度10米一直加高到30米，再到后面的50米。结果，袋鼠每次照样还是往外跑。隔壁的长颈鹿很好奇袋鼠出入自由的原因，袋鼠神秘答道："呵呵，因为他们总忘了关门呗！"

启示：动物园管理员为了防止袋鼠跑出来，确实做了很多工作，而且处理得非常及时。但是，他们做的都是无用功。方向错了，功夫也就白费了，也就是无用劳动。事有本末之分，分清主次，高效成事。本故事中，关门是本，加高笼子是末。动物园管委会舍本逐末，当然不见成效了。与之类似，我们常常会看到，一个人忙得团团转，可是当你问他忙些什么时，他却说不出个具体来，只说自己忙死了。这样的人，就是做事没有条理性。"自知是自善的第一步。"做事前需要科学的安排，要事第一，先抓住牛鼻子，然后再依照轻重缓急逐步执行。计划的作用在于帮助我们理清头绪，有的放矢地到达理想的彼岸。

四、一个马蹄钉，失去江山

在世界军事史上曾有一个非常著名案例，因为一个马蹄钉，错失江山。在争夺英国统治权的最后较量中，国王查理三世和公爵亨利准备展开殊死一战。在应战的早上，国王查理命一个马夫备好自己最喜欢的战马。

"快点给它钉掌，"马夫对铁匠说，"国王希望骑着它打头阵。"

"你得等等，"铁匠回答，"我前几天给国王全军的马都钉了掌，现在我得找点铁片来。"

"我等不及了。"马夫不耐烦地叫道。

铁匠埋头干活，从一根铁条上弄下四个马掌，把它们砸平、整形，固定在马蹄上，然后开始钉钉子。钉了三个掌后，他发现没有钉子来钉第四个掌了。铁匠准备砸钉子将马掌钉好，但在马夫的催促下，只好将马掌挂在蹄子下。

两军交锋了，查理国王冲锋陷阵，指挥士兵迎战敌人。远远地，他看见在战场另一头自己的几个士兵退却了。所以查理快速冲向那个缺口，召唤士兵调头战斗。他还没走到一半，那只挂着的马掌掉了，战马跌翻在地，查理也被摔在地上。国王还没有抓住缰绳，惊恐的马就跳起来逃走了。查理环顾四周，他的士兵纷纷转身撤退，亨利的军队包围了上来。查理在空中挥舞宝剑顿足喊道："一个马蹄钉，我的国家倾覆就因为这一个马蹄钉！"

启示：这是欧洲史诗中的一个故事。它告诉我们，一个明智的管理者，应从计划工

蝴蝶效应

作的制定开始,认真对待,防微杜渐。因为计划工作居管理职能的首位,计划工作的合理性是组织目标得以实现的重要前提。

五、管理大师的鞋带

有一位表演大师上场前,他的弟子告诉他鞋带松了。大师点头致谢,蹲下来仔细系好。等到弟子转身后,又蹲下来将鞋带解松。有个旁观者看到了这一切,不解地问大师原因。

大师回答道:"因为我饰演的是一位劳累的旅者,长途跋涉让他的鞋带松开,可以通过这个细节表现他的劳累憔悴。"

"那你为什么不直接告诉你的弟子呢?"旁观者又问道。

"他能细心地发现我的鞋带松了,并且热心地告诉我,我一定要保护他这种热情的积极性,及时地给他鼓励。至于为什么要将鞋带解开,将来会有更多的机会教他表演,可以下一次再说啊。"

启示:在日常工作中,懂得抓重点的人才,才是真正的人才。灵活应对各种突发状况,会让我们更加自信,同时也利于目标的早日实现。

六、因机而立胜

东汉末年,曹操征伐张绣。有一天,曹军突然退兵而去。张绣非常高兴,立刻带兵追击曹操。这时,他的谋士贾诩建议道:"不要去追,追的话肯定要吃败仗。"张绣觉得贾诩的意见很好笑,根本不予采纳,便领兵去与曹军交战,结果大败而归。

谁料,贾诩见张绣败仗回来,反而对张绣说赶快再去追击。张绣心有余悸,又满脸疑惑地问:"先前没有采用您的意见,以至于到这种地步。如今已经失败,怎么又要追呢?"贾诩答道:"战斗形势起了变化,赶紧追击必能得胜。"由于一开始败仗的教训,张绣这次听从了贾诩的意见,连忙聚集败兵前去追击。果然如贾诩所言,这次张绣大胜而归。

回来后,张绣好奇地问贾诩:"我先用精兵追赶撤退的曹军,而您说肯定要失败;我败退后用败兵去袭击刚打了胜仗的曹军,而您说必定取胜。事实完全像您所预言的,为什么会精兵失败,败兵得胜呢?"

贾诩立刻答道:"很简单,您虽然善于用兵,但不是曹操的对手。曹军刚撤退时,必亲自压阵,我们追兵即使再精锐,但仍不是曹军的对手,故被打败。曹操先前在进攻您的时候没有发生任何差错,却突然退兵了,肯定是国内发生了什么事。打败您的追兵后,必然是轻装快速前进,仅留下一些将领在后面掩护。但他们根本不是您的对手,所以您用败兵也能打胜他们。"

张绣听了,十分佩服贾诩的智慧。在这次战役中,局势变幻无常。而这些无常,却决定了最终的胜与败。现实的竞争世界中,亦是如此。没有谁能在今天就断定明天一定会怎么样,事情的发展都具有一定的未知因素。

启示:贾诩那番充满智慧的话,实际就是论述了一种"因机而立胜"的权变战略思想。在激烈的竞争中,不要执着于某种外在的形式,不要完全拘泥于事先的精心计划。在事情发展过程中的计划外因素,往往更具有影响力。在竞争中,我们总喜欢说,不要打无准备之仗,事前一定要做好计划和安排。计划代表了目标,代表了充实,代表了憧憬,代表了一个对自己的承诺。因为,计划会让我们知道下一步该做什么。正所谓计划没有变化快。"一切尽在掌握之中"固然是好,但我们也无法排除计划外的可能。

想一想

一、沙子、水、小石块、大石块

有一位著名的时间管理专家在给一群高智商、高学历的商学院学生讲课时,在课堂上做了这样一个实验,在学生们心底留下了一生不可磨灭的印象。实验如下:

首先,专家拿出一个较大的广口瓶和沙子、水、小石块、大石块……学生们被这些东西激起了极大的兴趣,纷纷上前发言。有人认为,这样一个小瓶子根本不可能装下这么多东西。还有人觉得,应该可以装进去,但是要看顺序,比如先装水,或者先装小沙子……每个人都有自己的看法。如果是你,你会怎么做呢?要怎么样才能把这些东西都放进去呢?通过这个小实验你有什么启发?

其实,正确的顺序是这样的:

先把大石块放进去,再把小石块放进去,然后是沙子,最后放水。这个小实验折射出我们对待生活态度。大石块相当于非常重要且紧急的事情,小石块相当于稍微重要的事情,沙子和水相当于琐碎的事情。每个人的精力就像一个杯子的容量一样,是有限度的。如果先去做那些琐碎的小事情,到了最后做重要的事情时,精力便会不足。所以,做事情要按照事情的重要程度来确定做事顺序。这样不仅节省时间,也不浪费精力,可以专注于你要做的事情。如果按照反过来的顺序,先放水,再放沙子,沙子融水以后便会沉入杯子里占据许多空间,再放的小石块就会沉在沙子上,最后放大石块就会叠加在小石块上,这个瓶子便不能装下这么多东西。如果想要把大石块、小石块、沙子尽可能多地放在一个容器里,那么要先放大石块,后放小石块,最后放沙子。只有这样,才能不慌不忙地完成你的目标。

其实人生也是如此。在我们的日常生活中,我们总会遇到各种各样的事情,它们就如故事中的大石块、小石块、沙子和水一样。它们总是突然地出现在我们的生命中,让我们猝不及防又感觉无从下手。只要我们静下心来,用科学的管理方法分析一下,计划一下,很多事情就会迎刃而解。我们的人生,也会焕发另外一种光彩。

问题讨论

1. 石块、沙子和水的实验揭示制定计划的什么原则?
2. 我们要怎样做好时间管理,填充人生之瓶呢?

二、10分钟提高效率

钢铁行业的竞争态势非常严峻,某钢铁公司的业绩一直提不上去。这让总裁非常着急。他去拜访了一位效率专家,请教提升公司业绩的方法。

听了老板的话,专家表示,能在10分钟内能把他公司业绩提高50%。总裁听了很开心,但也很疑惑。他想了很久都提高不了,专家却能提高50%。他很好奇专家会用什么办法。

正在他疑惑间,专家拿出了纸和笔,递给总裁,说道:"请写下明天要做的6件最重要的事情,并按重要顺序依次排序。"

听了专家的话,总裁想了想,便写了下来。

专家看了看这张纸,又递给了总裁,说道:"明天您就按这张纸上的顺序依次工作。完成第 1 项,再开始第 2 项;完成第 2 项,再开始第 3 项,直到所有的事情都做完为止。今后,您都按照这个方法来做,公司的效率很快就会提升的。"

总裁很疑惑,但仍采用了专家的方法,每天给事情排序,并按顺序依次完成。并且,他还将这种方法,在公司普及开来。

一个月后,公司的业绩真就提升了 50%。又过了几年,他的公司也成了世界最大的钢铁公司之一,业务范围覆盖全球。

问题讨论

总裁每天有很多计划,但为什么很难执行下去?请从管理学角度分析,专家方法的方法为什么有用?

四象限法则

三、这家酒业公司怎么了?

某酒业公司效益不是太好。为了节约成本、增加利润,该公司高层打算实施目标管理。公司决定在全公司内开展绩效评估,每年考察目标的实施情况和完成情况。

之前,公司已经在销售部门的奖金系统使用了该方法。公司根据实际销售额和目标销售额,来衡量销售员的目标完成度,并以此颁发相应的奖金。在这个方法的作用下,公司的销售额得到了很大的提升。但生产部门经常无法按时交货。因此,两个部门的员工经常抱怨,甚至发生了冲突。公司高层决定,为所有员工建立一个目标设定流程。

公司高薪聘请了一家咨询公司,建立新的绩效评估系统。咨询公司调整了基本薪资结构,参与制定了奖金系统,并给经理们培训,教导他们如何进行目标设定。

但是,公司高层们的期待却落空了。公司业绩不升反降,部门之间的矛盾也愈加激烈,尤其是销售部和生产部。客户满意度也急剧下滑,市场份额越来越小。公司很快破产了。

问题讨论

该公司的问题可能出在哪里?为什么目标管理没有提升公司业绩,反而加剧了矛盾,并造成利润下滑?

练一练

一、企业计划——制定一份商业计划书

计划,在企业发展中,发挥着不可或缺的作用。计划对于所有企业,即使是创业型企业,也是十分重要的一项工作。作为一名有见识的企业家,若想对企业在发展规划方面的可行性作出较为透彻的分析讨论,就需要对企业自身的各项计划的具体内容作出合理的考量。企业家在企业的不同发展阶段需要做出合理的安排,保证对企业的发展进行较为合理的规划。因此,在企业计划阶段,作为管理者,首先要做的就是在适当的

时间确定出一份具有较好远见性的商业计划书(business plan),这主要是对于某时期的商业机会,作为引导企业如何把握该机会的书面文件。

一份高质量的商业计划书有其自身的地位。它将所有关于企业家对于发展规划的考量,都汇总到一份较为清晰明了的文件中。商业计划书最需要的是对于目前条件的完美规划和具有开拓性的认识。商业计划书是经过合理认识分析而制定的,可以作为一项具有较强说服力的依据,在许多方面发挥着独特的作用。它扮演着企业运营的风向标的角色。而且,商业计划书具有"生命力",在企业的一大部分时间甚至整个生命周期都在引导、指引着组织的决策和执行,绝不单单是在启动阶段。

企业家做好了对于内部发展规划的可行性分析,其中所包含的一部分内容,可以作为商业计划书在后期编辑方面的坚实理论依据。一份好的商业计划书应当具有七项主要内容:执行摘要、可行的融资方案、机遇分析、环境分析、企业描述、财务数据与预测、辅助材料。

执行摘要主要简述了企业家在拟创办企业时候的一些关键点。这些关键点主要是:简要的使命宣言;主要目标;企业的历史简介(也以时间轴的形式展示);企业中的关键人物;企业性质;主要产品或服务的描述;对市场定位、竞争对手和竞争优势的简要解释;拟定的战略;选定的关键财务信息。

可行的融资方案例如下:
- 企业家的个人资源,如个人储蓄、家庭资产、个人贷款、信用卡等。
- 金融机构,如银行、储蓄和贷款机构、信用合作社等。
- 风险投资家,提供外部融资的专业投资管理公司。
- 天使投资人,为创业企业提供资金支持,以换取部分企业产权的私人投资者或私人投资者群体。
- 首次公开发行,公司股票的首次公开上市和销售。
- 国家、省市或地方政府的企业开发计划。
- 其他一些不常见的来源,如电视节目、创业竞赛、众筹等。

机遇分析在商业计划书的主要内容,主要是作为企业家要展示所发现的机遇以及其中的细节。某种程度上可以概括为:(1)通过描述目标市场的人口特征来估计市场的规模;(2)描述并评估行业趋势;(3)识别和评估竞争对手。

机遇分析重点在于一定行业和市场中的发展机会,环境分析则是更为宽泛的角度。因此,企业家需要着重解释说明的是经济环境、政治法律环境、技术环境和全球环境中正在发生的更为广泛的外部变化和趋势。

企业描述,简单而言就是企业家对如何组建、启动和管理企业进行解释说明。它包括:企业使命宣言的深入描述;希望形成的组织文化;市场计划(包括总体市场战略、定价策略、销售策略、服务保证制度以及广告和宣传策略);产品开发计划(例如对产品开发的现状、任务、困难与挑战以及预期费用的描述);运营计划(包括对企业拟进驻的区域、所需的设施和改进、设备以及工作流程的描述);人力资源计划(包括对关键管理人员、董事会构成成员及其背景经历与技能、当前与未来的人员需求、薪酬与福利以及培训需求的描述);所有相关事项的总体进程规划表和时间表。

财务数据与预测,是每一份有效的商业计划书都需要的一项内容,尽管通过财务数据的分析得出结论会出现一定的阻碍。财务信息对商业计划书的作用影响,其中之一就是保证内容的绝对完整度。财务计划应当至少作为未来三年内的有效依据,内容应当包括:预计利润表、预计现金流分析(第一年是月度分析,后两年是季度分析)、预计资产负债表、盈亏平衡分析以及成本控制。如果在预算开支方面需要购置一些重大设备或其他资产项目,主要信息应当为:名称、费用以及可用的抵押品。所有的财务预估和分析在解释说明方面应当作出要求,尤其是在查看数据时发现异常或考虑到会受到质疑时。

辅助材料在一份有效的商业计划书中也是重要组成部分之一,企业家应该利用表格、图片或其他一些可视性工具来支持前面几个部分的描述。此外,包含拟创办企业中关键参与者的信息(个人信息和与工作相关的信息)可能也非常重要。

对于一家创业型企业来说,商业想法的产生耗时很长,撰写一份好的商业计划书也是如此。在商业计划书中,融入科学的思考和考虑非常重要。最终产生的商业计划书,对企业当前和未来规划,非常有价值。

二、制定一份有效的任务清单并使用它

你是否有许多事情要做,而且只能在有限的时间里完成?许多成功人士所采用的一种手段是制定一份任务清单。清单十分实用,因为清单有助于组织了解需要完成的事情,也有助于克服拖延心理。制定一份有效的任务清单并使用它,是每一位管理者都需要开发的技能。

练习技能的步骤:

- 将项目拆分为更细化的任务,并为这些任务设定优先级。当你需要完成一个重大项目时,先花一些时间来确定该项目有哪些必须完成的序列任务,尽可能详细。而且,设定优先级,设定优先级,设定优先级!这是使重中之重的任务得以完成的唯一方式。
- 实事求是地对待你的任务清单。无论你的任务清单是每天的、每周的,还是每个月的,或者是所有形式的,你都应该意识到将会并且一定会出现干扰。不要高估你能够完成的事情,不然你将面临相互矛盾的优先级。如果出现了这种状况,请重新设定优先级。
- 了解和关注你自己的时间和精力。关注你个人的日常生活惯例,你将了解你什么时候效率最高。在这个时间段里,你应该做你最重要的任务。或者你可能需要先完成你最不喜欢的工作。你希望更快地完成它,这样你才能转向你喜欢的任务。
- 了解什么最使你浪费时间以及什么最使你注意力分散。对于我们来说,这些东西可能来自网络,也可能来自电视或者其他地方。(很可能你已经知道,对于你来说这些东西是什么!)此外,你要清楚你很可能不能(并且你也不想)根除这些东西。但一定要提防它们,尤其是当你正在努力完成某些事情,或者你必须完成某些事情的时候。
- 让技术成为你的一种工具,而不是分散你的注意力。找到一款适合你的 App(或者一种书面方式)。现在已经有许多可用的软件程序了。不要不断去尝试新的软件程序或方式——这本身就是在浪费你的宝贵时间。找到一个满足你的需求以及个人状况的方式并使用它。
- 战胜电子邮件/即时信息的挑战。尽管组织中同事之间的交流有很多种方式,电子邮件和即时信息都很受欢迎,但是当你正在努力完成工作任务时,这些信息也可能变得难以应付。你需要再次寻找什么样的工作方式最适合你。有一些可用于"战胜"这些分散你注意力的事情的建议,包括:

每天只在某些确定的时间点查收邮件或信息。

也许你应该避免查收邮件成为你一天中的第一件事情,因为这很容易使你分心。

考虑一种回应制度。如果可以,在 3 分钟内完成回复或者拟回复;如果不能,则把电子邮件或信息先放一边,等其他时间再处理。

剔除你并没有阅读或者使用的"订阅"信息推送。即使你认为这些推送的信息挺有意思,但最终你还是会删掉。所以,就剔除或者不订阅。

练习这一技能最好的方式,就是选择一个你面临的项目(学校、工作、个人),并努力利用以上建议。你可以创造任务清单,并使用任务清单来引导你应该完成什么,以及什么时候该完成。随着你学习到越来越多,找到最适合你的方法,帮助你更有效率和有成效地完成任务的方法,并逐渐改善和调整。

三、设定生活目标

练习为你个人生活的各个方面设定目标,比如学业、职业、家庭、爱好等。每一个方面至少设定两个短期目标和两个长期目标。

针对你所设定的这些目标,制定方案以实现这些目标。例如,如果你的学业目标之一是提高你的平均学分绩点,你如何做才能实现这一目标?

撰写一份个人使命宣言。尽管这听起来十分简单,但事实并非如此。我们希望这将会成为你想要坚持、应用,并在必要时予以修正的重要内容,也希望这有助于你成为你想要成为的人、过上你想要过的生活。可以从针对个人使命的官方调查开始,互联网上有一些精彩网站可以为你提供指导。

四、一份计划书

将全班分成 A、B 两组,由 A 组制订计划,B 组分析评价计划。之后,A、B 两组互换角色。在以下给定的计划项目中任选一个项目,负责制订计划的一组确定计划制定者,10 分钟时间草拟一份简要的计划。计划提出后,另一组成员对该计划进行评论,指出其合理之处、存在的问题与不足。制订计划的一组可对计划作进一步补充和解释说明。

(1)请你制订一份大学英语四级考试的复习计划。

(2)请你为"校园十佳歌手大赛"撰写策划书。

(3)请你为班级策划一次团日活动,草拟好计划书。

(4)请你为学院举办篮球比赛做一份计划书。

(5)你作为一名班委,怎样做好班级文化建设,请拟一份计划书。

五、制定一份学习计划

请采用目标管理或滚动计划法,结合自己职业生涯发展,制定一份大学期间的学习计划。

六、企业的目标对比分析

选择两家公司,最好处于不同的行业。搜索公司的网站并找出它们所陈述的目标,并评价这些目标,以及这些目标是否阐述得当。

第三篇

组 织

MANAGEMENT

第六章　组织设计

　　为了使人们能为实现目标而有效地工作,就必须设计和维持一种职务结构,这就是组织管理职能的目的。

——哈罗德·孔茨(Harold Koontz)

　　若拿走我的财产——但留给我这个组织,五年之内,我就会卷土重来。

——小阿尔弗莱德·斯隆《我在通用汽车公司的岁月》

　　有效管理者的自我发展,是组织发展的关键所在。

——彼得·德鲁克

　　干部的目标:做超级领导,即你的领导水平达到了能够让下属在没有领导的时候仍能够正常工作。形成有活力的员工,有合力的组织。

——张瑞敏

　　未来真正出色的企业,将是能够设法使各阶层人员全心投入,并有能力不断学习的组织。

——彼得·圣吉

本章思维导图

知识点摘要

一、组织设计的任务与影响因素

组织设计的任务是组织系统的整体框架性设计,即根据组织目标,在对管理活动进行横向和纵向分工的基础上,经过部门化形成组织框架并予以整合。

(一)组织概述

1. 组织的概念

组织是为实现某个共同目标,一群人结合起来而协同行动的集合体。组织概念的内涵如图6—1所示。

推论1:共同目标的存在是组织存在的前提
管理者必须使组员确信共同目标的存在,并根据组织的发展不断订出新的目标

推论2:没有分工与合作的群体不是组织
只有分工和协作结合起来才能产生较高的集团力量和效率

组织是人们为了实现某一个共同目标而形成的协同行动的集合体

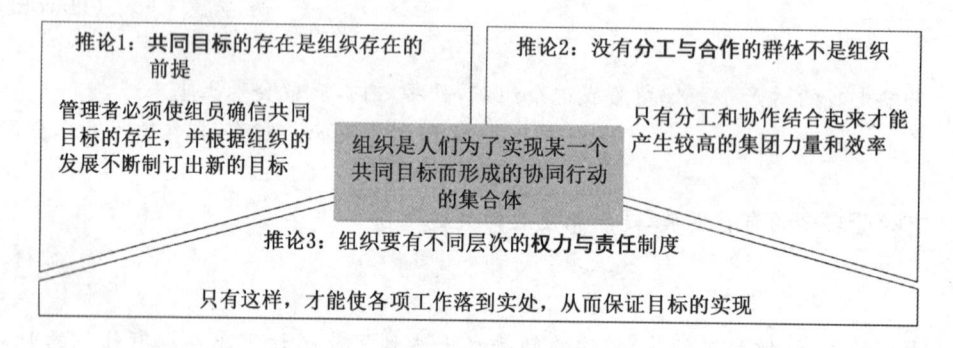

推论3:组织要有不同层次的权力与责任制度
只有这样,才能使各项工作落到实处,从而保证目标的实现

图6—1 组织内涵

作为动词,"组织"是管理的一种特殊职能,甚至可以说是管理的代名词。一群人为了一个共同目标而走到一起,为了调动每个人实现组织目标的积极性,需要以恰当的方式对劳动进行分工,并进行合理的协调。

作为名词,"组织"是指一群志同道合的人为实现共同目标而形成的集合体,具有相对稳定性、协同性的特点。

2. 组织的特征

组织将工作予以合理划分,既要产生高效率,又需要保持灵活性。在当今动态环境中,管理者所制定的组织结构设计方案,是能够支持和促进员工有效地完成组织任务的,这些都是企业经营成功所必需的。组织具有如下特征,如图6—2所示。

(1)组织一般来说由两个或两个以上成员构成。组织成员可能经常变换,而组织的社会生命可能永存。

(2)组织具有明确的目标。组织的基本特征是具有特定目标,组织成员个人目标得以实现基本前提是组织共同目标的实现。

(3)组织有特殊的活动。鉴别组织可以从组织活动的内容、形式、特点与性质不同来考察。组织既是人的集合,也是资源的集合,组织活动实质上是人与物的组合及变化的过程。

(4)组织在很大程度上是独立存在的。组织的存续离不开一定的环境,组织为满足组织成员的利益需求而存在。

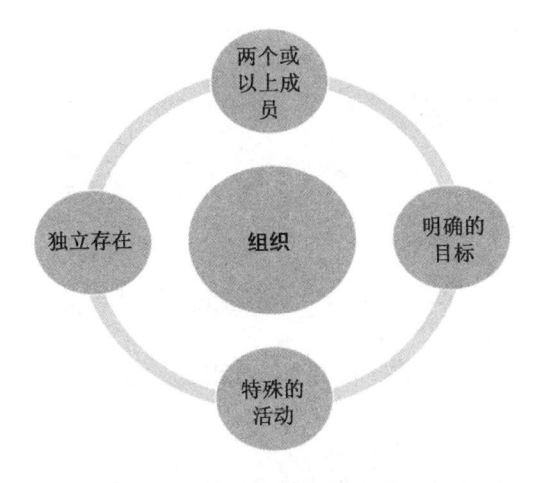

图 6-2　组织的特征示意图

3. 组织功能

个体通过良好的分工协作形成团队,以便更好地发挥每一个体的优势,产生个体力量汇聚和放大的效应。

(1) 组织力量的凝聚功能。组织将分散的个体汇聚成集体。同样数量的人,按照不同的组织网络连接起来,形成不同的权责结构和协作关系,使这些个体不至于成为一盘散沙。

(2) 组织力量的放大功能。从系统观点来看,组织作为一个有机的整体,能够有效地发挥整体功能大于个体功能之和的优势。在一个结构和运转良好的组织中,甚至能够出现乘法效应,出现以一当十的现象。

(3) 组织中个体的互补增值功能。组织成员具有差异性,而组织工作是由群体来承担的,作为组织需要通过个体间相互取长补短来形成整体优势,达到组织目标。这种互补,可以体现在知识互补、性格互补、年龄互补、能力互补等多个方面,这就是组织的个体互补增值功能。

(4) 组织中个体与组织的交换功能。个人选择加入某个组织并对其投入一定的时间、知识与技能,目的是从组织中获得一定的利益和精神上的满足。组织愿意对个体投入相应的成本支出,是希望个体的努力能够对组织做出贡献,满足组织完成既定目标的要求。双方的目的能否同时实现必须借助于组织活动的合成效应的发挥,使个人集合成的整体在总体力量上大于个体力量的简单叠加。从这个意义来说,个体与组织之间的关系,可以说是建立在一种相辅相成、平等交换的基础上,形成双方都感到满意的关系。

(二) 组织设计的影响因素

影响组织设计的因素主要有环境、战略、技术、规模和发展阶段五种类型(见图 6-3)。

1. 环境

管理活动是需要在特定环境下进行的,管理活动的特定环境通常可分为一般环境与任务环境。环境的复杂性会影响到组织部门和岗位的设置,而环境的不确定性影响的则是组织结构。本质上说,机械式组织在稳定的环境中最有效;有机式组织则与动态的、不确定性强的环境最匹配。

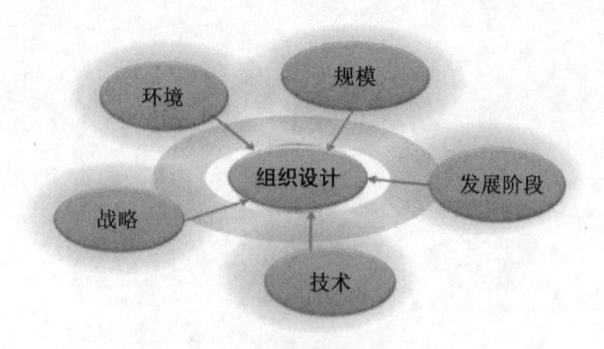

图 6-3　组织影响因素示意图

2. 战略

美国企业史学家钱德勒认为,企业战略发展主要有四个不同的阶段,即数量扩大阶段、地区开拓阶段、纵向联合阶段和产品多样化阶段,每个阶段都应有与之相适应的组织结构。成功企业的组织结构是与其战略相适应的。见图 6-4。

艾尔弗雷德·D. 钱德勒（Alfred D. Chandler, Jr. 1918—2007）,美国企业史学家,战略管理领域的奠基者之一,代表作《战略与结构》《规模与范围》《看得见的手》（获美国历史著作最高奖——班克洛夫特奖,传媒界的普利策奖）。

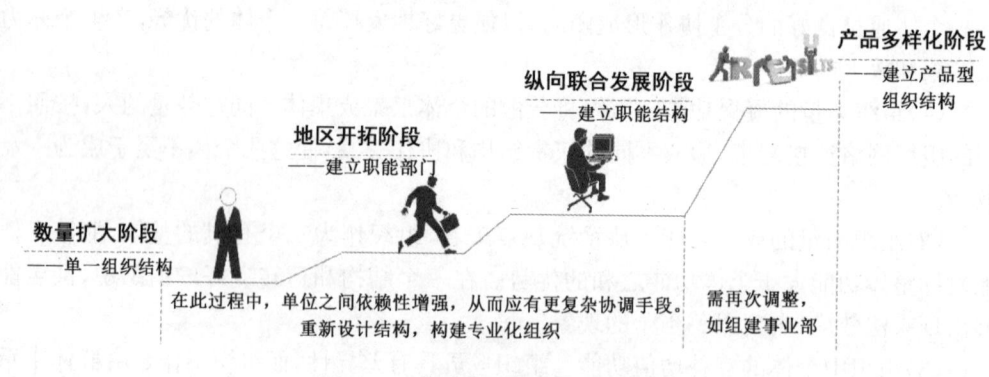

图 6-4　战略发展与组织结构形式

3. 技术

人与人之间的沟通与协作会受技术因素变化的影响。因此,在进行组织设计时,须考虑技术这一影响因素。英国管理学家琼·伍德沃德通过大量的研究和整理,将组织设计技术烦琐程度归纳为三大基本技术群,即单位小批量生产技术、大批量生产技术和连续生产技术。如表 6-1 所示。

表 6-1　组织结构特征与技术类型的关系

	单件小批量生产技术	大批量生产技术	流程生产技术
结构特征	低度的纵向分化	中度的纵向分化	高度的纵向分化
	低度的横向分化	高度的横向分化	低度的横向分化
	低度的正规化	高度的正规化	低度的正规化
最有效的结构	有机式	机械式	有机式
	低 ←―――――― 技术复杂程度 ――――――→ 高

企业组织结构与技术的繁杂程度存在正相关。成功的企业根据技术要求去选择合

适的组织结构。一般而言,有机式结构适宜单件小批量生产和流程生产,机械式的结构适宜大批量生产。

4. 规模

规模因素是影响组织设计的一个非常重要的变量。组织规模的不断变大,会对组织在规范程度、集权程度、复杂程度以及人员结构方面产生一定的影响,见表6—2。

表6—2　　　　　　　　　　　　　大型组织特点

项目	内容
规范程度	组织规章条例越多,组织规范性越高。
集权程度	大小组织都可能高度集权,但大型组织往往通过授权的形式将决策权分散下去。
复杂程度	层级越多,管理幅度越大,组织复杂性越高。
人员结构	"帕金森定律":工作总是在增长,以占满分配给他的时间。

5. 发展阶段

1950年,鲍尔丁提出了"组织生命周期"的概念,组织的每个发展阶段都具有不同的特征,同时也面临着不同的风险。因而,在组织设计时,为了适应组织发展需要调整战略,并及时调整改善组织的结构。我们在进行组织设计时,需要根据不同阶段的具体特点,来进行合理的设计,如图6—5所示。

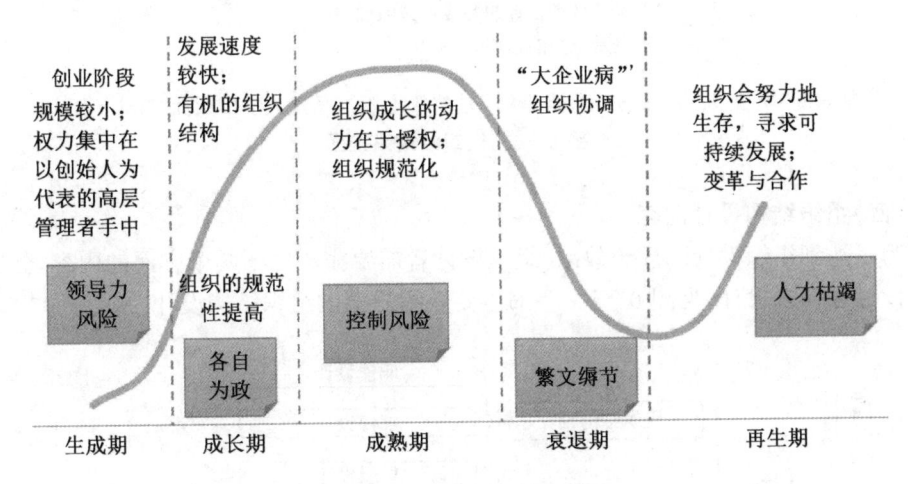

图6—5　组织生命周期示意图

生成期:处于创业阶段,小规模,非官僚制,非规范化。
成长期:处于集合阶段,成长,建立职能部门。
成熟期:处于规范化阶段,官僚制特征。
衰退期:处于精细阶段,组织庞大,趋于僵化,需要变革。
再生期:处于改革阶段,自我革新,可持续发展。

(三)组织设计的任务

组织设计的首要任务是建立明晰的组织结构,规划完备各个部门的具体职能和权限范围,依据组织设计中的具体职能职权、参谋职权、直线职权的管理活动范围,编制职位说明书,并绘制出组织结构系统图。

职位说明书:该管理职务的工作内容、职责与权力;与组织中其他部门和职务的关系;担任该职务者所必须拥有的基本素质、技术知识、工作经验、处理问题的能力等。

组织结构系统图:通常也称为组织结构图或组织树,用于表达各部门间的真实关系,内容则是将企业组织分成若干部分,并且明确标注各部分之间可能存在的各种关系,包括上下级领导关系、物流关系、资金流关系和资料传递关系等,所有这些关系都伴随着信息流。最后把每种内在联系用一张图画出来,形成组织结构系统图。如图6-6所示,以A产品经理为例,他需要服从总经理的指示,并向总经理报告工作;同时,他又是营销负责人和生产技术负责人的直接领导。

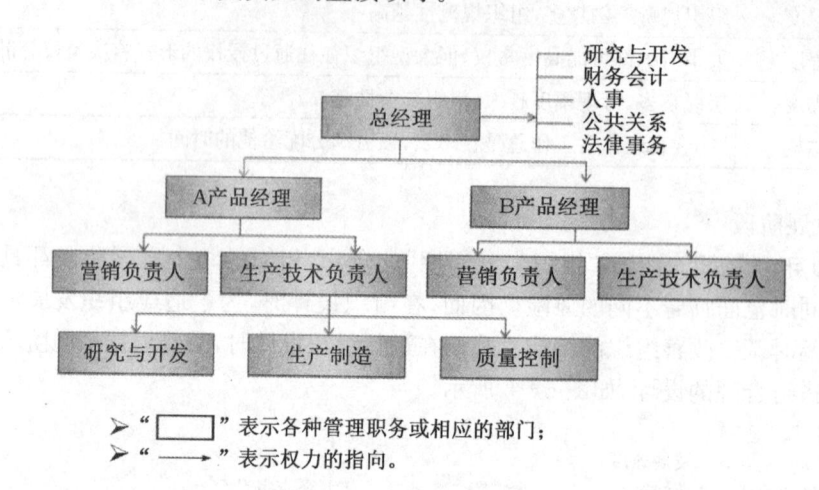

➢ "□"表示各种管理职务或相应的部门;
➢ "→"表示权力的指向。

资料来源:周三多,《管理学——原理与方法》(第七版),复旦大学出版社2018年版。

图6-6 组织结构系统图

(四)组织结构设计内容

为了达到组织设计的理想效果,组织设计者需要完成以下两个方面的内容,分别是静态设计和动态设计,见图6-7。本书主要介绍静态的组织结构设计。

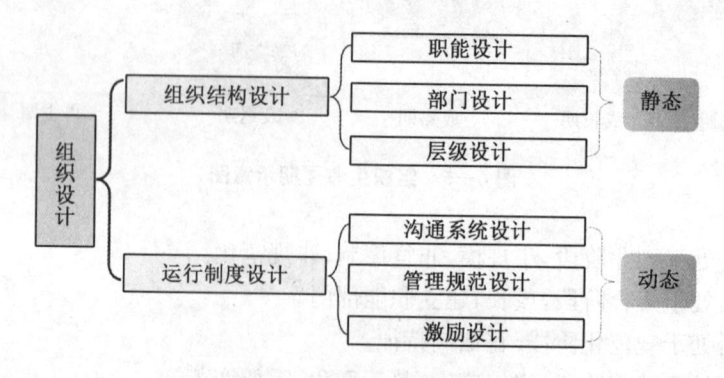

图6-7 组织结构系统图

1. 组织结构设计(静态)

完整的组织结构设计至少包括职能设计、层级设计和部门设计三方面内容。

(1)职能设计:管理者对组织完成目标所需要的职能、职务进行整体安排。

(2)层级设计:对组织中各个部门之间相互关系的制定,这种关系既表现了部门之间的纵向层级关系,又表现了部门之间的横向联系关系。

(3)部门设计:在整合职位的过程中,遵循因事设职和因人设职相结合,精简高效的部门设计原则,按照职能的相似性、活动的关联性、联系的紧密性形成部门。部门设计的方法分别为按照产品、职能、地域、顾客划分部门四种,见表6-3。

表6-3　　　　　　　　　　　组织结构的部门设计方法

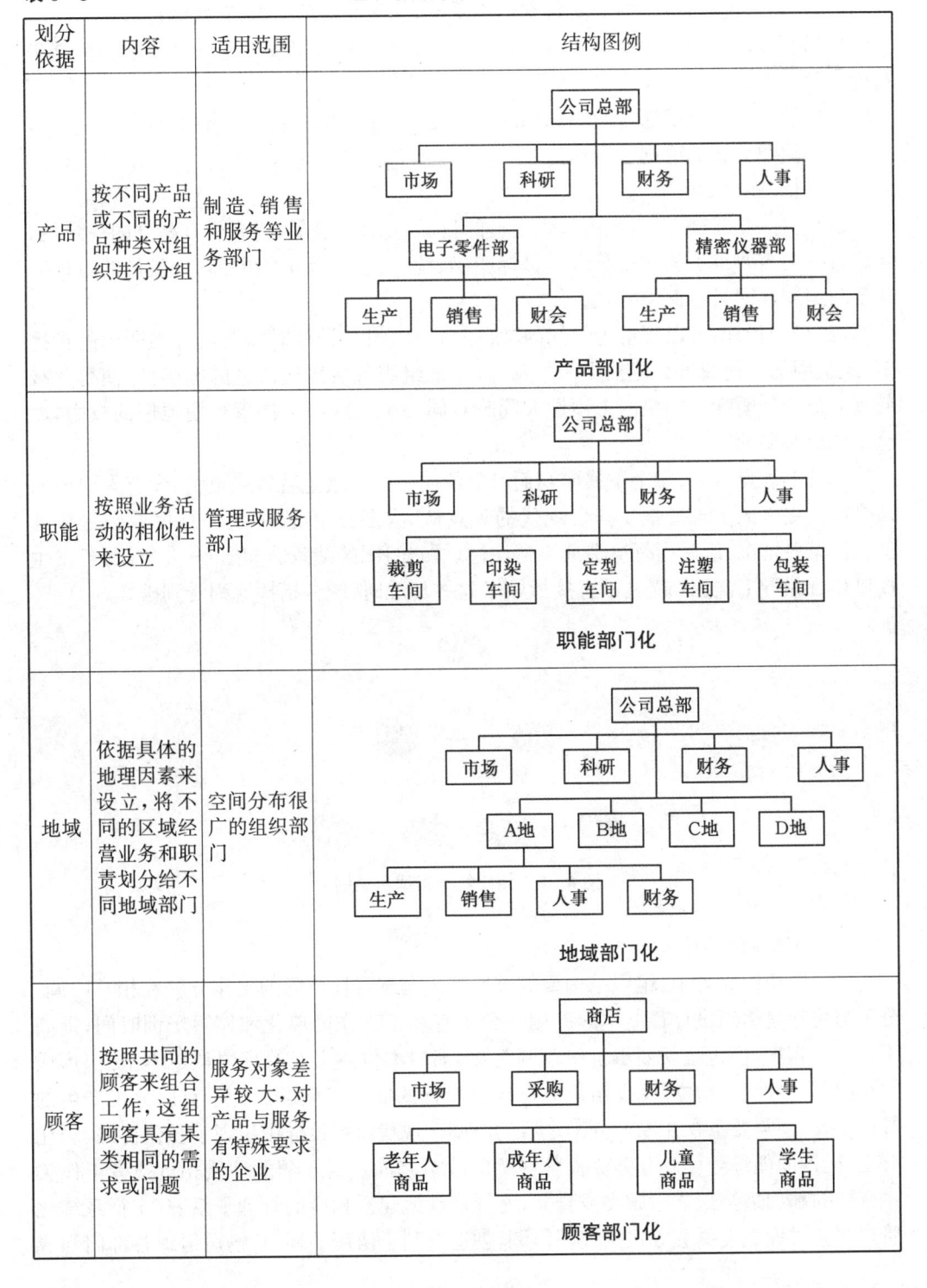

划分依据	内容	适用范围	结构图例
产品	按不同产品或不同的产品种类对组织进行分组	制造、销售和服务等业务部门	产品部门化
职能	按照业务活动的相似性来设立	管理或服务部门	职能部门化
地域	依据具体的地理因素来设立,将不同的区域经营业务和职责划分给不同地域部门	空间分布很广的组织部门	地域部门化
顾客	按照共同的顾客来组合工作,这组顾客具有某类相同的需求或问题	服务对象差异较大,对产品与服务有特殊要求的企业	顾客部门化

2. 组织的运行制度设计(动态)

一般来说,组织结构设计是组织设计的基础,完备的制度和人员是组织运作所需要的切实保障,而想要完成这些基本条件是需要通过运行制度设计的。组织运行制度设计的目的是使制度能够保证组织运行的高效性和人员方面的合理安排,包括三个方面设计:

(1)沟通系统设计:组织需要建立沟通系统,以确保信息准确、有效地传递。

(2)管理规范设计:为确保组织中各个层级,部门和岗位按照统一的要求和标准进行配合和行动。

(3)激励设计:组织通过激励和惩罚的制度性安排,调动组织成员积极性。

(五)组织设计的原则

1.目标一致原则

> 多头领导越级指挥,是否会越级汇报?

(1)目标的一致性。组织内各个成员的目标与组织共同目标要具有高度的一致性,组织设计时需要重点关注组织内部目标明确、统一性,确保组织内部门、成员的目标一定要与组织共同目标保持一致。

(2)统一指挥,可以理解为组织内"统一命令",组织设计时需要设计出明确的指挥链,组织中的任何成员只能接受一个领导,保证组织各层传递信息的准确性,使得各级管理人员责任明晰。如果两个领导人同时对同一个人或同一件事行使他们的权力,就会出现混乱局面。

传统的观点认为,每个下属应当而且只能向一个上级主管直接负责,没有人应该向两个或者更多的上司汇报工作。现代的观点认为,多数情况下,统一指挥原则是合理的。但有些情况,统一指挥会造成不适应性,妨碍组织的绩效。如图6—8所示,若发生B和C都指导E,或A越过B直接指导E这些情况时,统一指挥原则受到破坏。

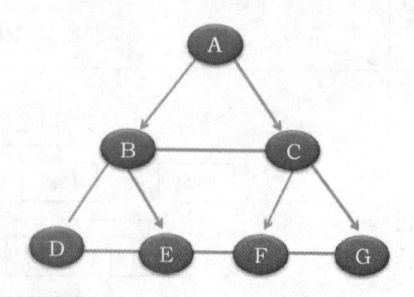

图6—8 组织统一指挥示意图

2.分工与协作原则

在传统组织设计中,组织结构要能够反映出实现目标所需的工作分解和相互协调。分工与协作是组织设计最基本的原则。分工有利于工作简单化和缩短培训时间,提高工作熟练程度,但也容易使得工作单调乏味、部门本位主义及管理协调成本上升,形成组织内部的冲突和对立,降低组织应对环境变化的能力等问题。为了克服分工产生的弊端,组织还需要重视在专业分工之后的协调。现代组织设计中出现了强化协调、弱化分工,机构职能综合化及业务流程整合化的改革趋向。对于职能性质相近或者工作关系密切的部门适当地进行归类或合并,有针对性地建立相应的管理子系统,实行系统化管理。通过设立委员会等机构实现协调,创造有利于协调的环境,畅通组织各部门和成员相互间的沟通渠道等。

3.有效管理幅度原则

管理幅度又称管理跨度或者控制幅度,是指组织中,某个管理人员直接高效地指挥下属人员的数量。在进行组织设计时,管理幅度要控制在一定的水平。1933年,法国管理顾问格拉丘纳斯提出,在管理宽度的算术级数增加时,主管人员和下属间可能存在的互相交往的人际关系数,呈几何级数增加,适用于任何管理宽度。

$$N=n(2^{n-1}+n-1)$$

式中,N——可能存在的人际联系总数,即关系总数;

n——一个管理者直接有效地指挥下属人员的数量,即管理宽度。

4.权责对等原则

职权是指由组织制度正式确定的,与一定管理职位相联系的决策、指挥、分配资源和进行奖惩的权力。

职责是指由组织制度正式确定的,与职权相应的完成工作所承担的责任。

通过有效的方式将职责与职权分配到各个层次、各个部门和各个岗位。责权分配关键问题:通过规范组织中的授权程序,给予相应的利益保障。正确处理集权与分权的关系,既保证部门有充分的权力,又尽可能避免权力被滥用或越权行事,实现权责利相匹配,如图6—9所示。

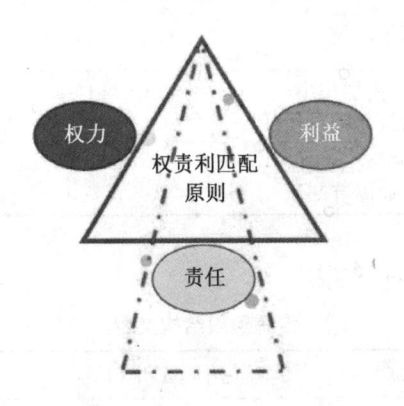

图6—9 责权利匹配原则

5.柔性经济原则

组织设计需要保持一定的灵活性。在保持组织稳定的同时,也保持适度的弹性。在组织结构设计时,要更加科学、合理,避免内耗的发生和管理成本上升。

二、组织结构

(一)组织结构的概念

组织结构是指在组织内部正式确定的组织成员的分工协作关系,使工作任务得以分解、组合和协调的框架体系。其中,涵盖组织内部的横向的职能分工和纵向的层级系统。

(二)机械式组织与有机式组织

英国行为科学家 T. 伯恩斯和斯托柯提出,组织类型的两个极端分别是机械式组织和有机式组织,绝大多数组织都是介于机械式组织与有机式组织之间的。大多数情况下,当外部环境相对稳定时,适用于机械式组织;而外部环境不稳定时,则适用于有机式组织。机械式组织和有机式组织形式的特点对比,如表6-4所示。

表6-4　　　　　　　　　　　　机械式组织与有机式组织的比较

类型	机械式组织	有机式组织
图例		
结构形式	稳定的、僵硬的结构形式;追求稳定运行中的效率	松散、灵活、高度适应性的结构形式;追求动态适应中的创新
专门化基础	基于职能的高度专门化	基于知识与经验的专门化
职务与权限	僵化	柔性
权力的来源	基于职位	基于专业知识
信息传递	信息向高层集中垂直的指挥与信息传递	信息分散与共享水平的沟通与信息传递
态度	对组织忠诚、对上级服从;强调企业固有知识	对工作、技术的忠诚;强调吸收外部智慧

(三)组织结构形式(见表6-5)

表6-5　　　　　　　　　　　　传统组织结构类型

名称	特点	优点	缺点	适用范围	结构图例
直线制组织	垂直领导,是一种最简单的组织结构形式。	设置简单;权责关系明确;有利于组织有序运行。	专业化水平低;缺乏横向沟通;对管理人员的要求高。	规模较小、生产技术比较简单、常见于初创期组织。	
职能制组织	基于专业职能划分部门,在各级管理人员之下根据业务需要设立职能机构和人员,协助其从事职能管理工作。	专业化程度高;减轻管理人员压力;有利于降低管理成本。	缺乏协调;职责不清;不利于通才型管理人员的培养。		

续表

名称	特点	优点	缺点	适用范围	结构图例
直线职能制组织	以直线制结构为基础,在各层级中设置相应的职能部门。	统一指挥与专业化管理相结合,能够有效减轻管理者负担。	协调难度加大,容易损害下属的自主性。降低对环境的适应能力,降低决策效率,增加了管理成本。	适用于规模不大、产品种类不多、内外部环境比较稳定的中小企业。	（厂长—财务科、技术科、供销科、人事科；一车间、二车间、三车间；材料室、质检室、保全室、技术室；班组1、班组2、班组3）
事业部制组织	"集中决策,分散经营"。	有利于管理者专注于战略规划与决策,有利于培养通才,提高了组织对环境的适应能力。	机构重复设置导致管理成本上升,容易滋生本位主义。		（董事会—总经理—职能部门1、职能部门2、职能部门3、职能部门4；事业部1、事业部2、事业部3；工厂1、工厂2、工厂3）
矩阵制组织	垂直领导系统与横向领导关系结合;任务完成后就解散;项目小组为临时组织,负责人也是临时委任。	机动性强,目标明确、人员结构合理,通过异质结合实现创新,沟通顺畅。	稳定性差、多头指挥、权责不对等。	适用于一些临时性的、需要多个部门密切配合的项目。	（经理(厂长)—研发部、市场部、营销部、财务部、法务部；项目小组A、项目小组B、项目小组C、项目小组D）

(四)组织结构的演变趋势

1.扁平化

组织结构存在两种典型的类型,即高耸型组织和扁平型组织(见表6—6)。前者组织结构层级多而组织管理幅度小,后者则正好相反。

表6—6　　　　　　　高耸型组织结构与扁平型组织结构区别

	高耸结构	扁平结构
图例	（高而尖的金字塔图）	（低而宽的金字塔图）
特点	管理层次多,管理幅度窄。	管理层次少,管理幅度宽。

续表

	高耸结构	扁平结构
优点	每个层次单位管理的范围较小,便于指挥和控制。	有利于发挥下级积极性和主动性,有利于培养下级管理能力,有利于信息沟通,节省管理费用。
缺点	管理人员多,费用大,信息沟通不易,不利于发挥下级积极性。	不利于管理控制,对管理者素质要求高;横向协调难度大。

企业在对组织结构进行动态调整中,需根据组织的特点,将整合业务、变革工作流程、充分运用信息技术(如网络建设、沟通工具)、制度建设、员工培训有机地结合,减少管理层级,提升有效管理幅度。近年来,组织结构演进呈现出扁平化的趋势(见表6—7)。

表6—7　　　　　　　　　　　　组织结构扁平化评析

优点	弊端
①减少组织层级,便于高层管理者了解各科层组织的运行情况; ②大幅削减管理人员,节省管理成本,有效降低协调的难度; ③信息传递速度加快,减少信息过滤和失真; ④有利于调动成员的积极性,提高决策的民主化程度。	①加重了管理人员的工作负荷; ②虽然不同层级之间的沟通路径缩短,但相同层级的沟通会产生新的困难; ③对管理人员的素质要求较高; ④要求下属人员自立、自律,否则容易失去控制。

2. 柔性化

在环境不确定性和复杂性条件下,组织需要增加柔性以应对环境变化,见表6—8。组织可以通过设置协调岗位、临时委员会或工作团队等形式,引导非正式组织发挥积极作用,加强组织内部的横向联系、增强组织机动性,建立自身竞争优势。

表6—8　　　　　　　　　　　　组织结构柔性化对策

情况	横向沟通措施
特定直线部门之间需要频繁联系	联络官
为了解决直线部门间的共同问题	临时委员会
从组织层面解决横向合作问题	协调人员

3. 无边界化

"无边界"是组织结构设计的一种理念,通过淡化和模糊组织边界,而不按照某种预先规定的结构来限定组织的横向、纵向和外部边界,以保持组织的灵活性和有效运营,如图6—10所示。其操作要点是尽量而非绝对地消除组织边界。

4. 虚拟化

虚拟化是以信息技术为基础和支撑,以分工与协作为联系纽带运行的一种动态组织结构。以电子商务领域为代表的企业组织是虚拟组织的最好范例,包括电子虚拟化的商务企业组织、动态网络虚拟组织、市场链等组织形式。

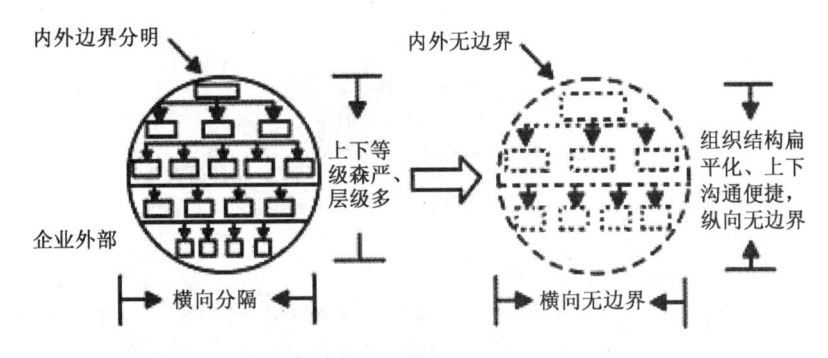

图 6—10 无边界组织示意图

三、组织整合

（一）正式组织与非正式组织的整合

非正式组织与正式组织之间关系密切,且相互作用。一方面,非正式组织存在于正式组织之间或依附于正式组织而存在;另一方面,非正式组织能够对正式组织的活动产生影响,二者有可能形成相互补充,也有可能引发对立、导致冲突(见表 6—9)。

表 6—9　　　　　　　　　　正式组织与非正式组织的比较

	正式组织	非正式组织
定义	由两个或两个以上的人按照一定的规则,为完成某一共同的目标,正式组织起来的人群集合体,是具有一定结构、同一目标和特定功能的行为系统。	独立于正式组织目标之外,以人际关系和谐为导向,以非理性为行为逻辑,受潜在的不成文规定约束的个体组成的集合体。
目标	存在明确的目标,以目标为导向开展活动,注重活动为组织带来的效益。	并不存在明确稳定的共同目标,追求人际关系和谐和组织成员的归属感、满足感。
行为逻辑	要求成员按照组织人格行事,通过非人格化的规章制度约束成员的行为。	尊重参与者的人格,与组织目标无关,通过约定俗成的规则限制其行为,参与者的行为受情感支配。
结合程度	严格的管理层级和岗位职责。	不存在明确的结构和层级,信息传递的通道完全是开放的、发散的。
权威来源	领导者的权威多来自职位性因素。	没有稳定的领导者,权威来自参与者的非职位性因素。
联系	非正式组织存在于正式组织之间或依附于正式组织;非正式组织对正式组织的活动产生影响。	

在正式组织与非正式组织的整合中,组织既要发挥非正式组织的积极作用,也需要重视非正式组织可能产生的消极影响,避免其产生破坏作用,见图 6—11。

（二）层级整合

在组织纵向设计中,需要确定管理幅度、层级数量,以体现不同集权程度的各层级之间的权责关系,称为层级整合。

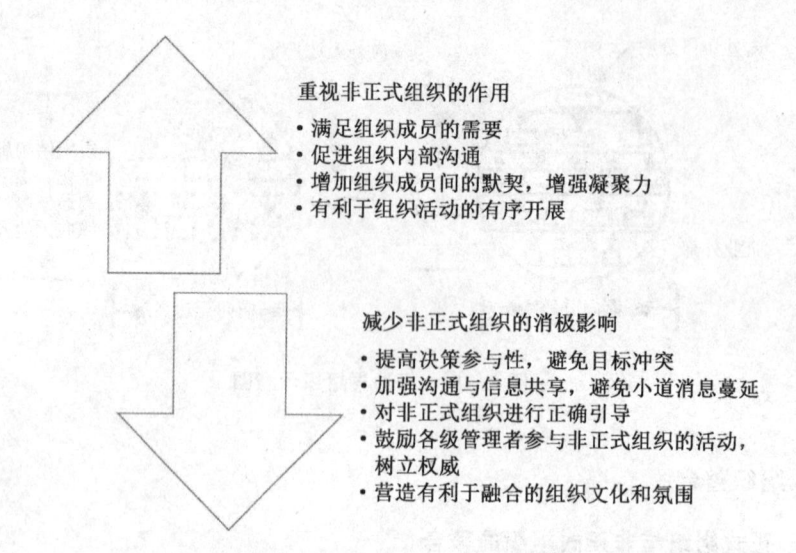

重视非正式组织的作用
- 满足组织成员的需要
- 促进组织内部沟通
- 增加组织成员间的默契，增强凝聚力
- 有利于组织活动的有序开展

减少非正式组织的消极影响
- 提高决策参与性，避免目标冲突
- 加强沟通与信息共享，避免小道消息蔓延
- 对非正式组织进行正确引导
- 鼓励各级管理者参与非正式组织的活动，树立权威
- 营造有利于融合的组织文化和氛围

图 6-11　正式组织与非正式组织的整合

1. 管理幅度与管理层级设计

$$组织规模 = 管理幅度 \times 管理层次$$

（管理幅度：一名管理者直接管理下级的人数。管理层次：一个组织设立的行政等级数目。）

管理层次的多少与管理幅度密切相关。假设工厂有 36 个生产工人，管理幅度对纵向差异的影响，如图 6-12 所示。

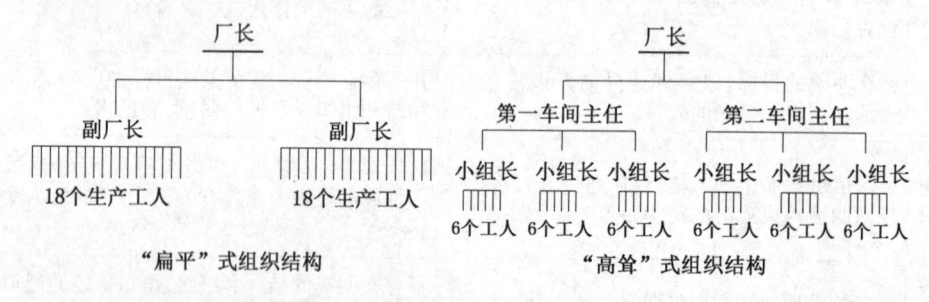

图 6-12　管理幅度对纵向差异的影响

当组织规模确定时，组织层级与管理幅度呈反比例关系。管理幅度越大，一般来说组织规模所需要的组织层级就越少；反之，管理幅度越小，组织层级也就越多。如一个非管理人员为 4 096 人的组织，当管理幅度为 4 人时，需要 7 个管理层级，管理人员数量达到 1 365 人；当管理幅度为 8 人时，仅需要 4 个管理层级，管理人员数量相应缩减到 585 人，如图 6-13 所示。

2. 组织设计中的集权与分权

(1) 职权的来源与形式。在组织设计中，职权是指组织中职位赋予各层级的权力，包括直线职权、参谋职权和职能职权，如表 6-10 所示。

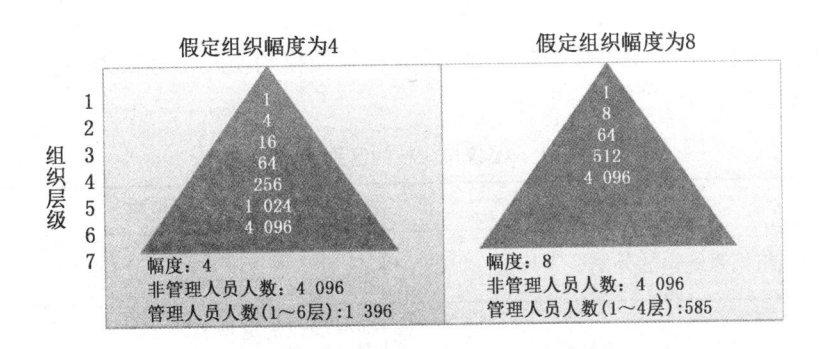

图 6-13 管理幅度与组织层级之间的关系

表 6-10　　　　　　　　　　　组织职权来源与形式

职权种类	主要内容	特点	行使者
直线职权	管理者直接领导下属工作的权力	指挥权	直线人员
参谋职权	组织中的参谋人员拥有的某些特定的权力	指导权	参谋人员
职能职权	管理者将部分职权授予其他个人或职能部门	部分指挥权或指导权	职能人员

(2)集权与分权。组织中集权与分权并不是相互排斥、非此即彼的关系,而是程度的问题,两者区别如表 6-11 所示。

表 6-11　　　　　　　　　　　集权与分权的比较

	集权	分权
定义	决策权集中在组织高层的一种权力系统。	决策权分散在组织各部门的权力系统。
优势	容易协调。	参与性强,有利于增强归属感、认同感。
问题	决策所需时间增加,影响决策的效率和质量;影响下属部门管理者归属感和认同感。	协调困难。

(3)影响集权与分权的因素(见图 6-14)。

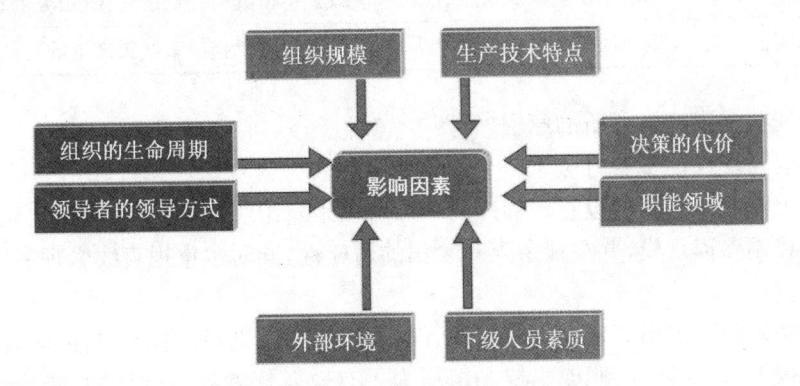

图 6-14　影响集权与分权的因素

3. 授权

授权是分权体系中不可或缺的一部分,分权与授权的实质都是权力的转移,但授权与分权的有本质区别,见表 6-12。

表 6-12　　　　　　　　　　　　　授权与分权的区别

	分权	授权
定义	权力在组织系统中的分配	管理者将部门职权授予下属或参谋,由其代为履行职责的一种形式
主体	组织	拥有职权的管理者
对象	部门或岗位,内容全面	具体人员,授权内容为上级管理者的部门职权
特点	恒久性,随组织结构调整而调整	灵活性

(三)直线与参谋的整合

1. 直线与参谋的关系

为避免管理人员局限性影响,服务于组织目标实现,组织中设置两类管理人员,即直线管理人员和参谋人员,两者角色可以转换。直线部门受管理幅度的限制,参谋为直线管理者提供咨询、建议与审查等方面的专业服务,弥补直线管理人员专业知识和精力方面的局限性,如表 6-13 所示。

表 6-13　　　　　　　　　　　　　直线与参谋的区别

	直线管理者	参谋人员
内容	处于组织纵向管理层级中特定职能的管理者,并实施直线职权的人员。	利用专业知识为特定层级的管理者提供咨询、建议与审查等专业服务的管理者。
职权性质	拥有直线职权。	拥有参谋职权,依附于某一个直线部门。
设置方式	按组织层级自上而下逐级设置。	按照专业需求设置。
决策角色	与其岗位相适应的决策权。	建议权。
考核标准和待遇	取决于所在组织层级、职位和绩效。	由其所提供的建议、服务的价值决定。
所承担的责任	做出决策并对决策的结果负责。	不承担决策结果产生的责任。

2. 直线与参谋产生矛盾的原因(见图 6-15)

3. 直线与参谋的整合方法

一是慎重对待参谋的设置。参谋的引入可以来自组织内部,也可以来自组织外部,但要适当控制参谋规模,并重视参谋对工作的适应性,同时也重视直线管理者的综合能力的提升。

二是明确职责关系。建立直线管理者与参谋的沟通机制,明确各自的职责关系。

三是授予参谋必要的职能职权。组织为了有效发挥参谋特殊作用,降低直线管理者非理性的影响,在必要时授予参谋部分职能权力。

(四)组织变革

变革管理是一项长期的任务和挑战。德国学者威尔弗瑞德·克鲁格提出变革管理

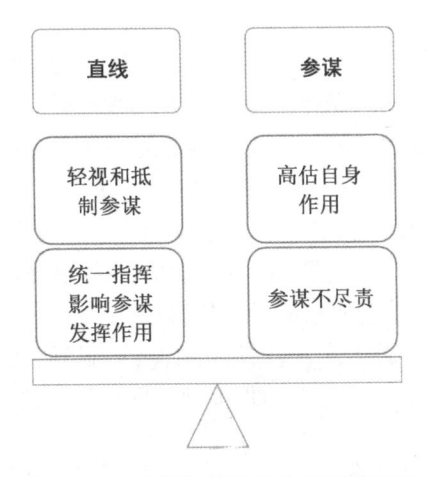

图 6-15　直线与参谋产生矛盾的原因

冰山理论(Implementation：The Core Task of Change Management)，该理论将企业变革比作冰山移动，只有冰山顶层的问题管理与冰山底层管理保持一致，变革成果才有可能被显现出来。现实中，如图 6-16 所示，变革管理者往往关注冰山顶部(水面以上)，即对转变全程的问题管理(质量、成本、时间等)。然而，冰山底部的隐性因素，即转变所涉及的组织人员感知与信仰管理，权力与政治管理，则是变革管理更为重要的两个方面，而这些恰巧是管理者容易忽视掉的。该理论强调变革治理是一项长期的任务和挑战，冰山顶层的问题治理，只有与冰山底层治理保持一致，才有可能达到一定的效果。

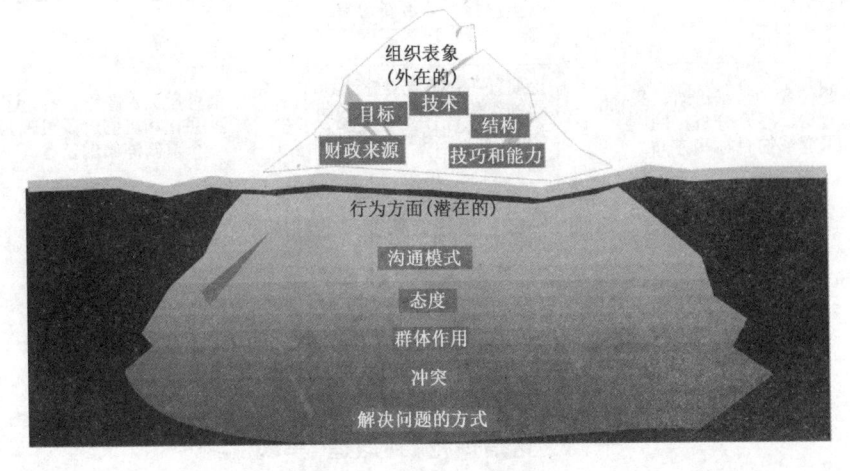

图 6-16　组织冰山图解

1. 组织变革的动因

组织变革由组织内外部因素引起。外部动因包括宏观社会经济环境的变化，科技进步的影响，环境资源的影响，竞争观念的转变以及全球化的竞争；内部动因包括战略的调整，设备引进与技术的变化，员工受教育程度的提高，组织规模和范围扩大，原组织结构不适应。

2.组织变革的方式

组织变革的方式有两种,一是渐进式变革。管理者逐步修正和改正一些事情,以渐进的方式对变化做出反应,强调循序渐进,阻力小,变革稳妥。二是激进式变革。管理者迅速地摒弃俗成的惯例,以激进的手段应对变化,强调速战速决,阻力大,风险大。

3.组织变革的内容

组织变革的主要内容有四个方面:一是人员变革。从组织成员的工作态度、目标期望、自我认知和行为表现上进行变革,重点是权力与利益等资源在成员之间的重新分配。二是结构变革,对组织结构要素的一个或多个,从组织设计、权力分配、分工协调的方面加以改变。三是技术变革。从组织所使用设备、工具、技术、工艺和方法等方面进行改变。四是组织文化变革。确立新的价值观来取代旧的价值观,是难度最大、时间最长的变革。

4.组织变革的过程

1951年,心理学家库尔特·卢因通过三步骤变革过程进行分析的方法,提出了"解冻—变革—再冻结"模型,具体如图6-17所示。

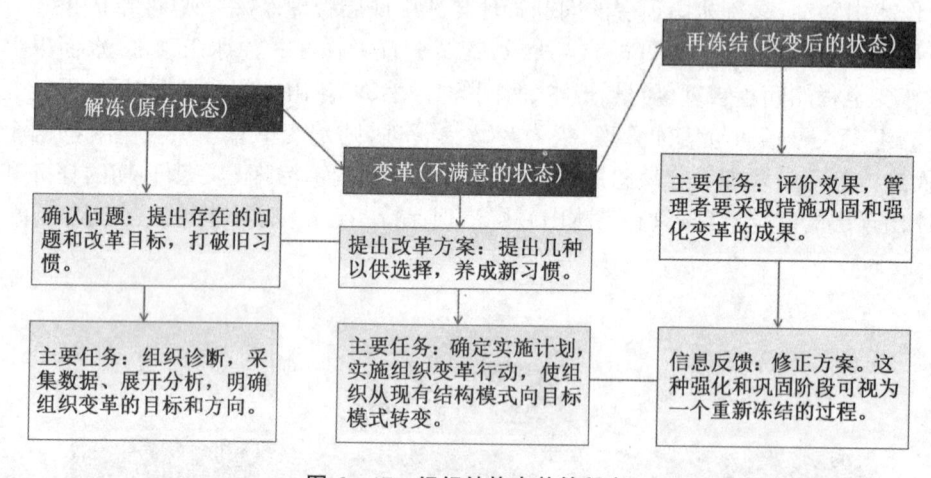

图6-17 组织结构变革的程序

中国管理智慧

一、从"党指挥枪"到锻造"军魂"

国之大事,在祀与戎。

——《左传·成公·成公十三年》

军事是人类社会生活的重要组成部分。早期国家的产生和发展都是离不开军队和战争的,自古中国就有"国之大事,在祀与戎"之说,也就是说国之重大事务,在于祭祀与战争。而且人类社会组织和国家制度,最初也正是产生于战争和军事行动,因而政治和军事的关系,从古至今都是各大文明高度关注的问题,在实践中不断改革调整。军队是谁的军队,国家怎么控制军队,如何保持军队战斗力,怎么解决军队和人民之间的关系,始终是军事发展历程中绕不开的话题。

一是军队控制权问题。在中国历史上,军队控制问题解决最好的是北宋。北宋建立了一整套朝廷直接掌握军队的机制。在皇帝之下,实施军权分立制衡。兵力配备上注重考量中央和地方相互制衡。后世王朝大体上延续了这个制度,中国再也没有出现过因为地方军权过大而亡国的现象。直至清末,为了镇压农民起义,地方军权崛起,导致国家失去控制,更是酿成了民国时期的军阀混战。但是又因宋朝控制得太好,反而导致了军力衰弱,武德不张。

二是军队战斗力问题。古代政军关系存在一个悖论:军队控制得好,往往战斗力就发挥不出来。反之,如果军队强大,往往就会出现军队失控、干政或者割据,当今世界各国的政军关系也面临同样的问题。

三是军民关系问题。在商周贵族时代,军民之间关系较弱,贵族开疆拓土,平民农耕生产。在战国时代开始了军事改革,全民皆兵,兵源于民,自然与民心相通。民提供兵,民自然也期望得到更高的地位和待遇。至秦大一统后,国家规模逐渐变大,全民征兵制逐渐衰落,产生了职业兵,民和兵开始分离,甚至发展成了相互对立的社会集团,兵与民之间的关系变得紧张。政府平时尚可维持,但到了乱世就会演变为祸端,甚至会加剧内战,加速国家的崩溃。如在清末军制的基础上,北洋时期形成了一种畸形的政军关系:军阀当政,国会和政府空有其表,国内混战不休,对外软弱卖国。孙中山起初是想利用军阀武装来完成国民革命,但是陈炯明叛变让他认识到这条路走不通。受俄国十月革命影响,孙中山决心建立政党领导军队的制度,靠三民主义武装起来的军队来完成国民革命,然而国民党本身的局限性和军阀思想的残余,导致最终失败。

共产党人最初对军队问题的思考是比较缺乏的,早在1919年,列宁就说过:"组建红军的问题完全是一个新问题,甚至在理论上是从来没有提出过的。"中国共产党早期领导人很多也是缺乏清醒认识,比如像陈独秀就曾经反对由党来创建军队。毛泽东回忆道:"那时我们不懂得武装斗争在中国的极端重要性,不去认真地准备战争和组织军队。"在革命斗争中,共产党人认识到军队的重要性,认识到军队是一种工具。周恩来也曾说过:"这个工具压迫阶级可以利用,被压迫阶级也可以利用。如欲使中国和平,需具有真正之革命军,须有为人民所用之军队。"

1927年大革命失败后,蒋介石等人大肆杀戮共产党人,共产党人从近6万人锐减到1万多人。其根本原因在于,中国共产党没有抓住枪杆子。这也是第一次大革命中得到的惨痛教训。之后,共产党开始独立武装斗争,但遭遇了重大挫折,红军被迫转移。经过一路长途跋涉和艰苦战斗,又因疟疾流行,伤病员急剧增加,到达三湾时,部队由起义前的5 000多人锐减到不足1 000人。战斗接连失利,部队建制被打乱、党组织不健全等原因,部队弥漫着一种悲观情绪,不时有人"掉队",甚至整班、整排成建制地不辞而别。很多军官都带有旧部队里军阀作风和恶习,打骂士兵现象严重,官兵关系紧张,甚至出现逃兵。当时,我党、我军危机重重,困难重重。

在这个紧急关头,毛泽东深入连队和军民交心谈心,在大量调研基础上,提出对军队进行整顿改编。一是在建制上进行改编。遣散部分意志不坚定的人员,把部队缩编成一个团,称工农革命军第一军第一师第一团。二是在部队中建立各级党组织,做到连有支部,营团有党委,连以上设党代表,全军由前敌委员会统一领导。三是规定官兵待遇平等,建立士兵委员会,实行民主制度。士兵委员会参与经济管理,管理伙食,账目公开,监督部队的经济开支。

三湾改编是我们党和人民军队历史上划时代的事件,就像《雄伟的井冈山》歌里唱的:"开天辟地第一回,人民有了子弟兵,从无到有靠谁人,伟大的共产党,伟大的毛泽东。"三湾改编解决了中国军事史上存在的三大问题,控制军队、保持战斗力以及军民关系的问题。

1929年,党召开了古田会议,作出了一系列重大决定。一是确立了党对军队的绝对领导,加强了政治工作的重要性。二是深刻阐述党的思想建设原则。三是阐述了党的组织建设原则,明确了集中指导下的民主生活。四是阐述了党的基层组织建设的重要原则,强调要重视党支部的作用。通过古田会议,针对如何控制军队的问题,中国共产党终于探索出了自己的答案。我们的答案是:党的领导确保军队牢牢地掌握在党和工农大众手中。

在1928年写给中央的报告里,毛泽东指出:"红军的物质生活如此菲薄,战斗如此频繁,仍能维持不敝。除党的作用外,就是靠实行军队内的民主主义。"他说:"同样的一个兵,昨天在敌军不勇敢,今天在红军很勇敢,就是民主主义的影响。"建立一支什么样的军队,实现什么样的居民关系?答案就是依靠党的领导,军队是人民子弟兵,密织军民鱼水情,解决了困扰中国2 000余年的军民关系问题。在井冈山时期,毛泽东提出了三大纪律:行动听指挥,不拿群众一个红薯,打土豪要归公。后来这个不拿群众一个红薯发展为不拿群众一针一线,已成为人民军队的第一条军规。1938年,毛泽东在总结经验的时候,明确提出"我们的原则是党指挥枪,而绝不容许枪指挥党"。军队怎么才能有战斗力的问题,我们是靠思想政治工作和民主集中制,激发了红军的战斗意志。毛泽东曾说:"红军之所以艰难奋战而不溃散,支部建在连上是一个重要原因。"

毛泽东建军思想是马克思主义中国化的光辉典范,系统解决了如何建成一支具有无产阶级性质,听党指挥,全心全意为人民服务的新型军队的问题,也是习近平新时代中国特色社会主义军事理论创新的源头活水。在1981年,邓小平指出:"我军是人民民主专政的坚强柱石,肩负着保卫社会主义祖国,保卫'四化'建设的光荣使命,因此必须把我军建设成为一支强大的现代化、正规化的革命军队。"习近平总书记的强军思想,立足于实现"中国梦""强军梦"的时代要求,提出了建设一支听党指挥,能打胜仗,作风优良的世界一流的人民军队的目标。这些都是对毛泽东政治建军思想的继承与发展,从党对军队绝对领导,全心全意为人民服务的唯一宗旨,以及作为生命线的政治工作这三个方面,为毛泽东建军思想注入了时代内涵。

回顾人类几千年的军事制度史,有助于我们理解"听党指挥,能打胜仗,作风优良"这三句话的伟大意义。中国共产党的军事制度,是人类历史上解决政军关系的最高水平,是人类最先进的制度形态。多年来,这支伟大的人民军队,在党的领导之下,夺取了新民主主义革命的胜利,建立和保卫了人民政权,经受住了战争的考验。在抗洪抢险、抗震救灾、抗击新冠疫情等一场场没有硝烟的战役中,解放军冲锋在前,他们始终站在保卫人民生命和利益的第一线,保卫着我们伟大国家、伟大人民的生命安全。

当前,我们面临着祖国统一和中华民族伟大复兴的历史使命。只要坚持党的绝对领导,坚持党的建军强军思想,人民军队必将不断创造新的辉煌。

讨论问题

1. 根据你对组织设计的理解,解析三湾改编组织设计的影响因素。

2.你如何理解组织设计的重要性?
3.就中国古代军事思想的演变,谈谈分权与集权的适应性。

书面作业

根据"三湾改编"的部队编制绘制组织结构图。

扩展阅读

[1]叶剑英.叶剑英军事文选[M].北京:解放军出版社,1997.

[2]马志刚,樊少波,张学秋.中国古代军事思想发展浅析[J].高等教育研究,1997(04):44-45.

[3]廖勇.组织行为学视角下"三湾改编"的现实意蕴与党的基层组织治理研究[D].南昌:江西财经大学,2020.

[4]范勇鹏.致敬人民军队:从"党指挥枪"到"军魂"塑造.东方卫视《这就是中国》,2022年第154期.

二、海尔传统组织结构的变迁

海尔集团初创于1984年,在一次次激烈的市场竞争角逐中,海尔集团不断调整发展战略,实施了一系列的组织变革,不断走上新的高度。目前,海尔集团在全球设立了10大研发中心、33个工业园、71个研究院、133个制造中心和23万个销售网络。连续4年成为全球唯一物联网生态品牌"BrandZ最具价值全球品牌100强",连续14年稳居"欧睿国际全球大型家电零售量"第一名。2021年全球收入达3 327亿元,品牌价值达4 739.65亿元。

1985年,张瑞敏接手了海尔集团。当时,海尔集团濒临倒闭,内部局面混乱,纪律涣散,员工素质低。在产品方面,海尔集团仅仅生产单一的电冰箱。发展初期,海尔集团由于技术简单、业务单纯、规模较小,采用了直线制的组织结构形式。这种组织结构对主管要求不高,可以发挥其沟通迅速、指挥统一、责任分明的优势,帮助海尔快速发展。

经过一段时间的发展,海尔集团规模不断扩大,原有的组织结构已经不能适应集团的发展需求。集团很多高管由于经历不够、经验不足,已经无法应对集团出现的各种问题。公司高层决定,将组织结构调整成直线职能制形式,在主管下层增加人事部、市场营销部、财务部等相关职能科室。在直线职能制的组织结构下,海尔集团高管的决策更加科学,能够更好地完成集团所下发的目标任务。

1991年,海尔集团实施多元化战略,产品除原来的冰箱以外,先后推出了冰柜、空调、洗衣机等产品,随后又进入电视、电脑、手机、金融等十多个领域。

为适应多元化发展的战略需要,1996年,海尔集团开始实行事业部制,以每个产品领域为一个事业部,进行专业管理,独立核算,使各个产品领域都能快速提高竞争力,并能根据市场需求及时调整经营策略。

在发展过程中,海尔集团根据自身发展情况,先后采用了直线制、直线职能制、事业部制等组织结构。也正是这些组织结构的调整,满足了海尔集团在不同阶段的发展需求,为集团的发展提供了有力的组织结构保障。没有哪种结构是一定最好的,只有适合自己的才是最好的。管理者在进行组织结构设计时,要选择最适合组织所处特定情况的结构形式。

讨论问题

1. 组织实行多元化战略后,选择什么样的组织结构更合适?
2. 评价不同时期海尔组织结构的选择。

书面作业

根据组织结构类型,调研你所在社区,提交"一站式社区"组织结构规划。

扩展阅读

[1] 诸波,张明薇,佟成生.分权化组织的管理控制系统创新——来自京瓷和海尔的双案例研究[J].管理会计研究,2020,3(06):28-42+87.

[2] 张敬博,葛京,杜艺姗.互补共融还是纵横分隔?——基于互补视角的平台组织架构设计研究[J].管理评论,2020,32(03):307-322.

[3] 王易,邱国栋.新工业革命背景下多元智能组织研究——以 GE 和海尔为案例[J].经济管理,2020,42(02):92-105.

[4] 吴画斌,刘海兵.传统制造业创新型人才培养的路径及机制——基于海尔集团1984—2019 年纵向案例研究[J].广西财经学院学报,2019,32(04):123-136.

小故事 大管理

一、大雁迁徙

每年,雁群都会为了寻找食物和过冬的地方进行迁徙。它们飞越白天黑夜,飞越沙漠大海,最终到达目的地。其间,它们大概会飞行 2 500 英里。雁群在飞行时,一般会排成"V"字队形。领头在中心,其他大雁依次分散两旁。经研究发现,飞在最前头的领头雁,在拍打翅膀时,会产生一股向上的气流,可以为排在他身后的大雁节省 71% 的体力。科学家们经过大量的调查研究表明:大雁以这种方式飞行要比单独飞行多出 12% 的距离,但飞行的速度是单独飞行的 17.3 倍。

在 2 500 英里的飞行中旅途中,大雁会不断地发出叫声。这叫声是一种鼓励的声音,对领头的大雁对抗艰难气流的鼓励。领头雁通过在前方开路,可以帮助后面所有的大雁形成局部真空,减少飞行的阻力。在这漫长的飞行途中,大雁们相互扶持,一路同行。如果飞行途中发生意外,如生病、疲劳、受伤等,雁群里就会有另外两只大雁随其脱离队伍,陪在掉队的大雁身边。等到掉队的大雁恢复元气或者生命结束后,陪同的大雁才会再次归队。正是靠着这种团结协作的精神,雁群才能完成长达 1 至 2 个月的飞行。

启示:一只大雁固然可以独自飞行,但一群大雁的通力合作,能使旅程更轻松、高效。因此,在组织工作中,每个人单独工作,固然能充分调动其积极性,能做得很好。但优化组合的团队,能更好地发挥每个人的特点,起到整体成效大于个人成效总和的结果,产生 1+1>2 的整体效果。在组织工作中,管理者应该充分发挥组织的作用。

二、刘备携民渡江与摩西携民逃荒

刘备携民渡江的故事记载于《三国志·蜀书·先主传》。曹操于东汉建安十三年(公元 208 年)率大军南下征讨荆州,荆州牧刘表病逝,荆州牧由其次子刘琮接任。在蔡瑁等人的劝说下，刘琮将荆州献与了曹操。当时刘备在樊城，曹操分兵八路来攻打。刘备自知抵挡不住，无法在樊城久待，便想出逃。刘备一直爱民如子，深受百姓爱戴，百姓也都想要跟着他。刘备因怕曹操屠城，舍弃不下新野与樊城的百姓，就带上百姓一同渡过汉江往襄阳转移。同行军民逾万人，大小车辆数千，挑担背包者不计其数，扶老携幼，拖儿带女，浩浩荡荡，熙熙攘攘，每天行程不足10里，渡江时更是你推我搡，两岸哭声不绝。在转战江陵时，刘备被曹操派的精骑追上，险些送了性命，因此有了长坂坡之败。最终，刘备败走汉津渡口。

《圣经》里记载过一个摩西携民逃荒的故事。书中写道，有一年摩洛哥发生旱灾，难民们为了生存下去，便跟着一个叫摩西的人前往欧洲逃荒。难民们带了大量的生活用品，一路上也是扶老携幼、将男带女、乱乱纷纷、熙熙攘攘，每天同样也只走了10来里路。由于是摩西带领大家逃荒，人们大小事情都找摩西解决，搞得摩西身心疲惫，狼狈不堪。他听从了岳丈的建议，在所有的难民当中采用逐级管理的方法，从每10个人中选取一个优秀的当小组长，再从小组长中取更优秀一批人的当大组长，最后又从大组长中选取更优秀的当大队长，而这些大队长则全部由摩西指挥。难民有事，就逐级处理或上报；摩西有令，便逐级下达和执行。这样难民队伍就被规范化管理，不仅秩序井然，还加快了行进速度，很快他们就到达了目的地。

启示：这两则故事充分体现了组织与管理的关系。刘备之所以失败，是因为没有形成组织；而摩西之所以成功，则是因为形成了组织。而所谓的组织，是管理的重要职能，其目的就在于建立一种能够产生有效的分工和合作关系的结构。

三、一封辞职信

尊敬的钟院长：

我叫李玲，是医院内科的护士长。我当护士长已有半年了，但我再也无法忍受这种工作了，我实在干不下去了。我有两个上司，他们都要求优先处理自己布置的事情。然而，我只是一个凡人，分身乏术，我已经尽了自己最大的努力来适应这样的工作要求，但我还是失败了，让我给您举个例子吧。

昨天早上8点，我刚到办公室，医院的主任护士叫住我，告诉我她下午要在董事会上作汇报，现急需一份床位利用率的情况报告，让我10点前务必完成。而这样一份报告，至少要花一个半小时才能写出来。30分钟以后，我的直接主管——基层护士监督员王华，走进来突然质问我，为什么不见我所管辖的两位护士上班。

我告诉她，因急诊外科手术正缺少人手，李主任从我这要走了她们两位借用一下。尽管我表示反对，但李主任坚持说只能这么办。王华听完我的解释，叫我立即让这些护士回到内科来，并告诉我一个小时后，他回来检查我是否把这事办好了！像这样的事情实在太多了，我已经无法胜任，特向您辞职，请批准！

李玲

2005年12月20日

启示：李玲有"两个上司"，在几乎同一时间内，主任护士让她写报告，基层护士监督员让她找人。这种多头领导的局面，严重影响了组织管理的效率。外科李主任将属于自己权力范围的权力授予李玲，外科李主任让李玲在内科调用两名护士，而李玲的直接主管王华叫李玲"立即让这些护士回到内科部"，这就形成了交叉指挥，从而造成管理混乱、组织结构运行效率低下。

四、刘先生的管理模式

20世纪90年代,中国政府在进一步巩固沿海地区对外开放成果的基础上,相继开放了一批沿边城市、长江沿岸城市和内陆城市,在国内掀起了下海经商的热潮,刘先生也欣然加入了这个行列。

在国家政策的惠及下,刘先生的生意火爆。为了适应业务发展的需要,刘先生先后招聘了40位销售员。这群人里面有刚毕业的大学生,有在其他公司工作过几年的员工,也有闯荡社会好多年的金牌销售员。由于刘先生第一次创业,如何有效地管理这40个人,成为刘先生很重要的工作,也着实让他费了心思。

经过几晚的夜不能寐,刘先生想出来三种方法,并决定付诸实践。刘先生先尝试了第一种,考虑员工的工作性质相同,精力充沛的刘先生决定,办事处不设中间层次,由他直接领导,每个员工可直接向他汇报。但由于刘先生的工作量太大,面对40人的汇报,出现了应接不暇、精力不够、内部组织较乱的情况。发现这些状况后,刘先生又做出了调整,接着采取了第二种方法,即把员工平均分成了两组,每个组选出一名优秀员工担任组长,并可以直接向他汇报工作。这样运行一段时间后,刘先生有两种明显的感受:一是觉得无事可干,有时甚至情不自禁地帮助组长做事情,分工不明确;二是经常提心吊胆,20人的大组,担心一旦有一个组出错,会影响公司的整个业绩,心理负担较大。刘先生立刻采取了第三种办法,在做了充分调查,认真考虑之后,刘先生对办事处的组织结构做了调整。综合之前的经验,他还是采用直接管理的办法,只是把员工平均分成了5个组。这样不仅降低了风险,还能直接有效地管理。调整后,刘先生感觉非常适合他的办事风格,工作轻松,效率好,业绩也高,并经常作为经验向他人介绍。

启示:管理幅度没有固定模式,要根据具体情况,确定合适的幅度,既要保证能让下属有一定的工作自主性,又要达到有效管理的目的。

五、发现"不拉马的士兵"

在以前的部队里,曾有这样一个现象:炮管下,总会站着一个一动不动的士兵。一位年轻的军官对这个问题存有疑问,也抱有很大的兴趣,想一探其原因。

在一次演习中,他又看见了一位站在炮管下一动不动的士兵。他走过去询问情况。这个士兵回答他说:"操练条例便是这般要求我们"。

军官听完很迷惑,在回去查阅相关军事文件之后,军官终于发现了原因。在过去的年代,大炮是由马车运载到前线的,而站在炮管下面的士兵,则是负责牵住马的缰绳。在大炮发射后,士兵能够及时地调整由于后坐力而产生的距离偏差,减少再次瞄准所需的时间,以提高发射效率。

军官认为,这很不合理。这样的分工,在现代军事中很不科学。他将这个想法汇报给了国防部,让他获得了国防部的嘉奖。因为,作为一支现代化的军队,需要马车拉动运输的大炮已经不复存在了,所以我们也不再需要这样的一个拉马的角色了。但是,军队中的操练条例却没有及时地调整,影响了军队人员调动的效率,导致炮管下的士兵成了一种形式主义象征。因此,也就出现了所谓的:不拉马的士兵。

启示:很多组织中存在这种"不拉马的士兵",人浮于事,造成效率低下。管理上,我们应当通过组织设计,避免这种现象的发生。

想一想

一、公司管理人员管理幅度变化

某公司原有高层、中层、基层的管理幅度分别为 5 人、6 人和 10 人。现该公司通过加强管理人员培训,提高了他们的自身素质和工作能力。公司通过规范管理制度,完善管理措施,进一步明确了各部门职责。同时,公司把管理权限更多地授予中层和基层管理人员。这样,既调动了中层、基层管理人员的工作积极性,又保证了高层管理人员能集中精力和时间处理企业的重大事项。由此,也使得公司内部的管理幅度发生了变化,高层、中层、基层管理人员的管理幅度分别扩大为 7 人、10 人和 15 人。

分析与讨论
导致该公司管理人员管理幅度变化的主要原因是什么?

二、鼎立建筑公司的得与失

鼎立建筑公司原本是一家小企业,仅有 10 多名员工,主要承揽一些小型建筑项目和室内装修工程。创业初期,人手少,胡经理和员工不分彼此。大家也没有分工,一个人顶几个人用,拉项目、与工程队谈判、监督工程进展,谁在谁干。大家不分昼夜,不计较报酬,有什么事情饭桌上就可以讨论解决。

然而,随着公司业务的发展,特别是经营规模不断扩大之后,胡经理在管理工作中不时感觉到不如以前得心应手了。首先,让胡经理感到头痛的是,那几位与自己一起创业的"元老",他们自恃劳苦功高,对后来加入公司的员工,不管现在公司职位高低,一律不看在眼里。鼎立建筑公司再也看不到创业初期的那种工作激情了。其次,胡经理感觉到公司内部的沟通经常不顺畅,公司内部质量意识开始淡化,对工程项目的管理大不如从前,客户的抱怨也正逐渐增多。

分析与讨论
请分析鼎立建筑公司取得成功的因素主要,出现问题的原因,怎样改进?

三、组织志愿者

你很可能从来没有考虑过,志愿者会是组织结构中的一员。但对于很多组织来说,这些个体提供了一种巨大的劳动力来源。也许,你曾经在一些非营利组织中,从事过志愿者工作。不过,如果这些志愿者工作发生在营利性企业中,会怎样?并且这项工作的职务说明书中,写着"一天花几个小时坐在电脑前,为顾客提出的一些技术问题提供在线回答,例如如何建立一个互联网家庭网络,或者是如何为一个新的高清电视编程序"。而这一切,都没有酬劳。很多大型企业、创业型企业和风险投资者都在打赌,这种"新兴的网络精通助手团队,将会改变客户服务领域"。

自助付款、自助登记、自助订单、自助加油,还有填写在线表格等工作。尽管大多数人很可能由于太年轻,而不记得有一个服务生在帮你加油、检查你的油表,并清洗你的挡风玻璃。但他们却确实存在。很多企业越来越擅长让顾客自行做一些免费工作。现在，它们通过让"志愿者"去从事某些特定的工作任务，将这种概念更深入地加以应用，尤其是在客户服务情境中。近几年，很多研究密切关注这些自愿"狂热者"所充当的角色，尤其是在研发环节的创新贡献。

例如，一些案例研究，强调了早期滑板运动者和山地骑行者对他们的齿轮传动装置进行的产品调整。研究人员发现，似乎从事"志愿者工作"的个体，受到的激励主要来源于一种享受过程的回报、获得同行之间的尊重，以及某种程度上他们的技能得以提高。随着个人自愿完成工作任务的概念应用于客户服务领域，它是否能够行之有效？对于管理者而言，这意味着什么？

再例如，威瑞森公司(Verizon)提供了高速光纤网络、电视机和手机服务，"志愿者"在公司发起的客户服务网站中，免费为客户回答技术上的相关问题。马克·斯塔德尼斯(Mark Studness)是威瑞森公司电子商务部的负责人，他对这样的网站非常熟悉，用户在网站上提供一些建议并回复问题。

威瑞森公司的做法，收到了很好的效果。这些在线"志愿者"，已经成为公司客户服务领域一种重要的"添加剂"。斯塔德尼斯说，创造一种氛围使这些超级用户感到自我满足，是关键所在；因为没有这些，你将什么也没有。与威瑞森公司合作的一家公司的负责人说，这些超级用户或者领导者用户，与狂热的游戏玩家一样，受到同样的在线挑战和其他方面的驱动。所以，他们为这些贡献者的排名、徽章、"荣誉计数"精心制作一个评级系统。到目前为止，斯塔德尼斯对一切的运作均感到很满意。他说，公司发起的客户服务网站极其有用，产生了极高的成本效益。

分析与讨论

1. 你如何看待这种利用"志愿者"完成那些由其他人领取薪酬来完成的工作？
2. 如果你处于马克·斯塔德尼斯的位置，对于这种安排你面临的最大问题会是什么？你将如何"管理"这些问题？
3. 这些"志愿者"将如何与公司的组织结构相结合？逐一考虑组织设计的因素，并讨论每一种要素将如何影响这种结构方式。
4. 你认为这种方式是否适用于其他类型的工作，或其他类型的组织？请解释。

练一练

一、收集学习型组织信息

组成一个3~4人的小组。你们组的"工作"就是查找一些关于学习型组织的最新信息。你很可能会收集到很多篇关于这一话题的文献，但是把你的资料限制在5篇，按照你认为是关于这一话题的最佳信息来选取文献。利用这些信息，以项目列表的形式来讨论你对"一个公司未来的良好运作可能取决于公司的学习能力"这句话的一些看法，篇幅在一页纸左右。请在这一页的列表最后，写下你所参考的这5篇文献信息。

二、当学习和工作有冲突时,你如何选择?

如果今天上午8点到11点半,你有四节课,而你所在的社团组织在此期间开展了某项活动需要你参加,你怎么办?

三、组织结构的应用

一大型企业集团,大力开展多样性与跨区域经营战略,下设三个职能部门,分别为职能部门1,2和3。现经营12类产品,分别为A,…,L,其中每一种产品的经营过程都具有相对独立性,A,B,C,D产品的经营分布在东北地区,E,F,G,H,I产品的经营分布在西北地区,其余三类产品经营分布在东南区。

要求:
(1)设计企业组织结构图;
(2)简要阐述这家企业组织结构的性质和特点。

四、项目调研:深入调研一家工商企业的组织结构

实训目的:
(1)通过对某一个企业组织结构的了解分析,培养学生对相关知识的综合应用;
(2)初步掌握组织设计和分析评价的技能。

实训内容:
(1)了解某一企业的组织结构的设置及相互之间的关系;
(2)了解某一部门基层管理人员的职责和具体内容;
(3)对该企业现有职责结构状况进行分析评价,提出自己的建议。

实训考核:
(1)给出所调查企业的组织结构图,写出一份某一职务的说明书;
(2)写一份800字左右的实训报告。

五、校园活动组织工作实践

首先,以小组为单位讨论,选择一个即将举办的校园活动,比如即将举办的校园歌曲大奖赛,请你按以下步骤对该活动进行组织设计:
(1)确定本次活动的宗旨和目标。
(2)列出比赛从开始到结束的全部工作清单,越详细越好。
(3)对步骤2的工作清单进行分析,然后按有关原则进行工作归类。
(4)对每类工作配备负责人及配合人员。
(5)明确每个负责人及其他参与人员的工作职责、权限,写出职务说明书。
(6)制定相关制度及沟通流程。

接下来,请认真参与该活动或了解本次活动的每一个细节,对照你的设计方案,分析活动的实际组织者的成功或不足之处,进一步完善你的设计方案。

最后,请对本次活动每个参与者的组织工作能力进行点评。

第七章　人力资源管理

下臣事君以货，中臣事君以身，上臣事君以人。

——荀子

"如果有一个项目，首先要考虑有没有人来做。如果没有人做，就要放弃，这是一个必要条件。""人才是利润最高的商品，能够经营好人才的企业才是最终的大赢家。"

——柳传志

一个公司要发展迅速得力于聘用好的人才，尤其是需要聪明的人才。
把我们顶尖的20个人才挖走，那么我告诉你，微软会变成一家无足轻重的公司。

——比尔·盖茨

将合适的人请上车，不合适的人请下车。

——詹姆斯·柯林斯

用他，就要信任他；不信任他，就不要用他。

——松下幸之助

员工培训是企业风险最小，收益最大的战略性投资。

——沃伦·贝尼斯

用人不在于如何减少人的短处，而在于如何发挥人的长处。

——彼得·德鲁克

本章思维导图

知识点摘要

一、人力资源管理概述

(一)人力资源概念

广义:一个社会具有智力劳动能力和体力劳动能力的人的总和,包括数量和质量两个方面。

狭义:组织所拥有的用以制造产品和提供服务的人力。

> 数量与质量的关系如何?

(二)人力资源数量

人力资源的绝对数量是指一个国家或地区中具有劳动能力、从事社会劳动的人口总数。

人力资源的相对数量,即人力资源率,指人力资源的绝对量占总人口的比例。

(三)人力资源的质量

人力资源的质量是指人力资源所具有生理素质和科学文化素质,包括体力、智力、知识、技能水平以及劳动者的劳动态度。

(四)人力资源的特征

1.能动性

人力资源是劳动者所具有的能力,而人总是有目的、有计划地使用自己的智力和体力。能动性是人力资源区别于其他资源的最根本特征。

2.两重性

人力资源是人类所独有的,只存在于人体之中的活的、高增值性资源。人既是生产者,同时又是消费者。

3.时效性

人力资源因工作性质不同,人的才能发挥的最佳期也不同。在人力资源开发中,要抓住人的年龄最有利于职业要求的阶段,实施最有力的激励。

4.再生性

人力资源是可再生资源,通过人口总体内各个体的不断替换、更新和劳动力的"消耗—生产—再消耗—再生产"的过程,实现其再生。人力资源的再生性除受生物规律支配外,还受到人类自身意识、意志的支配,人类文明开展活动的影响,新技术革命的制约。

5.社会性

社会政治、经济、文化存在差异性,对人所具有的体力和智力都明显影响,从而人力资源还具有社会属性。

(五)人力资源管理

对人员的招聘、使用、考核、报酬、培养等各方面进行的计划、组织、领导、控制等活动。

(六)人力资源管理的基本功能

1.获取

根据企业目标来确定所需员工的条件,通过规划、招聘、考试、测评、选拔等几个步骤获取企业所需人员。获取职能包括工作分析、人力资源规划、招聘、选拔与使用等活动。

2. 整合

经过企业文化、信息沟通、人际关系和谐、矛盾冲突的化解等有效整合，使企业成员的目标、行为和态度趋向企业的要求和理念，使之形成高度的合作与协调，以便发挥集体优势，提高企业的生产力和效益。

3. 保持

保持职能包括保持员工的工作积极性和保持健康安全的工作环境。通过薪酬、考核、晋升等一系列管理活动，使员工保持积极性、主动性和创造性，维护劳动者的合法权益，保证工作安全以及健康、舒适的工作环境，以增进员工工作满意度。

4. 评价

对员工工作成果、劳动态度、技能水平以及其他方面做出全面考核、鉴定以及评价，为后续作出相应的奖惩、升降、去留等决策提供依据。评价职能包括工作评价、绩效考核、满意度调查等。其中绩效考核是核心，为奖惩、晋升等人力资源管理及其决策提供依据。

5. 发展

通过员工培训、工作丰富化、职业生涯规划与开发，促进员工知识、技巧和其他方面素质提高，使员工的劳动能力得到增强和发挥，最大限度地实现其个人价值和对企业的贡献率，达到员工个人和企业共同发展的目的。

二、人员配备

（一）人员配备概念

一般来说，组织人员配备要基于组织岗位的要求，包括组织管理岗位和非管理岗位的人员配备。主要任务见表7—1。

表7—1　　　　　　　　　　　　人员配备任务

组织角度	个人角度
使组织系统有效运转 为组织发展准备干部力量 维持成员对组织的忠诚	个人能力得到充分使用 个人才干得到公正评价 个人素质得到不断提高

资料来源：周三多：《管理学——原理与方法》（第七版），复旦大学出版社2018年版，第223页。

（二）人员配备内容

1. 确定组织人员的需要量

根据组织设计出的岗位职务类型和岗位职务数量来确定组织人员的数量（见图7—1）。在不同情况下，组织采取的招聘方式不同。对于新建组织，可依据职务设计直接招聘；而对现有组织进行调整，则需检查以及对照企业内部人力资源情况，找出差额，面向社会公开招聘。

2. 选聘人员

组织选聘人员时，为确保选聘人员具备该岗位职务要求的知识和技能，必须对组织内外的候选人严格筛选、把关，做出最恰当的选择，即便对候选人的考察非常困难，也必须谨慎、认真、细致地进行人员配备。

人才供给　　　　　　　　　　　　　　人才需求

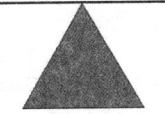

影响人才供需的因素
战略目标
产品和服务的预计需求情况
知识、技术和能力的可用性

图 7－1　人员需要量的确定

3. 人员培训计划

根据组织要求制定和实施人员培训计划，真正发挥好选聘来的人员的作用，不仅仅为了适应组织技术变革、规模扩大的需要，更为了实现成员个人的充分发展，如图 7－2 所示。

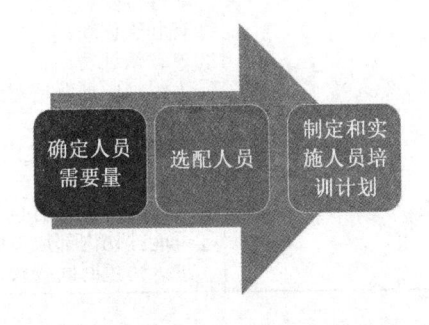

确定人员需要量 → 选配人员 → 制定和实施人员培训计划

图 7－2　制定人员培训计划步骤

（三）人员配备的原则

1. 任人唯贤原则

在人事选聘方面，重视和使用确有真才实学的人才。

2. 程序化、规范化原则

员工的选拔必须遵循一定的程序和标准，这是员工选拔的准则。

3. 因事择人、因材器使原则

根据职位实际需要制定标准，对选聘的各类人员进行选拔、录用，同时结合每个人自身特点，合理安排工作岗位。

4. 量才使用、用人所长原则

根据每个人的能力大小安排合适的岗位，注意在用人时不能苛责，管理者应善于发挥不同人的长处。

5. 动态平衡原则

处在动态环境中的组织是不断变革和发展的，人和事的配合也需要进行不断调整，保持动态的平衡。

三、人员选聘

(一)人员来源
人员来源有组织内部人员和组织外部人员两种不同的渠道来源,见表7-2。
1. 内部选聘
通过对组织内部成员晋升、职位调动和工作轮换等形式,选聘组织发展需要的人员。组织成员培训之后能力增强,通过素质考核,从一个较低的岗位晋升到较高级的岗位。
2. 外部选聘
管理者通过对组织人事资料的检索,查明和确认在职人员中确实无人能够胜任和填补职位空缺时,面向社会选聘人员。

表7-2　　　　　　　　　　　组织人员来源比较

内部选聘	外部选聘
优点:	
①调动员工的积极性; ②保持企业政策的连续性; ③人选更准确; ④节省费用。	①能够接受新思想; ②有利于创新; ③节省培训费用; ④为组织内部营造竞争氛围。
缺点	
①影响其他员工的积极性; ②可能造成"近亲繁殖"的现象; ③内部招聘流于形式; ④组织内部没有合适的人选。	①招聘费用高; ②外聘人员缺乏对企业的忠诚; ③可能挫伤内部成员的工作积极性; ④进入角色时间较长。

(二)人员选聘的标准
人员选聘的标准和员工适应组织的前提,要坚持三个匹配原则:一是人员所拥有的技能要与岗位职责要相匹配,这是人员选聘的基本准则;二是人员本身的个性与岗位的基本特点要相匹配,人员个性也是选聘中要考虑的重要因素;三是人员价值观和组织价值观要互相匹配、调性要一致,因为价值观支配个体行为。

(三)人员选聘的途径与方法
人员选聘的途径和方法将直接影响所选聘人员的素质和组织的效率与效益。
1. 组织内部选聘的途径与方法

> 究竟哪种选聘方式更为有效呢?

当组织内某一岗位空缺时,首先应考虑从现有成员中调剂解决,其次是在组织内按照有关标准考评提拔。

(1)组织内部选聘的途径

①组织内部人员的提升。一般而言,从人尽其才、激励组织成员的工作积极性角度,填补组织内部空缺最好办法是提升内部成员。组织内部提升程序:考察组织成员是否符合提升的资格,确定提升候选人,测试提升候选人,确定提升人选。

②组织内部职位的调动。组织内部职位的调动就是组织把组织成员同层次岗位调动。一般来说,引起组织内部职位调动的主要原因有五种,分别为适应组织环境变化进行组织结构调整的需要、培养组织成员以提升适应能力的需要、组织成员不适应现任岗位、调动组织成员的积极性和人际关系问题。

(2)内部选聘方法

组织内部选聘的方法:职务选聘海报、口头传播、从组织的人员记录中选择、以业绩为基础的晋升表等方法,其中常用的是职务选聘海报。

(3)内部招聘工作的管理流程(见图7—3)

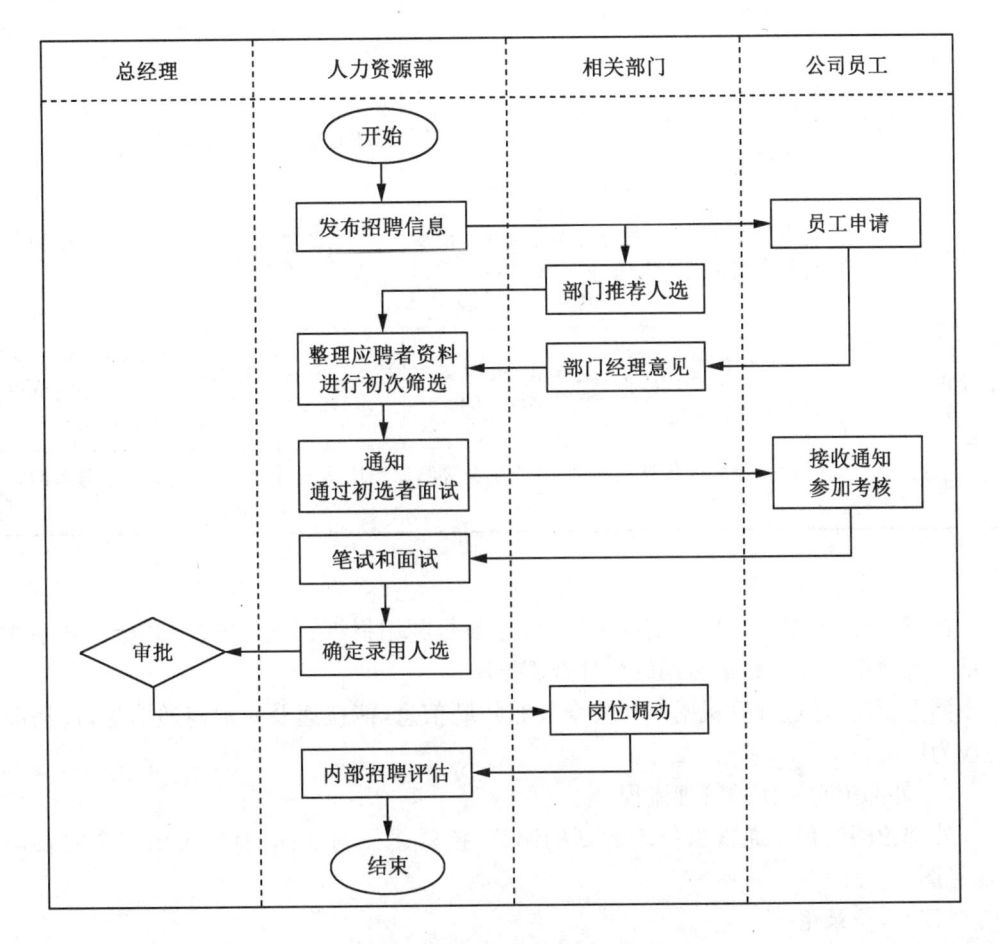

图7—3 内部招聘工作管理流程

2.组织外部人员招聘

(1)外部招聘的途径(见表7—3)

表7—3　　　　　　　　　　　外部招聘的途径比较

招募途径	界定说明	优　点	缺　点	适用招募岗位
广告招募	通过在媒体刊登招聘启事的方式招募人员	辐射面广,也可有目的地针对某一特定群体	信息不充分,常有许多不合格的应聘者	常用招募途径,适用于招募各类人员
校园选聘	由组织派人到学校招募毕业生中的求职者	可面对大量的不同层次和专业的人员	应聘者大多缺乏实际工作经验	专业技术岗位、技术工人和初级行政管理等岗位

续表

招募途径	界定说明	优 点	缺 点	适用招募岗位
劳动力市场	由人力服务机构组织的众多用人单位参加的大型招募活动	面广,费用少	人杂,双向选择困难	适用于招募操作人员和大众化岗位人员
职业介绍所(包括人才网、"猎头"公司)	以付费方式委托外部职业介绍机构物色组织所需人员	牵涉精力少,有可能获得短期的招聘来源	费用相对较高,并需要花费时间筛选	招募专业技术人员或中高级管理人员
员工推荐	由本企业员工推荐和介绍合适的人选	可通过现有员工进行初步筛选,招聘成本低并可能获得高素质的候选人	可能会导致今后员工之间复杂的人际关系	适合各类岗位的招聘
直接申请	外部求职者以发送求职信或登门求职的方式谋求工作	成本低,求职者对组织比较认同	被动,不一定符合要求,需专人处理	通常发生在形象好、知名度高、待遇较好的组织中
其他途径	如通过参加各类培训班、行业协会等结识和招聘人员,通过租赁机构招募短期雇用人员等			

(2)外部招聘的方式

招聘广告:组织发布招聘信息的渠道,一般是利用报纸、杂志、电视和电台,其中在报纸上刊登招聘广告是最常用的外部选聘方法。

网上招聘:通过计算机网络向公众发布招聘信息,能快速及时地传递信息,传播面也极为广泛。

(3)外部招聘工作的管理流程

外部招聘的程序通常由招聘计划的制订、招募途径的选择、甄选录用三个阶段构成,见图7-4。

(四)人员录用

人员录用决定着组织人力资源的数量、质量和结构,是人力资源管理的前提和基础,是组织绩效和目标的重要保证。

1.人员录用方式及注意事项

人员录用是依据选拔的结果,作出相应的录用决策并进行安置的活动。对大部分岗位来说,通常多种录用方式相结合全面衡量,以提高录用决策的科学性和正确性。

(1)多重淘汰式。多重淘汰式中的每种测试的方式都是淘汰制的,应聘者必须在每种测试中都达到一定的水平,方能通过测试,达到合格水平。

(2)补偿式。补偿式中不同测试项目中的成绩可以互相补充,最后根据应聘者在所有测试中的总成绩做出录用决策。

(3)结合式。结合式中,有些测试是淘汰制的,有些测试是互为补充的。应聘者通过淘汰制的测试后,才能参加其他测试。

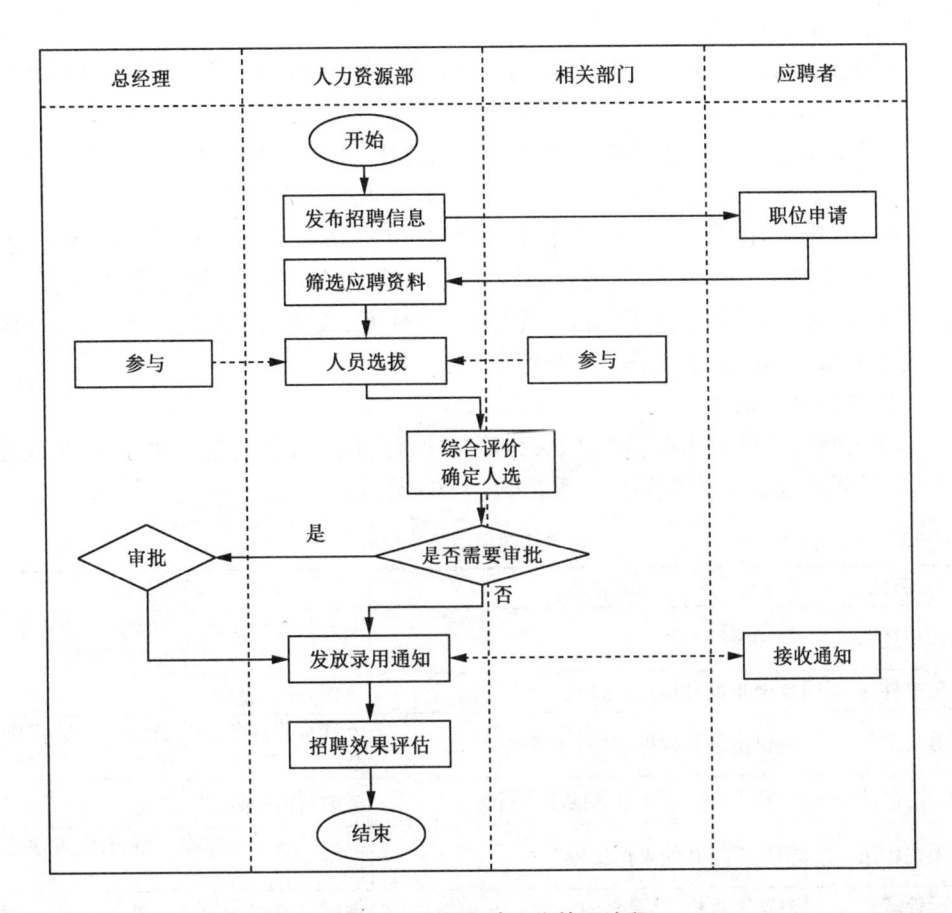

图 7—4　外部招聘工作管理流程

2.人员录用流程(见图 7—5)

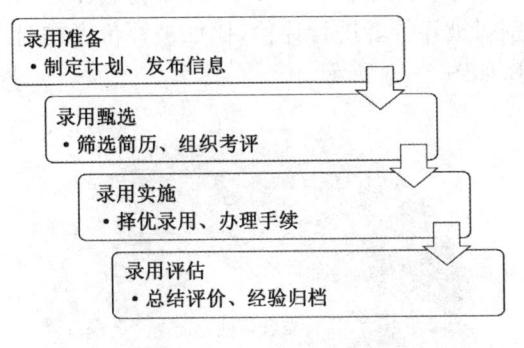

图 7—5　人员录用流程

四、人事考评

(一)人事考评的功能与要素

考评是指组织在一定时期内,考核组织成员的工作能力和工作绩效,而形成的一种反馈机制。

1. 人事考评的功能

实现组织绩效目标的有力工具,有助于形成激励机制,促进组织成员共同协调发展。

2. 人事考评的要素

(1)职业品德,即员工是否在思想上与组织精神、理念保持高度一致;

(2)工作态度,即员工是否有责任心、服从意识、协作意识等;

(3)工作能力,即员工的业务知识和工作能力,具体考核内容有管理统率、理解执行、专业知识(能力)、沟通协调、统筹策划、计划安排、判断决策、培训指导和应变创新;

(4)工作业绩,即员工的工作目标完成度、准确度、效益和对组织的贡献,具体内容有目标达成度、工作品质、工作方法和绩效增长。

(二)人事考评的方法

人事考评的方法有书面描述法、关键事件法、评分表法、行为定位评分法、多人比较法、目标管理法、360度反馈评价法等,如表7－5所示。

表7－5　　　　　　　　　各种绩效评估方法比较

方法	优点	缺点
书面描述法	简单易行	与其说是评价员工的实际绩效水平,不如说是在衡量考评者的写作能力
关键事件法	事例丰富,以行为为依据	耗时,无法量化
评分表法	提供定量的数据,时间耗费较少	不能提供评价工作行为方法的详细信息
行为定位评分法	侧重于具体而可衡量的工作行为	耗时,使用难度大
多人比较法	将员工与其他人作比较	员工数量大时操作不便;会引发法律问题
目标管理法	侧重于目标;结果导向	耗时
360度反馈法	全面	耗时

在众多考核中,360度考核是最常用的考核方式。其测评对象涵盖与被评价者具有亲密关系的人,分别对被评价者进行评价,比如被评价者的自我评价,上级、同事、下属以及客户的评价等,如图7－6所示。

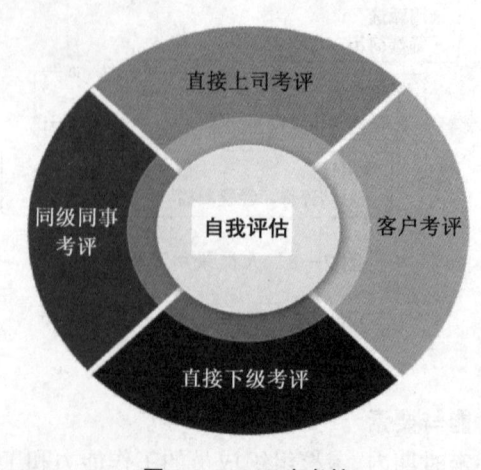

图7－6　360度考核

(三)考评的程序

考评的程序可从横向、纵向两个方面着手。从纵向来看,按组织层次逐级进行。从横向来看,按工作先后顺序进行,具体为确定考核目标、制定考核标准、衡量岗位工作、收集岗位信息和做出综合评价、考评结果反馈和备案。见图 7-7。

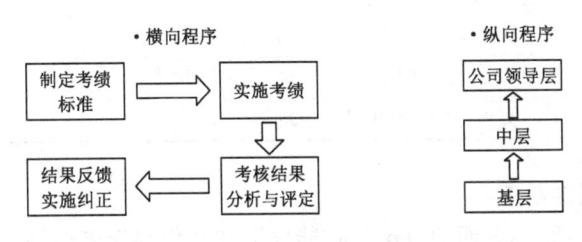

图 7-7 考评的程序

(四)考评基本步骤(见图 7-8)

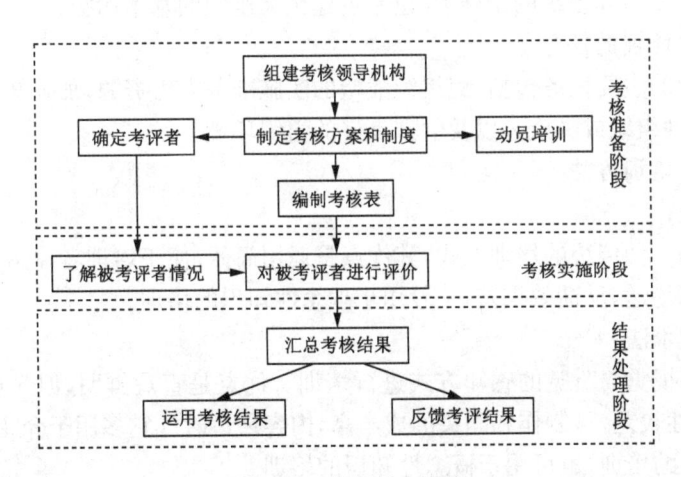

图 7-8 考评基本步骤

五、人员培训

(一)培训流程

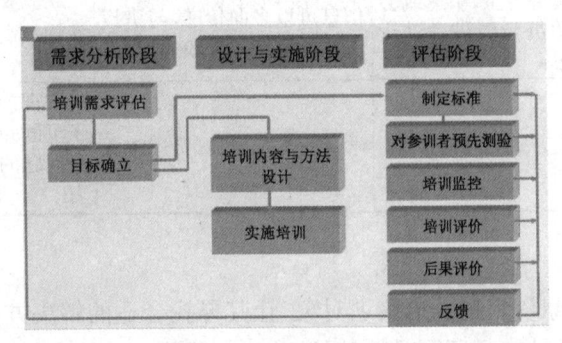

人员培训首要在培训需求分析的基础上,制定培训方案,进而组织与实施后,针对培训效果作出反馈与评价。见图 7-9。

哪个阶段最重要?

图 7-9 人员培训流程示意

（二）培训的类型（见表7—6）

表7—6　　　　　　　　　　　培训类型分类

划分标准	类型
按培训的对象分类	新员工培训、在职员工培训
按培训的形式分类	岗前培训、在职培训、专题培训
按培训的内容分类	知识性培训、技能性培训、态度性培训
按员工所处的层次分类	高层、中层和基层员工培训

（三）人员培训的功能

有效的人员培训，一方面通过岗位技能培训和文化知识培训等多方面培训，可以提高组织成员的综合素质；另一方面，培训促进组织与组织成员、管理层与非管理层的双向沟通，加强组织的向心力和凝聚力，有利于组织文化的建设。最后，培训能够提升组织成员的素质能力和组织的凝聚力，也是创建优秀组织的基本途径。

（四）人员培训的任务

人员培训的主要任务包括：为组织战略的实施准备人力资源，加强知识管理和组织文化建设，帮助组织成员成长以及创造良好的组织环境。

（五）人员培训方法

1. 讲授法

讲授法是一种传统的培训方式，其优点是运用简便，便于培训者控制整个过程。缺点是单向信息传递，反馈效果差，一般用于理念性知识的培训。

2. 视听技术法

通过运用视觉与听觉的感知方式进行培训。优点是直观鲜明，但学员的反馈效果欠佳，且实践性较差，且制作和购买的成本高，内容易过时。它多用于介绍组织概况、传授技能等方面的培训，也可用于概念性知识的培训。

3. 讨论法

按照费用与操作的复杂程序，可分成研讨会与一般小组讨论。这两种方式的比较，见表7—7所示。

表7—7　　　　　　　　　　研讨会和一般小组讨论对比

方式	特点	优点	缺点
研讨会	以专题演讲为主，中途或会后允许学员与演讲者进行交流沟通	信息可以双向传递，与讲授法相比反馈效果较好	费用较高
一般小组讨论	信息交流方式为多向传递	学员的参与度高，费用较低	对培训教师的要求较高；多用于巩固知识，训练学员分析、解决问题的能力与人际交往的能力

4. 案例研讨法

通过把相关背景资料提供给培训对象，让其寻找合适的解决方法。优点是使用费用低，反馈效果好。缺点是所需时间较长，甚至与问题相关的资料有时可能不明了，影响分析的结果。这种方法可以训练学员分析、解决问题的能力，多用于知识类的培训。

5. 角色扮演法

受训者在预设的工作情境中饰演某个角色,其他受训者与培训教师在该受训者表演后作恰当的点评。优点是可以激发学员解决问题的激情,各抒己见,增加培训的多样性和趣味性,引导受训者换位思考,避免可能的危险与尝试错误的痛苦。缺点是观众的数量受限,受训者自我意识会影响演出效果。这种方法信息传递多向化,反馈效果好、实践性强且费用低,所以多用于人际关系能力的训练。

6. 互动小组法

互动小组法也称敏感训练法,在培训活动中,让学员亲身体验和增强处理人际关系的能力,重点用于管理人员的实践训练和沟通训练。其优点是人际关系与沟通能力的提高效果显著,但其效果很大程度上依赖于培训教师的水平。

7. 网络培训法

借助互联网进行,以自我学习为中心的一种培训方式。如在公司开设网络虚拟课堂,通过网络开展培训活动。其特点是培训不受时间和空间限制,员工可以自主上网学习所需知识。

8. 师徒传承法

师徒传承法也叫师傅带徒弟、学徒工制、个别指导法,是由一位资深阅历的人员担任师傅的角色,帮助一位资历较浅者进行个人职业生涯发展的方式。新入职者在师傅指导下开始工作,可以避免盲目摸索,消除刚刚进入工作的紧张感,有利于尽快融入团队,同时也有利于组织的传统优良工作作风的传递。

(六)薪酬

1. 概念

薪酬指员工从事某企业所需要的劳动而得到的货币形式和非货币形式的补偿,是企业支付给员工的劳动报酬。

狭义:指个人获得的以工资、奖金等以金钱或实物形式支付给员工的劳动报酬。

广义:经济性的报酬和非经济性的报酬。

2. 薪酬的作用

一是保障作用,通过基本工资体现,保证员工及家庭生活需要。二是激励作用,通过绩效工资和成就工资来体现。三是调节作用,以福利的形式来表现。

3. 薪酬的构成(见图7—10)

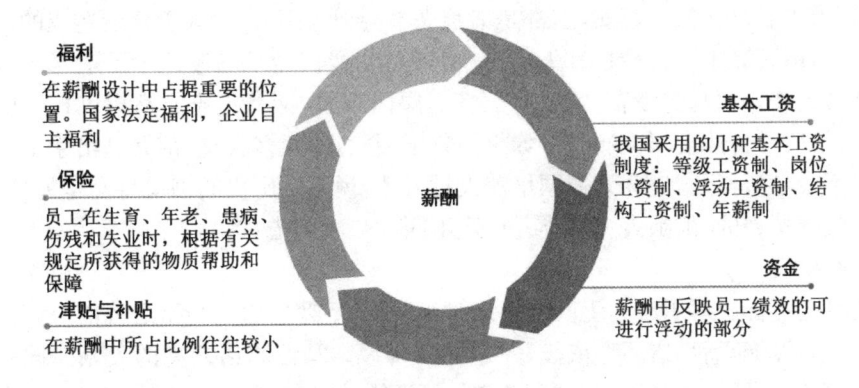

福利
在薪酬设计中占据重要的位置。国家法定福利,企业自主福利

保险
员工在生育、年老、患病、伤残和失业时,根据有关规定所获得的物质帮助和保障

津贴与补贴
在薪酬中所占比例往往较小

基本工资
我国采用的几种基本工资制度:等级工资制、岗位工资制、浮动工资制、结构工资制、年薪制

资金
薪酬中反映员工绩效的可进行浮动的部分

图7—10 薪酬的构成

中国管理智慧

诸葛亮挥泪斩马谡对选人用人的警示

三国时期，无数英雄豪杰在历史的舞台上绽放异彩，被后世所津津乐道。他们用自己的聪明才智，上演了一场又一场惊心动魄的史诗级故事。这些故事影响了三国的历史走向，也影响了中国的历史走向，还改变了很多人的命运。直到现在，很多三国迷也在一次次重读他们的故事，重温那段光辉的历史。而在众多大事件中，一件不起眼的小事，却着实改变了蜀国的命运。那就是：失街亭。街亭一役直接影响了三国的战略格局，影响了"隆中对"三步走规划的最后一步，也决定了蜀国灭亡的命运。而失街亭的根本原因，在于诸葛亮用人不当。

量才适用

刘备曾临终托孤对诸葛亮说，"马谡言过其实，不可大用。"但在街亭之战的时候，诸葛亮仍旧派马谡去街亭镇守，结果酿成了大祸，致使第一次出兵祁山宣告失败，也间接导致了诸葛亮其他几次出兵祁山的失败。事后，诸葛亮虽挥泪斩马谡，但也无济于事。失街亭其实也是诸葛亮的问题。诸葛亮不会识人用人，没有认清楚马谡的真实才能，这也注定了街亭之败。

而在此之前，魏延曾献计"兵出子午谷"，但却遭到了诸葛亮的否决。后世有人曾说，如果诸葛亮采用了魏延的计谋，说不定就已经统一了三国，真的光复汉室。但是，诸葛亮又一次看走了眼，忽视了魏延这个人才。这也注定了兵出祁山的失败，注定了蜀国的灭亡。

马谡和魏延都是三国时期重要的人才，他们虽然都爱说大话，可才能却是实实在在的。但诸葛亮没有认清他们的能力，选错了马谡，又猜忌魏延。诸葛亮对魏延的态度，也是一以贯之：坚决打击。所以屡次否定魏延的建议，坚决不予采纳。甚至魏延想当先锋，诸葛亮也不让。试想，如果诸葛亮让魏延镇守街亭，说不定会得到另外一种结果。

集权与授权

诸葛亮用人有误，不善于挖掘人才，更不注意后续人才的培养。据史书中描述的诸葛亮，凡事亲力亲为，每天忙得不亦乐乎，最后积劳成疾，病死五丈原。诸葛亮不善于授权，他将所有权力集中在自己的手中，没有给其他人锻炼的机会，很多人才能力得不到提升，国家也后继无人。其实，这都是诸葛亮不会识人用人、知人善任所造成的。

而且，诸葛亮也不会授权。失街亭中，诸葛亮授权给了马谡这个不适当的人，造成了街亭的失守。司马懿断言："亮将死矣"。原因就是，诸葛亮牢牢掌握大权，凡事亲力亲为，时间久了自然会累出病来。如果他善于授权，将很多管理、部署交给手下人去做，他不仅不会过劳累死，还会为蜀国培养大批人才，说不定历史的书写将会是另外一种景象。遥想诸葛亮的《出师表》激情澎湃，岂不叫人长叹惋惜！

激励手段

诸葛亮不善于运用激励手段。很多时候，让手下寒了心。街亭之战前，马谡立曾下军令状。痛失街亭后，诸葛亮依律，一定要斩马谡。马谡和诸葛亮的关系非同一般，义如兄弟，亲如父子。诸葛亮挥泪斩马谡时，可谓内心钝痛，很多人向诸葛亮求情，但诸葛亮没有采纳，依旧斩了马谡，他的理由是"理"大于"情"。试想，如果诸葛亮听从了下属的意见,一方面能更好地收服马谡,以及马谡身后的马氏家族;另一方面,也能收服更多下属,让他们更卖力地为蜀国卖命。但是诸葛亮没有听从下属的意见,此举也凉了很多人的心。

讨论问题

1. 马谡失街亭,到底是谁的错误?
2. 诸葛亮为什么非要斩马谡?马谡是不是必须杀?

书面作业

现代企事业单位如何在激烈的市场竞争中生存?

扩展阅读

[1]丰家雷.从"诸葛亮挥泪斩马谡"谈用人[J].党员干部之友,2015(09):33.

[2]王宏梅.诸葛亮挥泪斩马谡给领导干部的深刻启示[J].环球人文地理,2014(02):59.

[3]程英.知人善任 完善领导选拔制度——诸葛亮挥泪斩马谡对现代领导艺术的启示[J].安顺师范高等专科学校学报,2005(02):62—63.

综合案例

东京迪士尼对扫地清洁工的培训

迪士尼公司有很多下属产业,其中,最为人所知的就是迪士尼乐园。迪士尼乐园遍布全球,深受孩子们的喜爱。这也为迪士尼公司带来了很高的收入。在所有迪士尼乐园中,生意最好的是日本东京迪士尼乐园。从建成至今,东京迪士尼乐园的年最高游玩量达1700万人次,位居全球第一,而排名第二的美国加州迪士尼乐园,最多的一年也只有857万人次。

每年暑假,会有很多学生到东京迪士尼乐园兼职,以此赚取生活费。虽然他们的工作时间仅有两个月,但他们上岗前,要经过三天的严格培训。只有成功通过培训的人,才能上岗。

1. 学扫地

第一天上午,培训如何扫地。东京迪士尼乐园的扫把,有3种。而且,这3种扫把形状不一样,功用也不相同,分别为:扒树叶、刮纸屑、掸灰尘。员工需要学会识别3种扫把,并学会如何更好地使用。东京迪士尼乐园认为,扫把的使用也是一门学问,不同的操作方式,打扫的效果也不同。因此,员工要学会最正确的操作方式,并严格按照操作流程执行,从而保障树叶不会飞起来,纸屑刮得更好,灰尘不会飘起来。而且,东京迪士尼乐园还规定,在一些情况下,不允许打扫,如开门时、中午吃饭时、距离客人15米以内等。

2. 学照相

第一天下午,学照相。很多游客在游玩时,都会拍照留念,并在朋友圈等各大平台分享自己的照片。为了预防一些游客没有带设备,或者设备突然失灵,或者对自己设备拍的照片不满意,东京迪士尼乐园准备了十几台世界最先进的数码相机,还都是不同的品牌,以便顾客使用。很多时候,顾客还会让员工帮忙拍照。

因此,东京迪士尼乐园认为,拍照是一门高级的技术,员工必须掌握。如果员工不会拍照,就不能提供更好的服务。因此,他们给员工进行系统的培训,熟悉每一台相机的使用方式,掌握多种拍照技巧。

3. 学包尿布

第二天上午,学怎么给小孩子包尿布。迪士尼乐园是小孩的梦幻天堂。很多顾客都会带着小孩,甚至是婴幼儿。很多时候,顾客会让员工帮忙抱一下小孩,甚至帮忙包尿布。东京迪士尼乐园认为,如果员工不会抱小孩,这不但不能帮到顾客,甚至会给他们带来麻烦。因此,东京迪士尼乐园专门研究了抱小孩的正确方式,并给员工提供了系统的培训。他们给抱小孩制定了详细的流程和动作:右手要扶住臀部,左手要托住背,左手食指要顶住颈椎,以防闪了小孩的腰,或弄伤颈椎。他们还对员工进行了包尿布培训,学会如何给不同年龄的小孩包尿布,进而提升舒适度。

4. 学辨识方向

第二天下午,学辨识方向。迪士尼乐园通常非常大,且包含了多种服务项目。很多时候,顾客不知道一些项目在哪里,或者有其他的需求,如上洗手间、买东西等。很多游客会向员工问路。东京迪士尼乐园认为,每一位员工都应该是迪士尼乐园的"活地图",要在第一时间满足每个顾客的问路需求。因此,东京迪士尼乐园开展了专门的培训,让每个员工熟记每一个方向和位置。在东京迪士尼乐园里,每个员工都能在第一时间,给顾客提供最准确的指路服务,满足顾客的需求。

5. 怎样与小孩讲话

第三天上午,学怎样与小孩讲话。迪士尼的顾客中,有大量的小孩子。很多小孩都会和员工们交流。东京迪士尼乐园认为,小孩子以后也会是他们的顾客。因此,他们非常重视和小孩子们的交流。东京迪士尼乐园进行了专门的培训,教员工们如何更好地和小孩讲话。在和小孩子讲话时,员工们首先蹲下,眼睛和小孩子们的眼睛保持在同一个高度,说话语气要温和。这样,小孩子们不用抬头,也会感觉更亲切。

6. 怎样对待丢失的小孩

第三天下午,学怎样对待丢失的小孩。在游玩过程中,小孩丢失是常有的事情,每个游乐场都不可避免。开业至今,东京迪士尼乐园丢失的小孩达两万多名。神奇的是,他们从不用广播,而且还都找到了。曾有人建议使用广播,提醒家长们。但是高层管理人员认为,如果使用广播,会引起很多家长的恐慌。一个游乐园一天到晚丢失小孩,其他顾客将不敢再来游玩。而且,乐园应该是游玩的地方,而不是找小孩的地方。因此,他们在乐园内建立了10个托儿中心。员工们如果发现有小孩子走丢了,会用最快的速度,把他们带到托儿中心;通过小孩的衣服、背包等,判断他们大概是来自哪里;再通过询问小孩,来了解他们父母、亲人的年龄特征等;再之后,他们会用电车把小孩的父母、亲人接到托儿中心里。当小孩的父母、亲人到达托儿中心后发现,小孩正在快乐地喝可乐、吃薯条、啃汉堡,他们会由衷地感到开心,也会更加认同游乐园的服务。

讨论问题

人员培训与组织绩效之间有何关联?

书面作业

为什么东京迪士尼是全世界最成功的、生意最好的?

扩展阅读

[1] IBM 的员工培训,https://zhuanlan.zhihu.com/p/265103474.
[2] 海尔的员工培训,https://zhuanlan.zhihu.com/p/337177557.

小故事 大管理

一、佛祖的人力资源观

我们去庙里的时候,会发现一个有趣的现象:一进庙门,弥勒佛笑脸迎客,黑口黑脸的韦陀在其背面。其实,在很久以前,他们分别是两个不同庙里的主持。

通过面相,我们就可以判定:弥勒佛和韦陀两人的性格,其实很不一样。

弥勒佛的脸上挂着笑容,每天笑呵呵的,很开心,很热情。韦陀总是黑着脸,非常严肃。因此,他们两个人所掌管的寺庙,人流量也不一样。弥勒佛的热情快乐,给他的寺庙带来了很多游客,香火鼎盛。韦陀的严肃较真,让他的寺庙游客越来越少,最后断了香火。

很多人会认为,弥勒佛所在寺庙游客那么多,香火那么旺,生意应该比韦陀管理的寺庙好。但是,结果却是,两个寺庙的账目,基本相同。很多人都产生了疑问。于是,佛祖专门调查了一下,他发现:弥勒佛对什么事都满不在乎,经常丢三落四,账目管理得一塌糊涂,庙里入不敷出;韦陀的寺庙虽然香火不多,但他管理账目的能力却很强。

经过上述一番调查,佛祖决定进行整改。佛祖把他们调到了同一个寺庙。给两人安排不同工作:弥勒佛负责公关,笑迎八方客;韦陀负责财务,严格把关账务。在他们两人的共同努力下,游客大盛,寺庙香火大旺,账目也条理清晰。寺庙也一改之前的亏损状态,有了不错的营收。

启示:尺有所短,寸有所长。任何人都有自己的长处,也有自己的短处。因此,管理者要学会知人善任,善于发现优点、缺点,并分配合适的任务。

二、一个橘子的故事

威尔逊创立了自己的假日酒店。随着生意的兴隆,酒店规模也不断扩张。为了更好地管理酒店,他招聘了大量的员工。同时,他也经常开展各类聚餐等团建活动,以提高酒店员工的凝聚力。

他新招的员工中,有一个高度近视的员工。他有时候会看不清东西,不时会闹出一些问题和笑话。一次员工聚餐中,他又闹了一个大笑话。他错把橘子看成了苹果,直接拿起来就啃了上去。当他发现这个情况后,其他员工已经哈哈大笑了起来。为了掩饰尴尬,他只好将错就错,继续啃食橘子。威尔逊看了所有员工的表现,并把这一切都记在了心里。

第二天,他立马又组织了一场聚餐活动。其间,他也拿起了一个橘子,大口大口吃了起来。原来,这些橘子是威尔逊找人专门定做的仿真橘子,而且味道非常好。其他员工看到后,将信将疑地也拿起了"橘子"啃食起来。当他们发现这些"橘子"的美味后,便吃得更加卖力了。

正当大家开开心心享受美食的时候,威尔逊突然说道:"从明天开始,安拉来当我的助理!"

大家都吃惊地看着威尔逊,不知道他为什么突然这样。因为,正式的人员提升,一般是要在大会上进行宣布的。同时,他们也疑惑地望着威尔逊,眼神中透露着对安拉能突然地被提拔为助理的不解。

威尔逊解释道:"昨天,有人误吃了橘子皮,其他人都在笑,唯有安拉送上了一杯果汁。刚刚,我也吃了这个橘子,其他人都在模仿,唯有安拉没有。他这种尊重他人,不盲目追随领导的人,正是助理的最好人选。"

大家听了威尔逊的话,不禁都深深佩服安拉的品德,也认为安拉最适合助理的职位。

启示:威尔逊通过一些细节,判断出了安拉具有良好的品质。作为领导者要善于从一些细节中,观察每个人的表现,进而才能更好地识别人才,并安排在合适的岗位。

三、小记者艾伦接电话

《纽约邮报》在美国有很大的影响力,报纸销售全国各地。报业大亨默多克经过多次考察,最终于1976年,成功完成了收购计划。此后,《纽约邮报》发展也更加迅速。

刚被收购,很多人对新老板不是很熟悉。公司上下也都出现了很多变化,有些人被调走了,有些人被辞退了。大家都惴惴不安。小记者艾伦刚入职不久,他很担心自己资历不够,被新老板辞退。在这个关键时刻,他的妻子又要临产,他又想请假去照顾妻子,但又不敢请假。一时间,他很矛盾,也很焦虑。

一天,公司召开全体员工大会。默多克在台上兴致勃勃地讲着自己对公司的规划。小艾伦也在会场里听会,但他的心却飞到了医院。他的妻子在医院,他很担心妻子的状况。

突然,会议室里的电话响了起来。听到电话铃声后,默多克停止了自己的演讲,大家也都盯着电话。助理走上前去接过电话后,对着默多克说:"医院打来的,说是找艾伦有急事!"

小艾伦听了之后,紧张地给默多克说明了情况。默多克听了之后,微笑地让小艾伦去接电话。他还小声地让大家回避一下,并把员工们都带出了会议室。

很快,电话打完了。默多克带着大家回到了会议室,并用简短的话,结束了会议。会议结束后,默多克走到小艾伦身边,感激地说道:"刚才你打电话那段时间,我对公司的发展有了更清晰的规划。谢谢你。"他让小艾伦立马赶往医院,去照顾他的妻子。

此后,小艾伦一直留在报社里工作。很多公司多次想把小艾伦挖走,但都被他拒绝了。30年后,艾伦成了这家报社的总编辑。很多人曾问艾伦,为什么那么多公司开出了诱人的条件,他不选择,反而一直留在《纽约邮报》。艾伦总会将这件事给大家分享。

启示:默多克的做法,深深赢得了小艾伦的心,也赢得了公司员工的心。优秀的管理者,一方面要学会挖掘人才;另一方面,更要学会凝聚人才、留住人才。只有充分尊重人才,才能更好地获得人才的信任,充分发挥人才的作用。

四、一双筷子放弃了周亚夫

《资治通鉴》曾评价西汉初年汉文帝和汉景帝两代帝王统治时期为"文景之治",是大一统王朝的第一个国泰民安的盛世局面。其中汉景帝刘启曾经平定七国之乱，统治期间更是将盛世推向高潮。晚年，他一直为下一任皇帝做铺垫，并为太子物色合适的辅政大臣。

周亚夫是汉景帝的重臣，曾经官至宰相，而且忠心耿耿。他也是汉景帝心目中辅政大臣的重要人选。但汉景帝一直很犹豫，始终下不定决心。

一天，汉景帝决定宴请周亚夫，观察他的表现，来最后做决定。宴会上，汉景帝给他准备了很大一块没有切开的肉，也没有准备筷子。周亚夫看到后，很不高兴。于是，他便向内侍官要了一双筷子。

汉景帝看了之后，叹息了一声，很失望。汉景帝心想，他容忍不了我小小的无理，又怎么能忍受得了太子的年轻气盛。于是，汉景帝便立马结束了宴席。

之后，汉景帝再也没有考虑过周亚夫了。周亚夫也因这一双筷子，丧失了机会。

启示：汉景帝从一双筷子中，看到了周亚夫以后可能会和太子发生冲突。周亚夫虽是大才，但也因为自己的气量小，而被汉景帝放弃。所谓识才，不仅要认出人才和庸才，还要从小的方面推断大的方面，从今天的行为推断以后的行为。

五、秦昭王五跪得范雎

秦始皇之所以能统一天下，离不开秦国之前几位国君的努力。在很早之前，秦国几位君主便野心勃勃，努力为统一天下做准备。他们求贤若渴，四处招揽人才，在引才纳贤方面也显示了非凡的气度。其中，秦昭王表现得尤为突出。他为了求得范雎出山辅佐自己，不惜向他五次下跪。

范雎是当时颇具名声的隐士。他熟读各类兵书，排兵布阵出神入化，而且善用谋略。秦昭王知晓范雎的大才之后，便恭恭敬敬前往拜访他。

秦昭王一见范雎，急忙躬身下跪，言语恳切道："希望先生能够出山辅佐于我。"范雎见状，却支支吾吾地不肯上前答话，一副欲言又止的样子。

秦昭王见状，又一次俯身跪拜，且态度更加恭敬了。但范雎看了之后，仍是不做应答。

于是，秦昭王第三次跪拜，求道："先生，您还是不愿意出山辅佐我吗？"

这一次，秦昭王终于打动了范雎。范雎也终于道出了实情。原来，他心里有很多顾虑。

听了范雎的话，秦昭王第四次下跪，说道："先生，我是真心向您求教，您不要有顾虑，无需怀疑我的诚心。"

但是，范雎还是不放心。他试探性地问道："大王，用计虽然很高，但也有失败的时候啊。"

秦昭王听完范雎的缘由，第五次下跪说道："我愿意一切都听先生的。"这一次，他的言语更加恳切，态度也更加恭敬。

这一次，范雎终于被秦昭王打动了，决定出山辅佐秦昭王平定天下。之后，范雎一路尽心竭力地辅佐秦昭王，取得了诸多战役的胜利，直打得六国望而生畏。

启示：秦昭王五跪范雎，最终用诚心感动了范雎，请得他出山辅佐自己。对于任何一个组织，人才是根本。而人才，尤其是高才，并不那么容易得到。

六、神偷请战

楚将子发手下有很多奇人异士,各个行当的人都有。子发礼贤下士,对他们礼遇有加。其中,有个其貌不扬、号称"神偷"的人,也被子发待为上宾。

有一次,齐国进犯楚国,子发奉命率军迎敌。由于齐军过于强大,子发三战皆败,战局不妙。一时间,子发的部队陷入了困境。

适逢这时,神偷请求出战。神偷表示,他有办法能够让齐国退军。子发虽将信将疑,但还是准许了神偷出战请求。奇怪的是,神偷并不是带兵上阵搏杀,而是用上了他的看家本领"偷东西"。

第一天,在夜幕的掩护下,他将齐军主帅的睡帐偷了回来。给子发查看后,在第二天,派使者将睡帐送还给齐军的主帅,并对齐军主帅说道:"我们出去打柴的士兵捡到您的帷帐,特地给您送还回来。"当天晚上,神偷又去齐军大营,将主帅的枕头偷来。天亮后,子发又派人送了回去。第三天晚上,神偷将齐军主帅头上的发簪给偷来了,子发照样派人送还。很快,这件事便在齐军中传开了。齐军上下听说此事,都十分恐惧。齐军主帅也非常惊骇,心想:"如果再不撤退,恐怕下一回,该是来取我的项上人头了。"

很快,齐军便撤了兵。子发这一方轻松地取得了战争胜利。

启示:子发用正式的军事战斗,却三战三败。然而,他借助神偷的技能,却成功翻盘。说明,管理者要能够善于发现、发掘、发挥属下的一技之长。

七、墨子苦心激励耕柱

墨子是春秋时期著名的思想家,其影响力非常深远。他培养了很多出色的学生,其中,最让他得意的弟子是耕柱。耕柱的能力非常强,深得墨子真传。可是,墨子却经常责骂耕柱。

一天,耕柱终于忍不住问墨子,为什么要经常责骂他,难道自己真的就很差劲吗?

墨子听了耕柱的话,知道他没有明白自己的良苦用心。于是,他问耕柱道:"我现在打算上太行山,你认为我该用良马拉车呢,还是用老牛拉车呢?"

耕柱听了,不假思索地说道:"那当然是良马了,再笨的人也能想到用良马。"

墨子又问耕柱道:"那为什么不用老牛拉车呢?"

耕柱答道:"因为良马足以担负重任,更适合驱遣。"

墨子听了耕柱的话,解释道:"我时常责骂你,也是因为你能够担负重任,需要我不断鞭策。"

耕柱恍然大悟,从此更加努力地学习,并在墨子不断的鞭策下,成长为一代大师。

启示:墨子对耕柱所谓的责骂,其实是一种鞭策,更是一种培育。激励是一种艺术,也是门学问,管理者要因人而异、量体裁衣,掌握激励人才方法,发挥人才最大的效用。

八、刘备苦心留住徐庶心

刘备投奔刘表后,被安排在了新野。他在新野期间,得到了徐庶的辅佐,并成功击退了曹操来犯的大军。曹操得知了事情原委后,派人强行接走了徐庶的老母亲,并写了一封假的徐母书信,派人送给了徐庶。信中,徐母要求徐庶归顺曹操。徐庶是有名的大孝子,对待母亲非常孝顺。他明知道这是曹操的计谋,奈何母亲在曹操那里,哭着要离开。刘备得知情况后,多次大哭挽留徐庶。无奈徐庶执意要离开。

刘备哭着说道:"百善孝为先,何况是至亲分离。你放心去吧,等救出你母亲后,以后有机会我再向先生请教。"

徐庶非常感激。他本想立即上路,但刘备劝说徐庶小住一日,明日为他饯行。

第二天,刘备为徐庶摆酒饯行,并牵着他的马,送了徐庶几十里。刘备还砍了小树林,只为多看徐庶几眼。

刘备的所作所为,完全打动了徐庶。他发誓,终生不为曹操施一计谋。在他心急如焚地跑出去了很远后,又折返回来,向刘备推荐了诸葛亮。在长坂坡之战期间,徐庶还救了赵子龙,也从侧面保住了刘备的儿子阿斗性命。

启示:刘备三分天下,靠的是"人和",其实就是人才。在三国时期,刘备可以说是选人、用人、留人的专家。留才留心,只有真正留住了人才的心,才能更好地让人才为自己所用。管理者既要善于发现人才,更要善于留住人才。

想一想

一、360度考核,考核权重怎么分配更有效?

某公司人力资源部制定了360度绩效考核方案。其中,员工考核由直接上级、主管领导、同事和下属来评价,评价权重为30%、40%、10%、20%。考核方案试运行后,很多员工投诉,表示考核方案不能够反映客观情况。

问题讨论

360度考核评估,评价人的权重应怎么分配才会更有效?

二、简历筛选时,如何甄别简历中的虚假信息?

A公司因业务发展扩大,急需招聘60名销售代表,并通过招聘网站登出广告,公司人力资源部每天大约能够收到300多份简历。在收到的简历中,常常存在虚假信息,应聘者为了获得工作,往往会虚构一些个人的履历和工作经验。

问题讨论

人力资源部如何甄别出简历中的虚假信息?

练一练

一、带薪年假,工资怎么核算?

张某的工资是月薪制,个人工资由基本工资、加班工资组成,加班工资和加班时间相关。公司的《考勤管理制度》中规定:员工累计工作已满1年而不满10年的,年休假为5天;已满10年而不满20年的,年休假为10天;已满20年的,年休假为15天。

2023年3月,张某提出享受带薪年休假10天,用人单位予以批准。张某前12个月的工资共计 80 000 元,其中包括加班费 12 000 元,应当如何计算张某带薪年休假期间的工资待遇?

二、了解企业人员选聘的方法

选择一家知名企业,了解该企业人员选聘方法、人事考评内容和员工薪酬情况。

三、企业选拔车间主任

为适应企业发展的需要,某企业从社会上公开招聘了一名车间主任和几名技术人员。新车间主任到任后,虽然技术过硬,可沟通能力不强,工作方法简单,一直未能得到下属员工的认同,并由此导致车间整体工作效率下降,员工积极性不高,最终不得不辞职。此后,该企业又从外部选聘了一位车间主任,但由于种种原因,也难以适应企业的需要。面对这种情况,该企业进行了认真分析,发现一方面是企业对应聘者缺乏深入的了解,另一方面应聘者本身也"水土不服"。为此,企业决定从现有的优秀班组长及技术骨干中选拔车间主任。这件事之后,企业逐步建立起了一套内部选拔机制,极大地调动了员工的积极性。

问题:
(1)该企业采用了哪些招聘方式?简述这些招聘方式的含义。
(2)车间主任外聘为什么没成功?谈谈你的看法。

第八章　组织文化

文化是一个国家、一个民族的灵魂。

——习近平

我今天就要打败你，我不睡觉也要打败你，这是我们的文化。

——胡伯林

人们塑造组织，而组织成型后就换为组织塑造我们了。

——丘吉尔

世界上切资源都可能枯竭，只有一种资源可以生生不息，那就是文化。

——任正非

一定要将家族企业这个"家"放大，变成大家文化。大家文化是一种讲社会责任的文化，是符合时代经济潜规则的文化，是一种聪明的竞争文化。

——《茅理翔：家族企业六大管理巨变》

文化不能从上向下压，因为它应该是从下面高涨起来的。

——里德

有如语言之于批评家，望远镜之于天文学家，文化就是指一切给精神以力量的东西。

——爱默生

在所有组织中，90%左右的问题是共同的，不同的只有10%。只有这10%需要适应这个组织特定的使命、特定的文化和特定语言。

——彼得·德鲁克

本章思维导图

知识点摘要

一、组织文化概述

(一)组织文化的概念

1. 组织文化概念

组织文化是指组织在长期的实践活动中,形成的组织成员共同接受并遵守的群体意识,是一种具有独特性的文化现象,包括价值观念、行为准则、心理预期、思维方式、团队归属感和工作作风等。

2. 了解组织文化的本质的途径

美国哈佛大学兰杰·古拉蒂教授认为,通过创设业务情景可以考察组织文化本质,具体途径有:区分组织的使命宗旨,价值取向与行为方式,考察组织的奖惩机制,理解组织的边界、权力结构以及工作准则与做事规范。

(二)组织文化的分类

1. 按组织文化的内在特征分类

美国杰弗里·桑南菲尔德根据组织文化的差异性,人与文化的合理匹配的重要性,提出了一套标签理论,将组织文化分为学院型组织文化、俱乐部型组织文化、棒球队型组织文化和堡垒型组织文化四种类型,见表8—1。

表8—1　　　　　　　　　　桑南菲尔德组织文化分类

类型	特点	举例
学院型组织文化	喜欢雇用年轻大学毕业生,提供大量专门培训和指导;为想全面掌握新工作的人而准备。	IBM、可口可乐、宝洁。
俱乐部型组织文化	重视适应、忠诚和承诺;资历是关键因素,注重年龄和经验;致力培养通才型管理人才。	政府机构、军队、贝尔公司。
棒球队型组织文化	鼓励冒险、革新和发明创造;给予工作出色的组织成员以巨额奖酬和较大的自由度。	会计、法律、投资银行、咨询、广告、软件开发、生物研究。
堡垒型组织文化	着眼于组织生存;工作安全保障不足,对于喜欢流动性和挑战性的人,具有一定的吸引力。	大型零售店、林业产品公司、天然气探测公司。

2. 按组织文化对组织成员的影响力分类

美国哈佛商学院教授约翰·科特、詹姆斯·赫斯科特经过研究认为,依据组织文化对组织成员的影响力,可以将组织文化分为强力型组织文化、策略合理型组织文化和灵活适应型组织文化三种类型,见表8—2。

表8—2　　　　　　　　　按组织文化对组织成员的影响力分类

类型	特点	与组织经营业绩联系
强力型组织文化	组织成员方向明确、步调一致,有共同的价值观念和行为方式,愿意为组织工作或献身。	与经营业绩无必然联系
策略合理型组织文化	只有当组织文化适应于组织环境时,这种文化才是好的、有效的文化。	强调组织文化适应于组织环境
灵活适应型组织文化	提倡信心和信赖感、不畏风险,组织成员之间相互支持,勇于发现问题、解决问题。	使组织适应市场经营环境变化,并在适应过程中领先其他组织文化

3. 按组织文化所覆盖的范围分类

根据文化在社会生活中的地位、影响、被接受的广泛程度,将组织文化分为主文化和亚文化两类,见表8-3。

表8-3　　　　　　　　　　按组织文化所覆盖的范围分类

类型	主文化	亚文化
特点	一种核心价值观,为组织大多数成员所认可。任何一个组织都因为拥有这种宏观层面的文化,才具有独特的个性。	某一社会主流文化中一个较小的组成部分。
联系	从发展的角度看,主文化与亚文化的区分不是绝对的,两者都在发生变化,也可能互相转化。	

4. 按权力的集中度分类

美国学者赖特和科伯按照组织中权力的集中或分散程度,将组织文化分为权力型组织文化、作用型组织文化、使命型组织文化和个性型组织文化四种类型,见表8-4。

表8-4　　　　　　　　　　组织文化按权力的集中度分类

类型	特点
权力型组织文化,又称独裁文化（集权,以人为中心）	常常由一个人或一个很小的群体领导,不太看重组织中的正式结构和工作程序。
作用型组织文化,又称角色型组织文化（集权,以职能为中心）	内部有健全的正式规则、规章制度和工作程序,等级制度严格;不是一种有效的组织变革文化。
使命型组织文化,又称任务文化（分权,以任务为中心）	没有领导者,唯一需要服从的就是任务或者使命本身,成员之间地位平等;容易产生恶性的"政治紊乱"。
个性型组织文化（分权,以人为中心）	既以人为导向,又强调平等的文化;富有创造性,孕育新观点,允许每个人按照自己的兴趣工作,同时保持相互有利的关系。

5. 按文化、战略与环境的配置分类

根据文化与战略和环境之间的匹配,将组织文化分为适应型组织文化、使命型组织文化、小团体型组织文化和官僚制型组织文化四种类型,见表8-5。

表8-5　　　　　　　　　　组织文化按文化、战略与环境的配置分类

类型	特点
适应型组织文化（企业家精神型组织文化）	把战略重点集中在外部环境上;鼓励那些支持组织去探寻、解释和把环境中的信息转化成新的反应性能力的准则和信念。
使命型组织文化	适用于关注外部环境中的特定顾客但不需要迅速改变的组织;管理者建立一种共同愿景,使组织成员都朝着一个目标努力。
小团体型组织文化	强调组织成员的参与和共享;非常看重其在外部环境快速变化中取得优异绩效对组织成员的依赖性。
官僚制型组织文化	具有内向式的关注中心和对稳定环境的一致性定位;遵循传统和随之确定的政策与实践是达到目标的一种方式。

(二)组织文化的特征

不同组织的产生和发展都有其自身的特殊环境,具有其特定的共享价值观、共同精神取向和群体意识。组织文化的本质是一种抽象的意识范畴,是一种系统文化,不会因

组织领导人的变更、发展战略的转移、组织结构的变化,以及产品与服务的调整而随时变化或频繁变化。在全球化背景下,任何组织文化的发展与完善,都要兼容并蓄其他文明成果。因而,组织文化具有独特性、长期性、可塑性、精神性、系统性、融合性和相对稳定性等特征。

(三)组织文化的影响因素

1. 外部因素

从组织所处外部环境的角度讲,随着经济全球化进程的加快,影响组织文化的外部因素包括民族文化、制度文化、外来文化等。

2. 内部因素

从组织自身的角度讲,影响组织文化的内部因素包括领导者的素质、组织成员的素质、组织发展的不同阶段等。

二、组织文化的构成与功能

(一)组织文化的构成

1. 三要素说

从系统论观点看,组织文化由物质层(表层文化)、制度层(中介文化)和精神层(核心文化)三个基本层次构成,如图8-1所示。

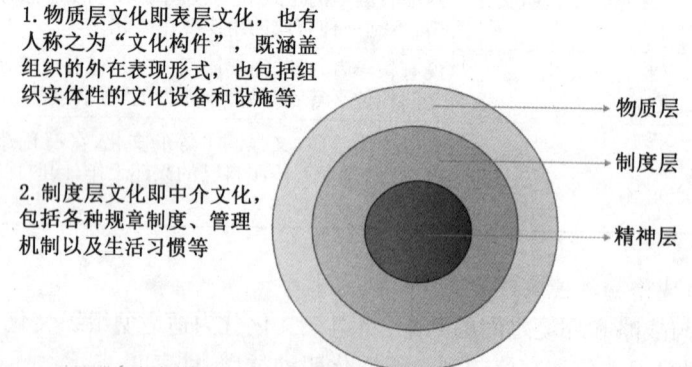

1. 物质层文化即表层文化,也有人称之为"文化构件",既涵盖组织的外在表现形式,也包括组织实体性的文化设备和设施等

2. 制度层文化即中介文化,包括各种规章制度、管理机制以及生活习惯等

3. 精神观念文化即核心文化,组织在其长期历史发展中形成的组织成员群体心理定式和价值取向。包括企业宗旨、企业精神、目标、作风、道德等,是呈观念形态的价值观、理想和信仰等

图8-1 组织文化的结构

2. 五要素说

美国管理学家迪尔和肯尼迪在《公司文化》一书中,将企业环境、价值观、英雄人物、习俗礼仪和文化网络,归纳为整个企业文化理论系统的五个要素。

3. 七要素说

美国前麦肯锡咨询顾问托马斯·彼得斯和罗伯特·沃特曼在《追求卓越》一书中,指出影响企业成败的七个重要因素,即经营战略、组织结构、管理风格、工作程序、工作人员、技术能力和共同价值,这七个要素被称为"麦肯锡7S结构图",如图8-2所示。

在7S模型中,战略、结构和制度被认为是企业成功的"硬件",风格、人员、技能和共同价值观被认为是企业成功经营的"软件"。7S模型指出了企业在发展过程中软件与

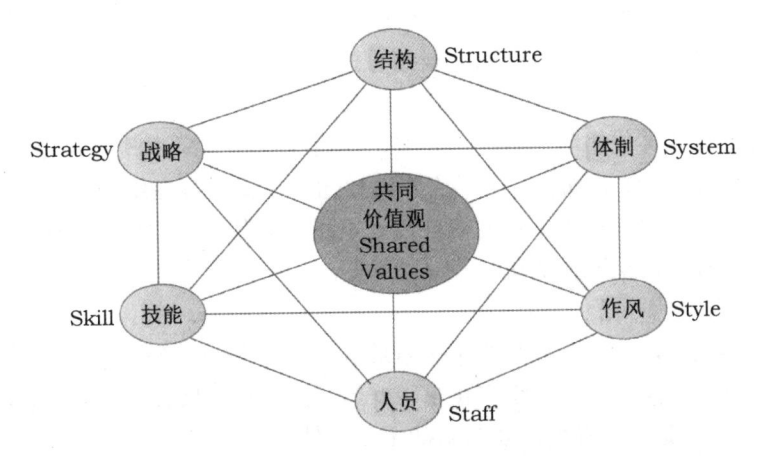

图 8—2 麦肯锡 7S 结构图

硬件同样重要,必须全面地考虑各方面的情况。

(二)组织文化的功能

1. 导向功能

一般来说,为了使得组织成员个人目标与组织目标相一致,必须有一个正确的导向来进行引导。一方面,直接赋予组织成员,规范做事准则、行为约束意识;另一方面,间接地影响组织成员,潜移默化地形成组织价值观的认同感。

2. 凝聚功能

组织文化会潜移默化地影响组织成员,在组织这个大环境中将所有成员的理想信念与行为规范融合起来,从而激发组织间的群体意识。

3. 激励功能

在组织文化的正确引导下,所有的组织成员会自发地构成一个思想观念,能够为组织完成工作,甚至愿意为组织奉献一切,将每名组织成员的积极性、主动性与创造性激发出来,使得全体组织成员最大限度地发挥作用。

4. 约束功能

组织文化是一种组织成员对自我的约束,它要求组织中的成员遵守并符合组织的氛围、做事的准则和组织道德等,从思想、心理、行为与道德上对组织成员进行限制,这种软约束其实是对组织成员的一种规范。

5. 辐射功能

组织文化具有一定的辐射功能,在其形成一种固定的模式后,不仅在组织内影响组织中的成员,还会通过各种途径向外传播,产生社会影响。

6. 调适功能

组织文化能够影响到新加入组织的成员,使其被组织更快地吸纳,从而更快地适应组织的节奏。

(三)组织文化的反功能

1. 变革的阻碍

组织文化对于组织成员有着很大影响,属于一种软约束,与直接规定的规章制度相比,可以更快地让人接受,从而使组织成员从内心接受组织。但是当组织中的环境趋于不稳定变化时,组织效率不断提高,但受组织文化影响,其成员价值观与效率不相符合,这时组织文化可能就会成为绊脚石,阻碍组织进一步发展。

2. 多样化的阻碍

一般来说,强势文化组织的特征就是要求所有组织成员减少其自身的价值观,建立与组织完全一致的价值观,如果不接受组织的价值观,就很难在组织中适应下来,很难被组织接受,导致组织丧失了一定的多样性。组织丧失其成员构成多样化带来的优势,决策就会趋于单调,甚至贻误战机。

3. 并购的阻碍

并购初期需要考虑许多因素,其中融资收益和产品线的协同性是必须考虑的两个重要因素,同时还要兼顾考虑组织文化是否兼容。国内外实践证明,两个组织之间的文化能否有效地融合是组织并购成功与否的主要条件。

三、组织文化塑造

组织文化塑造,是指组织在发展中"取其精华去其糟粕"的过程,将文化中一些无用的、消极的精神舍弃掉,将有用的、积极的精神保留下来,同时这也是组织文化能够不断进步、优化、改良的原因。组织文化塑造的主要动机可以简单地概括为:构筑组织文化的灵魂,需要确立组织宗旨和组织精神;利用组织共同的价值取向引导组织成员的行为,使之更好地符合组织与社会的要求,确定组织文化的导向。塑造组织文化的主要途径,见图 8-3。

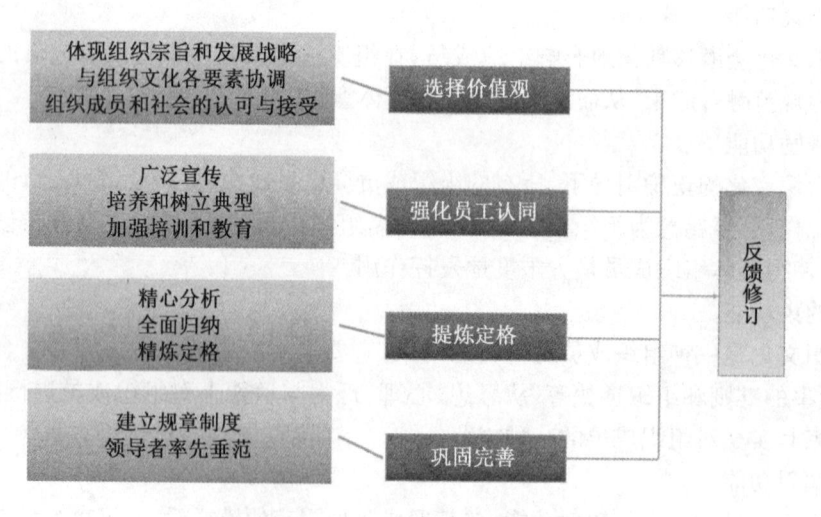

图 8-3 塑造组织文化途径

(一)选择价值观

组织文化的核心和灵魂是组织价值观,一个正确的组织价值观的选择对组织的发展有着极大的战略意义,所以,培养优良的组织文化的前提因素是选择合适的价值观。

1. 组织价值观要体现组织的宗旨和发展战略与方向。
2. 组织价值观要与组织文化各要素之间相互协调。
3. 组织价值观要得到组织成员和社会的认可与接受。

(二)强化认同

为了让基本认可的方案能够真正地深入组织成员,在选择并确定了组织价值观和文化模式后,需要找到合适并有效的方法进行深化巩固并植入灌输。

1. 广泛宣传

将组织文化的内容和精要,通过宣传媒介,广泛传播,创造浓厚的舆论环境氛围。

2. 培养和树立典型

模范典型是组织精神和组织文化的人格化身与形象缩影。

3. 加强培训和教育

组织通过开展目的明确的内部培训和教育,以及丰富多彩的活动,潜移默化地使组织成员系统接受和强化认同组织精神与组织文化。

(三)提炼定格

成熟的组织价值观和组织文化模式的形成不是一蹴而就的,必须经过精心分析、全面归纳和精炼定格。

1. 精心分析

组织价值观和组织文化模式经过广泛宣传、初步强化认同后,组织应当对反馈回来的意见和建议进行深入剖析和评价。

2. 全面归纳

在系统分析的基础上,进行综合整理、归纳、总结和反思。

3. 精炼定格

对经过科学论证和实践检验的组织精神、组织价值观、组织伦理与行为,予以条理化、完善化和格式化,并从理论上和文字上进行加工处理,用精练的语言表述出来。

(四)巩固完善

1. 建立规章制度

通过奖优罚劣的规章制度,使每一位成员从一开始就自觉地、主动地按照组织文化和组织精神的标准去行动比较困难。

2. 领导者率先垂范

领导者在塑造组织文化的过程中起着决定性的作用,领导者自身的模范行为具有一种感召力和导向性,对广大组织成员会产生强大的示范效应。领导者必须与组织发展方向保持言行一致,不仅活跃在组织中,而且要经常谈及组织的愿景,并日复一日地去践行。

中国管理智慧

一、红楼梦的组织文化

如果把《红楼梦》贾府作为企业来看,纵有天上人间般的高雅环境,琼楼玉宇般的旖旎风光,工资待遇颇高,但是每个人都不是很开心,先后出现了"十二跳"。究其深层次原因是贾府的企业文化出了问题。老板对下级的管理方式就是非打即骂,上下级关系并不融洽。从物质层浅层次上看,《红楼梦》中的贾府,乃钟鸣鼎食之家,族人皆为富贵,且为诗礼簪缨之族,下人的待遇也是非常之优渥,完全有资格评比当时最佳雇主、最佳工作环境。那为什么贾府的企业员工,总是感觉到在这里工作是那么寡淡,毫无生趣可言呢?

企业文化的没落,预示着一个组织的逐渐没落。《红楼梦》展现的是一首时代悲歌,一篇命运悲剧,特别是一个大家族的衰败之象。《红楼梦》中的企业文化,也是末世文化。红楼梦里面,有名有姓的人物共有732人。但令人叹惋的是,《红楼梦》中却充满着悲观厌世的情结,红楼梦中自杀与出家的人数20余人,占红楼梦总人数比例3%。实际上,以贾府为代表的大型企业的待遇是很高的,福利待遇也很好。高级丫鬟一年十余两白银,一个月的工资是一两白银,这足够刘姥姥一大家子一年的开销了。而且,贾府丫鬟还包吃住,没有其他开销,有时还会得到额外的其他奖赏。

作为贾府的掌门人贾政官位很高,是贾家名义上的管理者。他虽不是凭借真才实学考取的功名,但是却用心维护贾府的外部发展环境。同时,他又颇具忧患意识,预感到了贾家的危机。可惜的是,他只是常常自我叹息,没有付诸什么实际行动,且生性疏懒、自暴自弃、不理家政,经常麻痹自己,像鸵鸟一样逃避内在危机。这种性格使然,也使得员工们纷纷效仿、得过且过。贾母作为贾府的董事长,可谓贾府的形象代言人,她本质上是极爱寻快乐的人,从贵小姐到贵太太,再到贵夫人浮华与奢靡已深植骨髓。一场八十寿辰几乎耗费掉了贾府所剩不多的几千两银子。而贾府的执行总裁王熙凤敏锐果敢,勇于改革宁国府的大企业弊病,她虽才比天高,但德却比纸薄,雁过拔毛,利用权力最大化寻租自身利益,连草都能算死。凤姐对贾府的破坏力远远大于她的贡献。贾府这种企业文化氛围,也注定了贾府的衰败没落。

大观园的环境很优美,文化生活也很丰富。然而就是这样优良的工作环境和丰厚的薪水,却换不来大家真正的快乐。这是因为贾府有先天的基因缺陷,即企业文化制度管理的缺失。作为声名显赫的大家族,贾府绝佳的工作环境,令人艳羡工作待遇,在外界的口碑非常之高。而本质上,作为大家族式的企业,贾府内部的企业文化却令人担忧,主要表现在:压制员工的个性,漠视员工的情感诉求,森严的等级制度等。甚至于连丫鬟都要划分大小。与女主人一同嫁到男方家的陪嫁婢女,像平儿一样的为通房丫鬟,是为一等丫鬟;伺候主子,贴身掌管钗钏盥沐,如晴雯、紫娟,则为二等丫鬟;负责洒扫房屋,来往使唤干粗活儿,像坠儿、入画,则为三等丫鬟。在这个等级森严的企业里,主人对丫鬟从来都是随意打骂。

讨论问题

1. 如果把贾府比喻成一家企业,这样的一家公司是不是人们都想去的公司呢?
2. 王熙凤果敢泼辣,精明强干,可为什么她的改革越深入,越是加速贾府衰败?
3. 结合组织文化构成要素,分析贾府的组织文化。

书面作业

尝试用组织文化塑造途径来设计你所在学校或学院的招生宣传片。

扩展阅读

[1] 张桂丽. 资深员工职业倦怠与激励:《红楼梦》的管理实践及启示[J]. 领导科学, 2020(18):84—86.

[2] 徐有昌.《红楼梦》中看管理[J]. 经济论坛, 1998(21):26.

[3] 辛颖.《红楼梦》中的管理模式探讨[J]. 江苏商论, 2005(11):165—166.

二、华为的企业文化

华为的企业文化集中体现为它的"企业核心价值观"。《华为公司基本法》在第一章《公司的宗旨》中开宗明义：

[追求]第一条　华为的追求是在电子信息领域实现顾客的梦想，并依靠点点滴滴、锲而不舍的艰苦追求，使我们成为世界级领先企业。为了使华为成为世界一流的设备供应商，我们将永不进入信息服务业，通过无依赖的市场压力传递，使内部机制永远处于激活状态。

[员工]第二条　认真负责和管理有效的员工是华为最大的财富。尊重知识、尊重个性、集体奋斗和不迁就有功的员工，是我们事业可持续成长的内在要求。

[技术]第三条　广泛吸收世界电子信息领域的最新研究成果，虚心向国内外优秀企业学习，在独立自主的基础上，开放合作地发展领先的核心技术体系，用我们卓越的产品自立于世界通信列强之林。

[精神]第四条　爱祖国、爱人民、爱事业和爱生活是我们凝聚力的源泉。责任意识、创新精神、敬业精神与团结合作精神是我们企业文化的精髓。实事求是是我们行为的准则。

[利益]第五条　华为主张在顾客、员工与合作者之间结成利益共同体。努力探索按生产要素分配的内部动力机制。绝不让雷锋吃亏，奉献者定当得到合理的回报。

[文化]第六条　资源是会枯竭的，唯有文化才会生生不息。一切工业产品都是人类智慧创造的。华为没有可以依存的自然资源，唯有在人脑中挖掘出大油田、大森林、大煤矿……精神是可以转化为物质的，精神文明有利于巩固物质文明，我们坚持以精神文明促进物质文明的方针。这里的文化，不仅仅包含知识、技术、管理、情操……也包含了一切促进生产力发展的无形因素。

[社会责任]第七条　华为以产业报国和科教兴国为己任，以公司的发展为所在社区作出贡献。为伟大祖国的繁荣昌盛、为中华民族的振兴、为自己和家人的幸福而不懈努力。

[质量]第八条　我们的目标是以优异的产品、可靠的质量、优越的终生效能费用和有效的服务满足顾客日益增长的需要。质量是我们的自尊心。

[人力资本]第九条　我们强调人力资本不断增值的目标优先于财务资本增值的目标。

[核心技术]第十条　我们的目标是发展拥有自主知识产权的世界领先的电子和信息技术支撑体系。

[利润]第十一条　我们将按照我们的事业可持续成长的要求，设立每一个时期的合理的利润率和利润目标，而非单纯地追求利润的最大化。

在价值分配上，《华为公司基本法》规定：

[价值创造]第十六条　劳动、知识、企业家和资本创造了公司的全部价值。

[知识资本化]第十七条　我们是用转化为资本这种形式，使劳动、知识以及企业家的管理和风险的累积贡献得到体现和补偿，利用股权的安排，形成公司的中坚力量和保持对公司的有效控制及公司可持续成长。

[价值分配形式]第十八条　华为可分配的价值，主要为组织权力和经济利益；其分

配形式是:机会、职权、工资、奖金、安全退休金、医疗保障、股权、红利及其他人事待遇。公司实行按劳分配与按资分配相结合的分配方式。

[价值分配原则]第十九条　按劳分配的依据是:能力、责任、贡献和工作态度。按劳分配要充分拉开差距,分配曲线要保持连续和不出现拐点。股权分配的依据是:可持续性贡献、突出才能、品德和所承担的风险,股权分配要向核心层和中间层倾斜,股权结构要保持动态合理性。按劳分配与按资分配的比例要适当。

讨论问题
1. 华为的企业核心价值观主要从哪几个方面体现?
2. 你觉得现代企业的价值应该是什么?

书面作业
阅读任正非《华为的冬天——唯有惶者才能生存的冬天哲学》一书,试分析华为公司的企业文化。

扩展阅读
[1]张军正,康存锋.《华为访谈录》:读懂中国企业成长壮大的新时代[J].中国出版,2021(14):72.

[2]杨杜,高蕊,关一.让企业充满奋斗者:以奋斗者为本的华为文化体系研究[J].中国人力资源开发,2015(12):92—99.

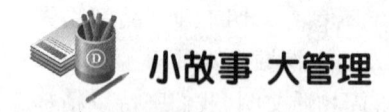

小故事 大管理

一、海尔砸冰箱

海尔创业初期,曾经出现了质量问题,市场口碑一下子出现了问题。当时,很多人建议海尔召回不合格的冰箱,并进行返厂维修或是贱卖给企业内部员工。毕竟当时一台冰箱还是很贵的,整个家电市场需求非常大,家电供不应求。而且,只要海尔熬过了这段时间,依旧会有很多顾客购买。但张瑞敏的做法,却超出了很多人的意料。

张瑞敏确实把问题冰箱都召回来了。但是,他的选择却不是返厂维修或贱卖,而是:砸冰箱。他当着大家的面,把有问题的冰箱全砸了。他这一砸,不仅砸烂了冰箱,还砸上了媒体,砸进了每个海尔人的心里,砸出了消费者对海尔的信赖。

之后,海尔的电器再也没有出过问题,销售量也不断飙升。

启示:质量是企业的生命。要做好企业,必须先做好产品的质量。海尔的质量至上的示范,成功地向员工输入了组织的核心管理价值,并一箭双雕地告诉消费者:海尔不生产低质量的产品。海尔集团也因此保障了电器的质量,赢得了消费者的信赖。

二、两只鞋子

一个女士在逛鞋店时,看到一双鞋子的标价牌上写着:超级优惠,只需一折。

她走到鞋子旁,看了一眼价格:原价700元,现价70元。她又急忙拿起来鞋子,仔细地查看鞋子的做工、皮质等。她发现,这双鞋子非常好,没有什么问题。而且,这双鞋子和她的衣服非常搭配。她很喜欢。

但她还是不信这双鞋子真的这么优惠。因为,旁边的其他鞋子,价格都非常的贵。她连忙问服务员,生怕是店里搞错了。

服务员说:"您确定要这两只鞋子吗?"

女士很好奇,这明明是一双鞋子,怎么服务员称为两只呢?

服务员看出了女士的疑惑,急忙解释道:"我需要向您告知真相。这两只鞋子虽然皮质、款式、尺寸、颜色等几乎完全一样,但还是存在一丝色差。不知道是我们卖错了,还是顾客弄错了。我们不能欺骗您,以免您发现真相后责怪我们不诚信。"

女士听了服务员的话,越发决定要买这两只鞋子。她还经常给别人介绍这"两只鞋子"的故事。而且,她也经常来这家鞋店买鞋。

启示:服务员的诚实赢得了女士的认可,成功卖出了这两只鞋子。在经济活动中,诚信非常重要。要想留住顾客的心,我们就需要以诚待人,诚信为本。

三、狮子与羚羊

老虎来到非洲大草原,看见每个动物都在努力地练习奔跑。它非常不理解。

它问羚羊:"你为什么要如此卖力地练习奔跑呀?"

羚羊回答老虎说:"狮子跑得最快,我要想活命,就必须比狮子跑得还快。"

老虎又问狮子:"你都已经是跑得最快的了,怎么还要练习奔跑呀?"

狮子说:"我必须跑得更快。如果我追不上羚羊,就会被饿死。"

老虎听了羚羊和狮子的话,不禁感叹道:"在自然界里,原来每个生物的命运都是平等的呀。如果跑不过之前的自己,要么被杀死,要么被饿死。"

启示:羚羊和狮子都在努力地练习奔跑,它们必须跑得比自己之前更快,才能逃避死亡的危险。最大的敌人,其实是我们自己。在组织里,只有不断超越自己,才不会被别人淘汰,才能不断进步。

四、卖车发年终奖的老板

我是一名刚出校门的大学毕业生,因为没有工作经验,应聘时屡应屡败。功夫不负有心人,终于有一位年纪比我们大不了多少的年轻老板慧眼识人,招了我们这一批刚从学校出来的人。因为年轻,大家都很有干劲,工作起来没的说,同事们也开心得很。可惜的是工资不高,所以我们成了名副其实的"月光族"。只有盼星星盼月亮地盼过年,盼一个"红包",让我们过年时可以尽一点孝心,也可以与朋友们开心地去玩一次。

因为老板生意好,有老板身边的人说,今年红包一定不会少。所以那段时间,我们上班别提有多快乐了,好像有使不完的劲。然而,由于公司一笔款子追不回,原先的成本投入太大,日常运转都很困难,眼见要关门大吉。

有一天,老板终于把大家叫到一起说话了,说公司已经无法经营下去了,劝大家趁年底工作比较好找,赶快散了另谋出路。我们心里一下子凉了,想必红包也一定泡汤了。没想到,老板最后一句话,却让我们都感动了。老板从口袋里拿出十几个"红包"说:"我今天把我的车卖了,换回了这些,我不能让大家辛苦了一年却失望地过年。如果我一人不舒畅就能换回大家的快乐,我觉得我这件事做得是有意义的。"

老板让大家去找新的工作,然而大家都没走,觉得跟着这样的老板就是喝西北风也要坚持下去。大家不约而同地把"红包"凑到一起,让老板继续经营下去。

启示：可想而知，在这样的精神的支撑下，公司终于渡过难关走上正常的轨道。那年，我们那些年轻人过年都过得很寒酸，但那个春节却是过得最难忘的！

五、地狱和天堂

一天，一名教徒来到教堂，向先知伊利亚询问地狱和天堂的样子。

伊利亚带着教徒来到了一个屋子。屋子中间有一个热气腾腾的汤锅，散发着香味。一群人围在汤锅的周围，他们手里拿着很长的汤勺，都从汤锅里舀汤喝。但是由于汤勺很长、很重，他们都喝不到嘴里。有些人还把汤淋到了别人的身上，烫伤了别人。没多久，他们相互责骂，大打出手。

伊利亚对信徒说道："你看，这就是地狱。"

然后，伊利亚又把信徒带到了另一个屋子。这个屋子和之前那个屋子一样，大家都在喝汤。但不同的是，他们的氛围却非常好。他们围坐在汤锅旁，一人拿着汤勺给另一人喂汤喝。喂汤的人累了，另一人就会拿起勺子给他喂汤喝。

伊利亚又对信徒说道："你看，这就是天堂。"

启示：同样都是喝汤，一个屋子是地狱，一个屋子是天堂。同样的问题，解决方式不同，结果也大不一样。在组织里，管理者要用合适的方法解决问题，尤其要注意分工合作。

想一想

联想的"称呼"变化

联想的职位称呼，发生了三次变化，也经历了三个不同的阶段。

第一阶段，联想创业初期，大家相互称呼"老师"。联想刚刚成立的时候同事关系很亲近，互称"老师"，还有很多人亲切地称呼集团创始人柳传志为：小柳、传志。公司里，同事氛围非常好，都齐心协力地工作，这也帮助联想快速发展。这样的称呼与联想的学术氛围有关。

第二阶段，联想高速发展期，大家称呼领导为"总"。随着不断壮大，联想发现，之前的企业氛围无法支持联想发展。联想需要专业的企业管理制度，从而保障组织的高效运作。于是，联想的称谓也更加正式化。"小柳""传志"也被称为"柳总"，当时，年仅29岁的杨元庆也被称为"杨总"。这样的称呼与企业发展需求有关。

第三阶段，联想发展稳定期，又回归到了亲切自然的状态。随着联想的逐渐稳定，联想要打造家庭和谐、亲情平等的独特企业文化，提升员工的归属感。这一阶段，集团首席执行官杨元庆最喜欢他的员工叫他"元庆"。这是一种上升式的回归，这样的称呼与企业文化有关。

问题讨论

1. 结合案例，分析地位与地位符号在群体中有怎样的影响？
2. 联想不许叫"总"，这个群体规范是怎样形成的？对群体有怎样的影响？
3. 联想的称谓走过的过程，给你什么启示？

练一练

一

小组研讨谷歌公司"永不作恶(Don't be evil)"的企业哲学,与百度公司曾经的负面新闻进行对比分析。

二

阅读《谁说大象不能跳舞》一书,用300字概括其核心观点,重点总结相关企业的企业文化。

三

中国连续五千年的文明传承,过去四十四年的快速崛起(1978—2022),其背后的文化基因是什么?

四

分析海底捞的企业服务行为规范的核心内容。

第四篇

领 导

MANAGEMENT

第九章　领导的一般理论

将者，智、信、仁、勇、严也。

——《孙子兵法·计篇》

视卒如婴儿，故可与之赴深溪；视卒如爱子，故可与之俱死。厚而不能使，爱而不能令，乱而不能治，譬若骄子，不可用也。

——《孙子兵法·地形篇》

要么领导，要么服从，别无他途。

——泰德·特纳

领导是战略和性格的混合体。如果非要舍弃一个，那就舍弃战略吧。

——史瓦兹柯夫

本章思维导图

知识点摘要

一、领导的内涵与特征

(一)领导与管理

1.领导定义

多年来,管理学中的领导理论主要研究领导行为和过程。管理学家从不同角度对领导进行了不同阐述:

泰勒:领导是一种行动,能够影响人们自愿努力达到群体目标。

韦伯:有效的领导有某种精神力量和个人特征,能影响许多人。

斯托格狄尔:领导是对组织内群体或个人施行影响的过程。

孔茨:领导是一门艺术,能促使其下属充满信心、满怀热情来完成任务。

泰瑞:领导是影响人们自动为达成群体目标而努力的一种行为。

戴维斯:领导是一种说服他人热心于一定目标的能力。

赫塞和布兰查德:领导是在特定情境中,通过影响个体或群体的行为来努力实现目标的过程。

在中文里,领导有动词和名词两层含义,见图9—1。

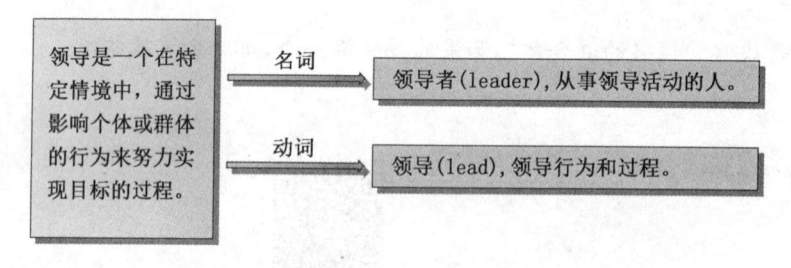

图 9—1 领导定义

综上所述,领导从本质上而言是一种影响力,或者说是对他人施加影响的过程,通过这一过程,可以使下属自觉地为实现共同目标而努力。领导的本质主要体现在以下三方面:

第一,领导的本质是影响力,即改变其他群体成员的态度或行为。

第二,领导是一种过程,而不是某一个体。

第三,领导的目的是群体或组织目标的实现。

2.领导与管理的关系

领导与管理既有区别又有联系,见表9—1和图9—2。

表 9—1　　　　　　　　　　　　　领导与管理区别

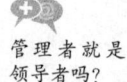

区别	领导	管理
职能范围	管理的一个部分。	包含计划、组织、领导和控制职能。
权力来源	来源于其所在职位,即职位权力,也可以来源于其个人。	来自组织结构,建立在合法的和强制性的权力基础之上。

续表

区别		领导	管理
主要功能		领导能带来变革。	为了维持秩序,在一定程度上实现预期的计划,提高工作效率。
发挥途径	目标制定过程	注重宏观方面,着重于远期目标的确立,并为其制定战略。	强调微观方面,通过计划和预算过程,确定短期目标,安排实施计划。
	人力资源配备	通过愿景目标和战略影响组织成员,形成联盟,加强合作,使得整个群体朝着正确的方向前进。	按照计划需要构建组织,安排人员,根据职位的要求选聘人才,确保按照正确的方式做事。
	计划执行方式	倾向于通过授权和激励等方式鼓舞组织成员迎接挑战,完成任务。	侧重于通过详细的监督和控制解决问题,保证计划执行。

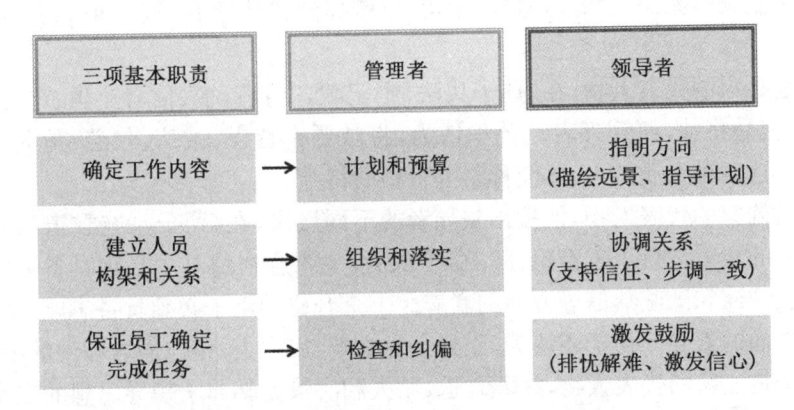

图 9—2　从管理者到领导者基本职责比较

(二)领导权力的来源

约翰·弗兰奇和伯特伦·瑞文认为权力有五种来源,分为两大类,见表 9—2。

1. 正式权力,又称职位权力,是管理的基础。组织赋予领导者与职位密切相关的特定权力,如奖惩、指挥等。

2. 非正式权力,又称个人权力,是领导的基础,与领导者个人特质相关,如个人魅力、专业技能等。

管理者如何成为领导者?

为什么"人一走茶就凉"?

表 9—2　　　　　　　　　　　领导权力的来源

类型	具体影响力	内容及影响方式
正式权力（职位权力）	奖赏权力	对他人进行奖赏的权力。奖赏的力量随着下属认为领导可以给予奖励或去除负面影响而增强,是一种正强化方式。如:提升、加薪、表扬等。
	强制权力	一种惩罚的权力。假如下属工作无法达到要求,将会被领导处罚。强制权力需要谨慎使用。如:降级、降薪、解雇、批评等等。
	法定权力	法定的、公认的特定职位和角色。文化价值观、接受社会结构和合法化的任命是法定权力的三种基础。如:任命、罢免。
非正式权力（个人权力）	参照权力	来源于领导者个人的特征,包括行为方式、魅力、经历、背景等。领导者个人特征对下属的吸引力越大,下属的认同感越高,参照权力就越大。
	专家权力	产生于领导者个人的专业知识或技能。其权力权威性取决于领导者知识的完备程度,或下属对于领导者具备特定知识的知觉。

(三)领导的三要素

组织和领导行为都是受到内、外部环境共同影响。领导者、被领导者和情境决定领导行为的有效性,这三个要素构成了一个关于领导行为的复合函数,表达公式如下:

$$领导 = f(领导者,被领导者,情境)$$

二、领导者特质理论

(一)我国古代关于领导素质的观点

中国古代的领导思想意蕴丰富,在众多思想家遗留下来的历史典籍中,记载了大量关于领导素质的思想。

孔子是儒家学派的创始人,他在《论语》中曾提到:"其身正,不令而行;其身不正,虽令不从。"

孙子是兵家的代表人物,在《孙子兵法》中记载,"将者,智、信、仁、勇、严也"。所谓"将",指的就是将帅,即管理者。孙子认为,将帅要有智谋、诚信、仁慈、勇敢、威严等。只有具备了这五种素质的人,才能称得上合格的将帅。

荀子是儒家的代表人物,他根据领导者的不同层次,在《荀子》的《君道》《臣道》中,对于领导者的素养进行了丰富论述。荀子认为,一个合格的君主必须具备遵礼、贵法、亲贤、爱民、纳谏和谦诚恭信等方面的素养。一个合格的臣子必须具备忠顺、从道、智慧和端正等方面的素养。荀子还认为,臣处于君之下、民之上,是连通君和民的中间环节。

韩非子是法家的代表人物,守职之道、用人和决策是韩非子领导思想的三个重要组成部分。《韩非子》一书首先提出了"决策"一词,并提出了决策的原则,即利大害小原则、臣议君裁办法和讷定而怒的实施要求。

(二)我国现代关于领导素质的观点

马克思、恩格斯强调,无产阶级的领导者不是社会的主人,而是社会的公仆。

政治素质。领导者要具备较高的政治素养,要树立正确的世界观、价值观与人生观,要拥有强烈的事业心、高度的责任感、正直的品质和民主的作风等。

思想素质。领导者要具备极强的思想素质,主要包括阶级观点、群众观点、劳动观点、辩证唯物主义观点四大观点,和商品经济意识、市场竞争意识、效率效益意识、开拓创新意识、风险意识、服务意识、诚信意识、法治意识八大意识。

业务素质。管理者应学习和熟知马克思主义政治经济学的基本原理,掌握社会主义基本经济理论、组织管理的基本原理、方法和各项专业管理的基本知识等。

业务技能。领导者要具备较强的分析能力、决策能力、组织能力、沟通能力、创新能力等。

(三)国外有关领导素质的观点

1. 传统领导特质理论

古希腊哲学家亚里士多德认为,治人还是治于人的命运是从人出生之日起就已经决定的,人的某些特性是与生俱来的,只有具备领导特质的人,才能成为领导者,反之则不能成为领导者,带有一定的宿命论色彩。

2. 现代领导品质理论

20世纪70年代以来,组织行为学家从识人和育人两个方面进行了研究。认为领导者的个性品质可以通过各种组织管理实践形成,后天的培养实践中可以培育有效的领导者。

3. 美国的领导素质观

管理学家德鲁克认为,有效的管理者都具有五个方面的共同点:第一,善于处理和利用自己的时间;第二,注重贡献,确定自己的努力方向;第三,善于发现和用人之所长;第四,能分清工作的主次;第五,能做有效的决策。

美国普林斯顿大学教授鲍莫尔经过多年的潜心研究认为,一个优秀的领导者应该具备十大条件,即合作精神、决策能力、组织能力、精于授权、善于应变、勇于创新、勇于负责、敢担风险、尊重他人、品德高尚。

4. 日本的领导素质标准

日本的研究者将中国儒学应用到现代企业管理中,通过不断的总结逐渐形成了日本的领导管理思想和独特的领导素质标准。他们认为,有效的领导观包括十项品德和十项能力。十项品德分别是:使命感、责任感、信赖性、积极性、忠诚老实、进取心、忍耐性、公平、热情、勇气;十项能力分别是:思维决策能力、规划能力、判断能力、创造能力、洞察能力、劝说能力、对人理解能力、解决问题能力、培养下级能力、调动积极性的能力。

三、领导者行为理论

行为理论认为,任何人只要采取恰当的行为方式,都可以成为有效的领导者。领导有效性取决于领导行为和风格。

(一)领导风格理论

德国心理学家勒温,将领导分为三种类型:独裁型、民主型和放任型,见表9-3和图9-3。

表9-3　　　　　　　　　　　　　　领导风格分类

	观点	特点
独裁型领导	以权力和强制命令作为两种重要手段让人服从。	突出"我" ①独断专行,自己决定一切决策; ②下级必须绝对服从,奉命行事; ③领导者与下级保持相当的心理距离; ④用行政命令、纪律约束和惩罚的手段对待下级,只进行偶尔奖励; ⑤其权力定位于个人手中。
民主型领导	领导者应尽量授权,鼓励下属参与,人们受到激励后可以进行自我领导。	突出"我们" ①被领导者参与决策; ②考虑下属能力、兴趣进行工作分配; ③个人有一定的工作自主权; ④领导者与下级无心理上的距离; ⑤用个人权力和威信约束和对待下级; ⑥多奖励,少惩罚; ⑦其权力定位于群体。
放任型领导	领导者采取俱乐部式领导方式,给下属充分的自由去做出决策。	突出"你们" ①领导只是从福利方面考虑管理; ②工作事先无布置,事后无检查; ③无规章制度,完全给予个人权力。

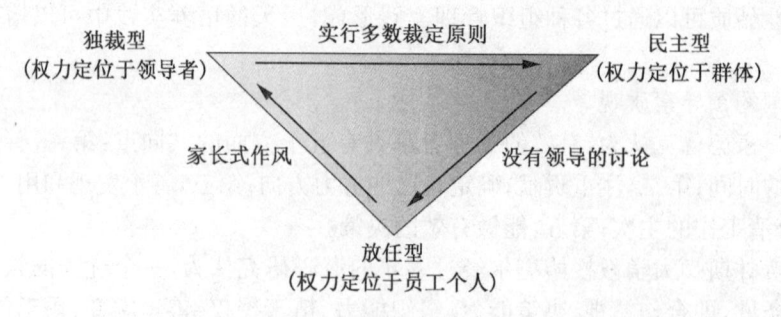

图 9-3 勒温领导风格理论

勒温认为,独裁型的领导通过严格管理来达到工作目标,但群体成员无责任感,士气低落;放任型的领导作风无法完成工作目标,工作效率也最低;民主型领导作风形成主动、积极、融洽的成员关系,效率也最高。

(二)连续统一体理论

罗伯特·坦南鲍姆和沃伦·施密特提出连续统一体理论,又称领导连续流理论,他们认为,领导不是极端的民主,也不是极端的专制,有许多中间状态存在。具体的领导方式并没有绝对的评价标准,需要结合具体情况选择恰当的行动。领导方式选择需要考虑经理权力的应用和下属的自由领域,如图9-4所示。

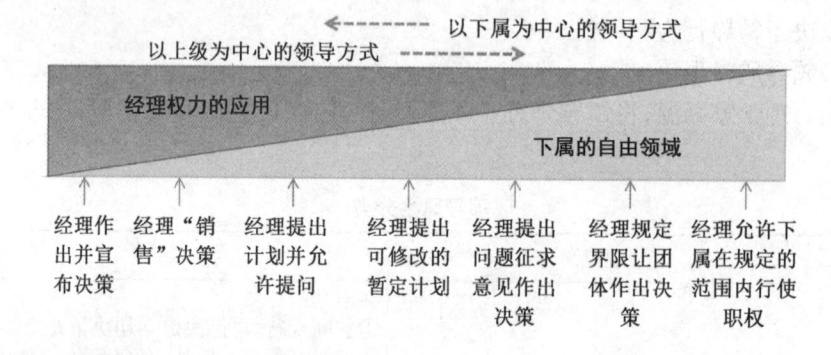

图 9-4 连续统一体理论

(三)领导四分图理论

俄亥俄州立大学通过研究,确立了定规维度和关怀维度两个重要的领导行为的维度。定规维度指以工作为中心,更关心任务的完成;关怀维度指以人为中心,更关心下属的满意度。这两个维度形成的二维矩阵包含了四种可能的领导行为组合,即高定规-高关怀,高定规-低关怀,低定规-低关怀,低定规-高关怀,见图9-5。领导四分图理论认为,高定规-高关怀模式最有效率,既关心生产又关心员工,可带来高绩效和高满意度。

(四)管理方格理论

1964年,布莱克和莫顿在管理四分图理论的基础上,提出了管理方格理论。该理论以资源有效转化的结果为出发点,探讨不同的领导方式的结果情况。该理论用一张方格图来表示,横轴代表对工作的关心程度,纵轴代表对人的关心程度。每个坐标轴根据程度大小分为9个等级,全图共生成81种领导类型,如图9-6和表9-4所示。其

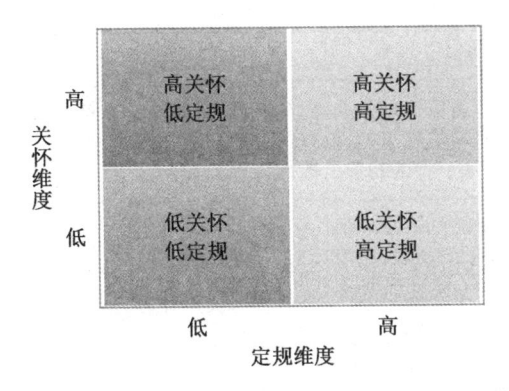

资料来源:杨忠等编著:《组织行为学:中国文化视角》(第三版),南京大学出版社 2013 年版,第 300 页。

图 9—5　定规和关怀

中,(9,9)方格代表的团队型管理,是最有效的领导方式,(1,1)方格代表的贫乏型管理,是最无效的领导方式。

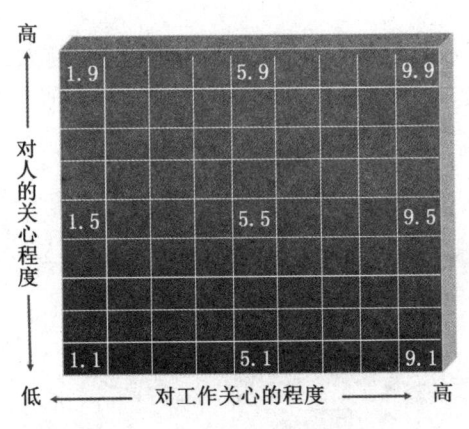

(1.1):贫乏型
(9.1):任务型
(1.9):俱乐部型
(5.5):中间型
(9.9):团队型

图 9—6　管理方格

表 9—4　　　　　　　管理方格理论五种典型领导类型比较

	个人特征	管理行为	作用
(1.1) 贫乏型管理	身在其位,不谋其政。放任自流,无精打采。	对生产和人都极少关心,把工作都推给下属,在人员选择上不挑剔,不介入冲突、办事拖延	胜任单调、重复又无挑战性的工作。在竞争激烈的情况下,难以在组织中长期维持。
(9.1) 任务型管理	好强、有力量,强烈的控制和统治欲,好监督他人、强加于人,喜充硬汉子,不近人情。	高度关心生产,很少关心人,为达到生产目的,常常会强制下属去完成必要的任务。	短期效果明显,效率高,曾取得过历史功绩。但在民主、平等意识强烈的今天,不能获得长期的效果。
(1.9) 乡村俱乐部型管理	重视下属的情感,无私的关怀,喜被拥戴。语言中充满谦虚、赞扬,不表示不同意见。	对生产较少关心,对人高度关心,容忍下级的各种行为,害怕冲突。	在目标可以轻易达到或达标与否均无关大局的单位里可行,易满足一部分上进心不强的人。

续表

	个人特征	管理行为	作用
(5.5) 中间型 管理	重视多数意见,通情达理。非常健谈,善用控制信息来处理危机,常妥协,乐于听取劝告。	对生产和对人的关心都是适度的,中庸型的领导,维持一般的工作效率与士气。	美国式管理方法,或公司的最高层适用,对下属成长可能不利。
(9.9) 团队型管理	对组织目标和方法有深刻认识,自主性强,乐于学习,善于掌握新东西。自我实现层次较高。	对生产的高度关心和对人的高度关心结合起来,鼓励组织成员参与决策并努力工作。	发展最完善的方式。可以在竞争中取得成功。可激发下属的创造热情,发挥个人能力。

(四)领导者团队理论

20世纪80年代,唐纳德·汉布里克和菲莉丝·梅森提出了"高阶理论",标志着现代高层管理团队研究的兴起。该理论认为:

第一,经验、性格、价值观等自身的个性化因素,影响高层管理人员的决策。

第二,组织的绩效受高层管理团队的特征影响较大。可以通过了解高层团队的特征,来预测组织绩效,如团队的平均年龄比首席执行官个人年龄更能预测组织决策的风险倾向。

第三,在实际操作中,人口统计学变量作为大样本研究是最有效的方法,能够为组织决策提供有效的参考。但是,在准确了解管理人员的认知和价值观方面,该方法也有很大的缺陷。

四、领导权变理论

权变理论认为,现实管理中,恰当的领导方式,需要根据领导者所处的客观环境来进行选择(见图9—7)。

管理方法+管理对象+管理环境=管理目标

⬇

世界上没有最好的管理方法,领导和领导者是某种既定环境的产物。
管理目标实现的效果取决于能否根据管理对象、环境和目标的变化来选择恰当的管理方法。
领导者必须训练掌握不同的方法,决不能墨守成规、一成不变。

图9—7 领导权变理论产生示意图

$$S = f(L, F, E)$$

S——领导方式;

L——领导者特征:领导者的个人品质、价值观和工作经历;

F——追随者特征:追随者的个人品质、工作能力、价值观等;

E——环境:工作特性、组织特征、社会状况、文化影响、心理因素等。

(一)费德勒的权变领导理论

美国管理学家弗雷德·费德勒提出了权变领导理论。他认为,组织的效率是领导者风格和情境有利性两个变量之间相互作用的结果,并提出了"有效领导的权变模型",这种模型是根据两类领导风格和三种情境因素构建起来的,并用"最难共事者问卷"(LPC 问卷)来反映领导方式。

1. 影响领导形态有效性的情境因素

影响领导形态有效性主要有三个情境因素,分别是:职位权力——强与弱、任务结构——明确与不明确、领导者与成员关系——好与差,见图 9-8。

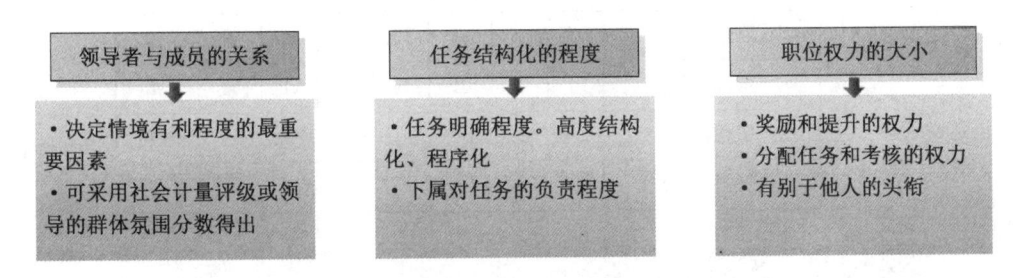

领导者与成员的关系
- 决定情境有利程度的最重要因素
- 可采用社会计量评级或领导的群体氛围分数得出

任务结构化的程度
- 任务明确程度。高度结构化、程序化
- 下属对任务的负责程度

职位权力的大小
- 奖励和提升的权力
- 分配任务和考核的权力
- 有别于他人的头衔

图 9-8 领导权变理论情境因素构成

2. 费德勒的权变领导风格

费德勒认为,领导风格主要包括任务导向型和关系导向型两类,菲德勒设计了问卷(LPC)来测定领导者的领导方式,问卷得分在 57 分及以下的,属于任务取向型领导者(低 LPC 型),这种领导者通常以工作为中心,任务分配比较明确,工作中较难共事;问卷得分在 64 分及以上的,属于关系导向型领导者(高 LPC 型),在工作中以下属为中心,比较重视下属的反应,比较容易共事;问卷得分在 58—63 分之间的,很难明确他们的人格特点。

经过调查,菲德勒发现,低 LPC 型领导比较注重任务的完成,如果环境较差,他将首先保证完成任务,环境改善后,任务能够较好地完成,这时其目标将是搞好人际关系。高 LPC 型领导表现正好相反。这两种风格在相同的环境下,其表现完全相反。菲德勒领导者与环境关系,见图 9-9。

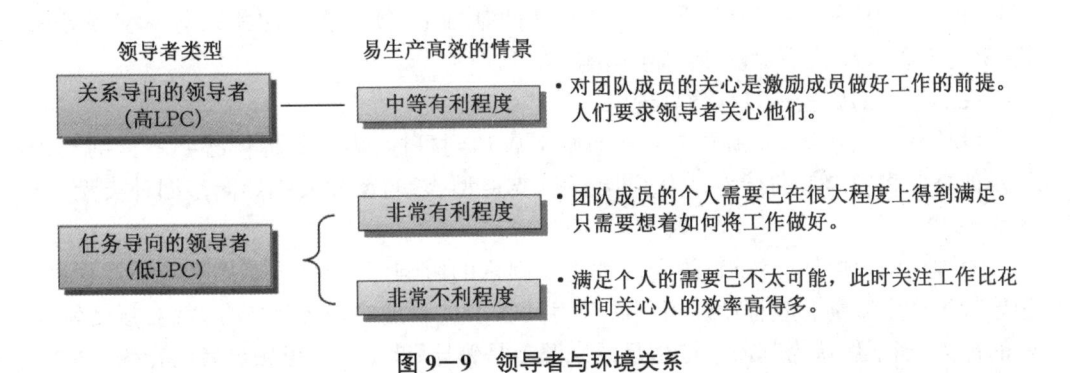

领导者类型 | **易生产高效的情景**

关系导向的领导者(高LPC) —— 中等有利程度
- 对团队成员的关心是激励成员做好工作的前提。人们要求领导者关心他们。

任务导向的领导者(低LPC) —— 非常有利程度
- 团队成员的个人需要已在很大程度上得到满足。只需要想着如何将工作做好。

任务导向的领导者(低LPC) —— 非常不利程度
- 满足个人的需要已不太可能,此时关注工作比花时间关心人的效率高得多。

图 9-9 领导者与环境关系

3. 菲德勒模型领导者—情境因素的匹配

菲德勒在对1 200个团体进行抽样调查基础上,通过一个二维坐标图来展示领导者—情境因素的匹配关系,纵轴代表领导者LPC分数和组织绩效的平均相关系数,在虚线以上表示关系取向型领导风格的绩效高于任务取向型领导风格,在虚线以下表示任务取向型领导风格的绩效高于关系取向型领导风格,三种因素,每种因素有两种状态,产生了八种情况,如图9—10所示。

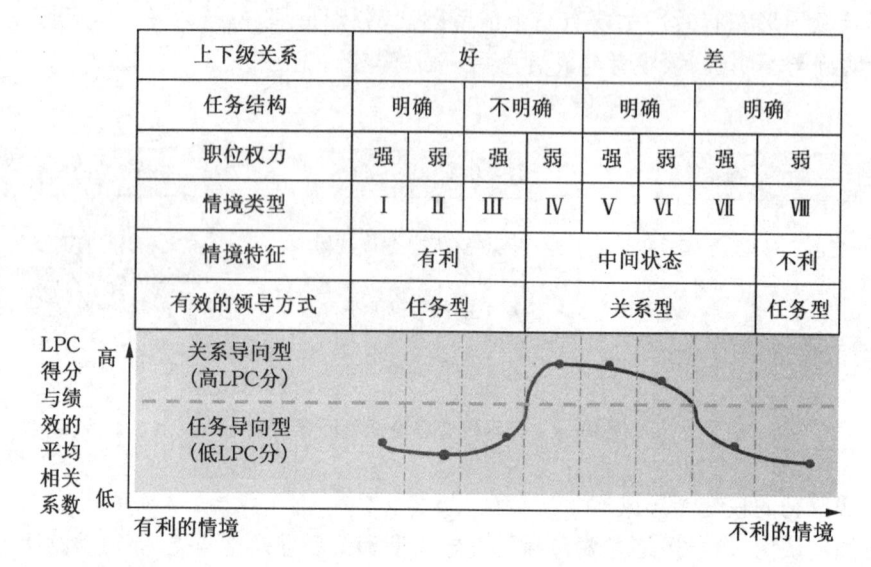

上下级关系	好	好	好	好	差	差	差	差
任务结构	明确	明确	不明确	不明确	明确	明确	明确	明确
职位权力	强	弱	强	弱	强	弱	强	弱
情境类型	Ⅰ	Ⅱ	Ⅲ	Ⅳ	Ⅴ	Ⅵ	Ⅶ	Ⅷ
情境特征	有利	有利	有利	中间状态	中间状态	中间状态	不利	不利
有效的领导方式	任务型	任务型	任务型	关系型	关系型	关系型	任务型	任务型

资料来源:F. E. Fiedler,"The Effects of Leadership Training and Experience: A Contingency Model Interpretation", Administrative Science Quarterly, 1972, 17, p. 455.

图9—10 菲德勒模型的结果示意图

任务导向型领导是环境非常有利Ⅰ、Ⅱ、Ⅲ或相对不利Ⅶ、Ⅷ时采用的。当环境非常有利的时候,下属对领导者的信任度更高,更认可领导者的决策,也能更好地完成领导分派的任务;在环境非常不利的情况下,领导者则必须采取任务取向的方式,定义任务结构,指导员工建立权威。

关系导向型领导是环境因素Ⅳ、Ⅴ和Ⅵ中等情况时采用的。在这种情况下,领导者可能同下属的关系不好,不太受下属欢迎,也可能面对的任务比较模糊,或是职位权力不高,但至少有一个情境维度是有利的。在此基础上,领导者采用关系取向型领导风格,努力改善人际关系,对下属产生影响。

(二)豪斯的路径—目标领导理论

罗伯特·豪斯认为,领导者需要激励下属达到目标,为下属提供必要的帮助与指导。他据此将领导者的行为分为了指示型、支持型、参与型和成就导向型四种类型(见图9—11)。

该理论中,领导的激励行为受两大重要因素的影响,分别是下属接受与满意程度、领导行为产生激励有效程度。当下属认为其需求被满足的来源是领导,就会接受领导者的行为;当下属认为其需求被满足的来源不是领导,就不会认可领导者的行为。如果领导的激励能够满足下属的需求,其激励便是有效激励;如果领导的激励不能够满足下属的需求,其激励便是无效激励。

| 指示型：让下属知道他们被期望做什么，安排和协调工作，提供具体的指导，明确政策、规则和程序。
| 支持型：显示对下属的关心，创造一个友好的和心理上支持的工作环境。
| 参与型：遇到问题时咨询下属的意见，决策时将下属的意见和建议考虑在内。
| 成就导向型：设定具有挑战性的目标，寻求改进，强调卓越的绩效，并对下属能够达到高标准的绩效显示信心。

领导者的工作是帮助下属达到他们的目标，并提供必要的指导和支持以确保他们个人目标与与组织目标相一致

图 9—11 路径—目标领导理论

豪斯等人认为，一个领导者要激励下属，首先，必须使下属认识到完成组织目标能充分满足其自身利益；其次，提供有效的方法和途径，尽可能为下属提供帮助共同克服在工作中遇到的困难；第三，采用适当激励，并满足下属的需要。

（三）生命周期理论

1966 年，卡曼首先提出了生命周期理论。1976 年，保罗·赫塞和肯尼斯·布兰查德共同在其基础上深化了生命周期理论的研究。

生命周期理论认为，领导风格应当与组织成员的成熟度相匹配。领导者要根据下属的成熟度，选择与之适应的领导方式。成熟度指的是下属承担责任的愿望和能力，包括心理成熟度和工作成熟度。心理成熟度指的是下属主动承担责任、获得成就的愿望。工作成熟度指的是下属的工作能力，包括与任务相关的受教育程度、经验技术等。

生命周期论提出任务行为和关系行为这两种领导维度，并且将每种维度进行了细化，从而组合成四种具体的领导方式：授权式、参与式、推销式和指示式，依次对应下属成熟度为高、较高、较低和低，如图 9—12 所示。

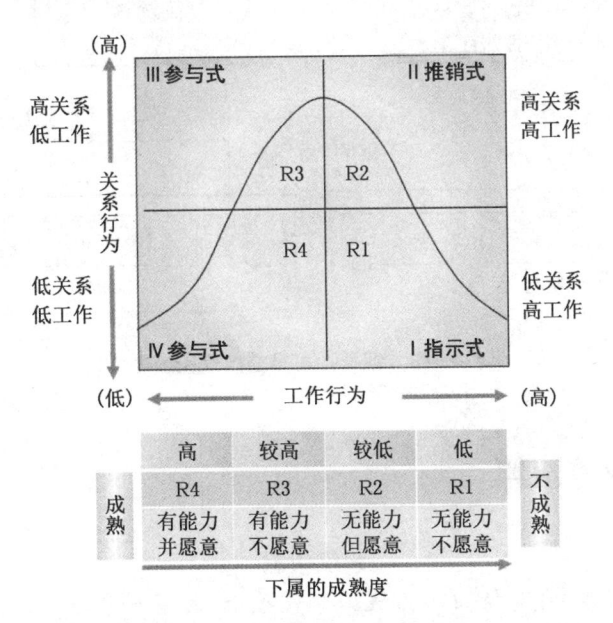

资料来源：陈传明、周小虎编著：《管理学原理》，机械工业出版社 2007 年版，第 205 页。

图 9—12 领导的情境模型

指示式(telling)领导:高任务—低关系,领导者下达命令,明确何时、何地、如何去做,并监督执行。

推销式(selling)领导:高任务—高关系,领导者向下属解释自己的决策,并提供支持行为。

参与式(participating)领导:低任务—高关系,领导者让下属参与决策,自己提供便利条件给予支持。

授权式(delegating)领导:低任务—低关系,下属自己独立解决问题。

生命周期理论认为,领导者需要根据不同下属的成熟度选择恰当的领导方式;同一下属的成熟度也会发生变化,管理者要适时调整领导方式。因此,领导没有好差之分,只有恰当与否。生命周期理论从一种动态的角度,为领导者提供了动态的领导方式情境。

(四)领导—成员交换理论

领导—成员交换理论认为,下属的差异是客观存在的,领导更加注重与下属的关系,下属分为圈内人和圈外人两种。圈内人是指与领导关系密切度高的下属,其态度或个性特点与领导者相似,相比圈外人士有更高的能力,能够得到领导更多的关注、信任、资源和支持,通常能带来双向的影响,双方之间的沟通联系更加紧密,工作满意度和绩效较高。圈外人是指领导关系密切度低的下属,只能获得领导较少的指导、资源和信息,双方之间有一定的障碍,工作满意度和绩效较低。领导—下属关系是在正式的权力系统基础上形成的,如图9—13所示。

该理论指出,与圈外人相比,圈内下属得到的绩效评估等级更高、离职率更低、对主管更满意、总体的满意度也更高。

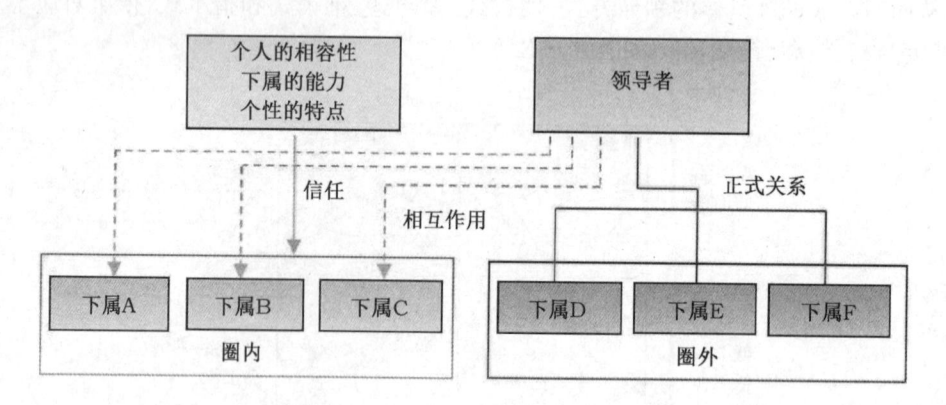

图9—13 领导—成员交换理论模型

中国管理智慧

楚汉争霸

项王乃悲歌慷慨,自为诗曰:"力拔山兮气盖世,时不利兮骓不逝。骓不逝兮可奈何,虞兮虞兮奈若何!"歌数阕,美人和之。项王泣数行下,左右皆泣,莫能仰视。

——司马迁《史记》

《史记》中对楚汉争霸这一史实做了入木三分的刻画,人物形象栩栩如生,尤其是刘邦和项羽这两位著名历史人物。一位是西楚霸王项羽,军事家、战略家,中华史上"千古无二"的最强武将,他是一位少年英雄,气势不凡,身高八尺有余,力能扛鼎,气压万夫,但最终却功败垂成。另一位是汉高祖刘邦,政治家、战略家,汉朝开国皇帝,初期表现一般,但最后一统山河,成就大业。

两人共同之处:

首先,作为一个领导者,必须胸怀大志。两人都曾见到过秦始皇巡游,但所持态度截然不同。项羽说"彼可取而代也!"这既显示了项羽的远大志向,也显露出他性格直率、狂妄又自信。而刘邦说:"大丈夫当如此也!"他出言谨慎而谦虚,又暗含其志不小。领导者首先要有高成就导向,这是其成功关键的内在激励因素。只有具备强烈的动机,才能激励一个管理者不断向前进。

其次,一个领导者要具备"大义名分",这点在中国古代的管理中尤其重要。项梁、项羽拥立楚怀王,刘邦斩白蛇起义,都是如此师出有名。一个领导者要有法定权力,只有权力来源是合法的,才能有感召力,才能凝聚人心。

两人不同之处:

毛泽东主席曾经评价刘邦是"豁达大度,从谏如流"。刘邦胜,项羽败的结局,这不是偶然的。"能够打败项羽,是因为刘邦和贵族出身的项羽不同,比较熟悉社会生活,了解人民心理。刘邦得天下,一因决策对头,二因用人得当"。

在决策方面,两人有很大的区别。

首先,决断力不同。项羽好名而无断,因此多次失去机会。历史著名的鸿门宴,把项羽的这个特点表现得非常明显。在鸿门宴上,范增多次建议杀掉刘邦,但却被项羽阻拦,错失了良机,最后刘邦成功脱逃。如果项羽在鸿门宴上斩杀了刘邦,历史的轨迹也许就会被改写。反观刘邦,即使在逃跑中也依旧冷静异常,不顾家人安危,多次化险为夷。正是刘邦的果断决策,"舍小家,为大家",为了集体目标不惜牺牲家人,促成了刘邦君临天下。

其次,决策取舍不同。中国自古就有乡土情结,两人在争夺天下后,对家乡的态度也不一样。项羽破关中后,没有选择"可都以霸"的关中,反而自认"富贵不归故乡,如衣绣夜行,谁知之者!"追求衣锦还乡,放弃了关中这个地方。刘邦著名的"大风歌"便是途经家乡时所作,且"乃起舞,慷慨伤怀,泣数行下"。可见,他应该也很想定都家乡,却仍然选择了关中。两相对比不难看出,刘邦没有选择舒适圈,项羽却只顾个人显摆,两人的高下立分。刘邦做出决策的高明之处,在于能够仔细权衡,分析利弊,目标明确,有舍有得,作出了正确的决策。

其三,决策反应不同。两人夺得天下后,都发生了叛乱,但两人的反应却大不一样。项羽面对诸侯的反叛,不从根本上去解决问题,反而直接起兵镇压。因此,通常是一边刚镇压完毕,另一边又起事,忙得不可开交。反观刘邦,首先稳固后方,然后稳扎稳打,再消灭对方。刘邦的组织和决策能力,都远超项羽。作为一个领导者,每临大事有静气,才能做出合理的决策。

其四,决策定力不同。在鸿门宴上,项羽在斩杀刘邦的过程中,优柔寡断、敌友不分,且听信项伯的建议,最终丧失了良机。他不忍心杀掉刘邦,而且还告诉刘邦:"本来我对你是没有任何的怀疑,但你的队伍中有一位叫曹无伤的告密'你想当关中王。而且你还想不准我的部队进来'。"本来,这个曹无伤是其在刘邦阵营中的内线,但他就这样轻易地把曹无伤出卖了。刘邦返回后,立马就诛杀了曹无伤。

在用人方面,两人的区别更明显。

首先,对人才的任用不同。在洛阳论取天下之道时,刘邦就曾言明依靠张良、萧何、韩信三位人杰才取得了天下。其实,刘邦重用的人才还有很多。曹参、王陵、陈平、周勃、樊哙等一批人才,也聚集在他身边,而且刘邦知人善任,适当放权,发挥出他们最大的作用。反观项羽,仅有一个谋臣范增,却因为猜忌而不被重用,最终范增落得身死他乡。他最初起事的盟友、下属,如黥布、彭越、田荣等,最后全都反叛了他。作为领导,要善于选人用人,学会知人善任,且善于放权。

其次,领导风格不同。项羽极为残暴,曾经因为粮食不够,坑杀了20万秦朝降军。在攻进咸阳后,项羽更是纵兵烧杀抢掠,火烧了阿房宫。由此可见,项羽是一个骄狂、狭隘、残忍的人。项羽是常胜将军,百战百胜。但是他胜仗打得越多,部下逃离他的也越多。反观他的对手刘邦,军事才能无法和项羽相比,很少打胜仗,基本上是百战百败。但是他的追随者却越打越多。著名的"兵仙"韩信,便是从项羽那里逃到了刘邦阵营里。著名的垓下之战中,韩信、彭越等将领率军60万,包围了项羽的10万军队,项羽最终自刎于乌江。这其中很多人,都曾经是项羽的部下。

《史记》中记载,"高祖为人,仁而爱人,喜施,意豁如也,常有大度"。刘邦的管理之道,有一个比较著名的案例。他的部队进到了关中,当时,关中百姓长期被秦朝严刑苛法害得苦不堪言。他明令废除秦朝法律,并约法三章:"杀人者死,伤人及盗抵罪。"关中民生得以改善,老百姓感念刘邦的体恤,纷纷拿来食物给刘邦的军队,但他坚辞不受。更是受到了百姓们的热烈拥护,唯恐刘邦不在关中做汉王。他的这些举措,为他后期与项羽争天下的过程中,赢得了民心基础。

讨论问题

1. 以项羽、刘邦为例,怎么理解中国式领导?
2. 为什么项羽会败给刘邦?高绩效人才为何做不了好领导?

书面作业

试分析:好员工≠好领导,项羽做员工行,做领导不行,刘邦反之。

扩展阅读

[1]赵倡文.项羽是如何被自己累死的[J].领导科学,2018(30):52—54.

[2]胡宝华,喻晓玲.韩信之成败与领导素质瑕瑜的关联探析[J].领导科学,2018(22):37—39.

[3]范香立.草根领导刘邦的领导才能新解[J].领导科学,2016(16):48—49.

[4]邵艳军.从"楚汉之争"看领导力创新[J].人民论坛,2013(17):188—189.

小故事 大管理

一、四渡赤水出奇兵成美谈

四渡赤水战役,是一代伟人毛泽东平生最得意的战役。这是红军在长征途中,为争取战略主动,在贵州、四川、云南三省交界地区,成功进行的一次高度灵活机动的战略性战役。此役,从1935年1月19日红军离开遵义开始,到5月9日胜利渡过金沙江为止,历时3个多月,共歼灭和击溃敌人4个师、2个旅,另10个团,俘敌3 600余人,成功粉碎了蒋介石围歼红军于川黔滇的企图。这场战役展现了中国共产党领导人高超的军事指挥艺术,是中国革命史上军事指挥浓墨重彩的一笔。

在长征途中,面对重重困难,毛泽东能够"乱而取之通经达变",四渡赤水,成为古今中外领导权变管理的典范。

一渡赤水时,在挫折中实施目标的权变,坚持原则不可改变,当原则和目标发生冲突时,改变是为了原则的通经达变;二渡赤水时,在逆境中实施被动的权变,秉承逆境中的冷静,黑暗中的不气馁,艰苦中的积极乐观;三渡赤水时,在战略、战术中实施综合性权变;四渡赤水时,实施战略的主动权变,辩证运用易经中"经"与"权"的大智慧,与时偕行,与时俱进确定合理目标,并且随着时间推进达到目标,顺应了历史潮流。在战略上,毛泽东正确运用孙子兵法的谋略,乱而取之,实而备之,怒而挠之,卑而骄之,逸而劳之;在战术上,毛泽东灵活运用鬼谷子的核心智慧,连横合纵,捭阖有度。

启示:四渡赤水中,毛泽东的一切战略方针都是建立在"打"的一个基本点上。毛泽东灵活机动地运用大规模的运动战,迅速地前进和后退,走中有打、打中有走、保存军力、待机破敌,把走与打、消灭敌人与保存自己辩证地统一起来,创造了世界战争史上的奇观。

二、发挥所长,无废人

清朝康熙年间,在平定三藩的战争中,涌现了一批将相名臣。其中,文人将军周培公,就是其中最著名的一位。他带领军队参加大大小小数十场战斗,很少有战败的。他甚至能以少胜多,以柔胜强。他之所以能如此,除了熟读兵法、用兵如神、治军严谨、爱兵如子外,最主要的原因是他知人善任。有口皆碑的是在他的军队里,所有人都能发挥作用。

有人不信,便当着大家的面发问道:"那不一定吧。残疾人你也能用吗?"

周培公听了对方的话后,认真地说道:"当然能用!残疾人甚至能发挥更大的作用。"

原来在周培公的军队里,真的是残疾人也得到了很好的重用。周培公根据他们的"优势",给他们安排了合适的岗位。盲人的听力比别人灵敏,周培公让盲人晚上在阵地前沿监听敌情;聋人因为听不见,周培公让他们做勤务兵,防止军事机密泄露;肢体残疾人因为跑得慢,周培公让他们守炮台,他们为了活命只能死守。周培公的知人善任,让每个士兵都充分发挥其作用,这为战争的胜利打下了坚实的基础。

启示:世上没有废物,只是放错了地方。金无足赤,人无完人。每个人都是优点和缺点的综合体。世界上没有绝对的人才和庸才之分。人才只是在合适的岗位上做事情,庸才只是在不合适的岗位上做事情。在现实生活中,很多人任人唯亲、随意用人,这是一种很不合理的做法,甚至会给组织毁灭而埋下伏笔。

三、鲶鱼效应

鲶鱼是群居性鱼类。它们虽然个体实力很小,但生命力却非常顽强。鲶鱼的首领通常由鱼群里较强壮的鲶鱼担任,其他的鲶鱼都会追随着首领。首领往哪里游,它们也会往哪里游;首领干什么,它们通常也会跟着干什么。

德国动物行为学家霍斯特,曾做过一个非常有名的实验。他将鲦鱼中领头鱼的脑部去除掉之后,又把它放进了鱼群里。这时候这条鱼虽然还活着,但却丧失了一条正常鱼的意志能力,只能任意而游。但令人惊讶的是,其他的鲦鱼,依然视它为鱼群的领导,竟然也盲目地跟着它到处游来游去。

启示:鲦鱼效应说明了领导者在组织中有着非常重要的作用,甚至起着决定性的作用。在一个组织里,领导的权力、声望等,能有效地影响内部成员。因此,领导优秀与否,不仅关系着个人的成败,更与组织的命运密切相关。

四、隋文帝杨坚勤政亡国

贞观四年,太宗问萧瑀曰:"隋文帝何如主也?"对曰:"克己复礼,勤劳思政……虽性非仁明,亦是励精之主。"太宗曰:"公知其一,不知其二。此人性至察而心不明,夫心暗则照有不通,至察则多疑于物,自以欺孤寡得之,谓群下不可信任,事皆自决,虽劳神苦形,未能尽合于理。朝臣既知此意,亦不敢直言。宰相以下,惟即承顺而已。朕意则不然,以天下之广,四海之众,千端万绪,须合变通,皆委百司商量,宰相筹画,於事稳便,方可奏行。岂得以一日万机,独断一人之虑也。"

——节选自《贞观政要》

唐贞观四年,太宗李世民问宰相萧瑀:"你说说,杨坚是个什么样的皇帝?"

"杨坚对自己要求很严格,做事情都遵守社会规范。他一门心思忙工作,每天上朝看文件报告,一看就是一整天。五品以上的官员,他都要跟他们坐在一块儿开会了解工作。有时候开会开得太晚了,都忘记了吃饭,就让人把饭送来,一边吃饭,一边继续开会。他虽然不是个仁义开明的皇帝,但算得上是一个踏踏实实做事的人。"萧瑀回答。

李世民说:"你只看到问题的一个方面,没看到问题的另一个方面。杨坚性格过于较真,但是智慧不是很高。智慧不高,就想不明白事情;过于较真,就容易对人起疑心。加上他又是从孤儿寡妇手里抢到了天下,所以总是怀疑官员们对他不服气。这样一来,他不相信任何人,只相信自己,什么事儿都要过问,都要自己说了算。他虽然每天累得要死,但不是做事情的正确方法。官员们知道他就是这种性格,谁也不敢跟他说实话,事事听他的安排。这哪是治理国家的办法?国家这么大,事情这么多,应该让一级一级的官员做好各自的事儿,然后有问题向宰相报告,宰相决定不了的事情再由皇帝出面定夺。怎么能够啥事儿都由皇帝来过问、拿主意呢?假设一天处理十件事情,五件事情处理错了,五件事情处理对了,就算处理对了的事情处理得十全十美,能抵消那五件处理错了的事情而造成的坏影响吗?天天这么干,月月这么干,年年这么干,错误会越攒越多,国家能不被他治理得完蛋吗?哪比得上把合适的人才用在合适的岗位上,授权让他们放手干,自己只需要高瞻远瞩,把精力放在大方向、大问题上呢?只要制度制定得好,严格贯彻落实,奖励按制度办事的人,惩罚不按制度办事的人,还有人敢为非作歹吗?还用得着对人疑神疑鬼吗?"

启示:"以史为鉴,可以知兴替",人无完人,作为最高领导,李世民为了避免自己犯下错误,指示大臣们一旦认为他下达的命令有不妥当的地方,必须第一时间向他反映,绝对不能无条件执行;身为大臣,就要尽大臣的义务,国家不需要马屁精、跟屁虫。

五、鹦鹉老板

有一个独居老人,寂寞孤独,没有人和他说话。一天,他到邻居家串门,看到邻居家里有一只会说话的鹦鹉,感觉很可爱。于是,他打算也买一只。

他来到鸟市,发现这里有很多种鹦鹉。这些鹦鹉大小不同,品种不同,价格也不一样。

他来到一个鹦鹉摊前,看到一只鹦鹉前的标签写着:会两门语言,售价二百元;另一只鹦鹉前的标签写着:会四门语言,售价四百元。两只鹦鹉都很漂亮,非常活泼可爱,很会讨人欢心。他都很喜欢,不知道买哪一只好。

然后,他又发现了一只老鹦鹉。它毛色暗淡,羽毛散乱,且牙都掉了。但是,这只鹦鹉前的标签写着:售价八百元。

于是,他问老板:"这只鹦鹉是不是会说八门语言?"

老板摇了摇头说道:"不"。

老人很奇怪地问道:"那它为什么值八百元呀?"

店主回答道:"因为,另外两只鹦鹉叫它老板。"

启示:领导力本身就是一种可贵的才能。在一个公司里,领导者不一定要比下属强,更不能愚蠢到和下属比强。但只要他懂得用人,能够团结并发挥人才的作用,自己的身价就会倍增。

六、猴子和狐狸的回答

森林王国里,居住着很多小动物,每天都有很多事情。作为管理者的老虎,每日都要处理各类事务,忙得不可开交。因此,他几乎饱尝了各种艰辛和痛苦。也非常渴望自己能像其他动物一样,交到一些朋友,享受日常快乐的同时,得到朋友的提醒和忠告。

他问猴子:"你是我的朋友吗?"

猴子满脸堆笑着回答:"当然,我永远是您最忠实的朋友。"

老虎又问,"为什么我每次犯错误时,你都不提醒我呢?"

猴子想了想,小心翼翼地说:"作为您的属下,我对您有一种盲目崇拜,所以看不到您的错误。也许您应该去问一问狐狸。"

老虎又去问狐狸。狐狸眼珠转了一转,讨好地说:"猴子说得对,您那么英明,有谁能够看出您的错误呢?"

启示:如果你在向下属征求意见时,仍旧摆出一副领导的架子,或者平日里根本就不注意维护与下属的关系,你也只能得到猴子和狐狸的回答。

七、留个缺口给别人

小王是一位成功的企业家,很多人都会向他请教一些问题。他也经常做报告,分享自己的成功经验。报告中,他经常会安排互动环节,解答其他人的疑惑。

一次,他又被邀请给别人做报告。互动环节中,一位听众问道:"您取得了如此成就,请问,对你来说,最重要的是什么?"

小王听了之后,拿起粉笔在黑板上画了一个圈。这个圈并没有画圆满,而是留下了一个缺口。

画完之后,他看着台下的关中,反问道:"请问,这是什么?"

"0。"
"圈。"
"未完成的事业。"
……
台下的观众纷纷发表自己的看法。

等观众们安静了之后,小王回答说:"其实,这只是一个未画完整的句号。我在工作中,不会把事情做得很圆满,就像画个句号,一定要留个缺口。这样,我的下属就会去填满它。"

启示:留个缺口给下属,给下属站出来解决问题的机会,并不是说明领导自己的能力不够强。反而事无巨细、亲力亲为的领导,才可能是最没水准的领导。对企业来说,虽然事必躬亲、亲力亲为、什么都管的做法,短期内效果不错;但是从长期来看,无论是对团队、企业甚至领导自身来说,这都将带来非常负面的影响。

想一想

一、苏兰的职业生涯规划

苏兰,今年22岁,就读于某名牌大学人力资源管理学院,即将毕业获得学士学位。在大学期间,她积极锻炼自己,不断提升各方面能力。目前,她已经成功应聘到保险公司,即将担任保险单更换部的主管。

她所在公司现已有5 000多名员工。公司注重员工的个人发展提升,自上而下都是互相信任无比的,并已经成为公司在内部经营上的秘诀。苏兰所承担的工作要求管理好25名员工,工作并没有太高的技术要求,但对于他们的责任感要求是比较注重的。

她的下属都为女性,19~62岁,平均年龄25岁,且大部分高中学历,无工作经验,薪资3 000~5 000元/月。梅芬为保险公司工作了37年,并在这个部门做了17年的主管工作,现在她退休了,苏兰将接替她的职位。苏兰估计和大多数员工相处,预计除了王芳之外,其他人和她的相处都将不成问题。王芳已经有10年以上的工作经验,且在部门成员中很有分量。苏兰觉得,如果她对工作不支持,那么工作将很难长久打开局面。

苏兰决心以正确的步调开始她的职业生涯。因此,她一直在思考一名有效的领导者应具有什么样的素质?

问题讨论

1.影响苏兰成功地成为领导者的关键因素是什么?

2.你认为苏兰能选择领导风格吗?如果可以,请为她描述一个你认为有效的风格。如果不可以,说明原因。

二、看球赛引起的风波

东风机械厂的金工车间在该厂所有车间里是唯一需要倒班的,且工作时间长,其他工作与厂里别的车间没什么差别。

有一天,恰好是星期六。那晚刚好轮到车间主任去查岗,却发现二班的年轻人几乎都不在岗,而是相约一起在看现场转播的足球比赛。车间主任知道这一情况之后,十分生气,决定对二班当天不在岗的人予以警告,于是在第二周的车间大会上,他公开对不在岗的十几个人提出了批评。话音刚落,他们仿佛约好了一般,不服气地说:"主任,首先我们没有对工厂总体的生产工作进度造成严重的影响,而且……"主任听到一半,不等几个青年将自己的想法表述完,就生气说道:"这次不管你们是因为什么而离岗,暂且给你们一次提醒,如果下次我或者其他领导查岗时,再发现你们擅自离岗,且做与工作无关的事情,于情于理,都是要给一些惩罚的,就不仅仅是口头提醒了。"

然而,好景不长,同样的情况再次在车间主任的眼前发生,这一次,他再也无法容忍,直接将当天主要负责值班的班长找到,问:"为什么又是这样?!"班长满脸尴尬,从工作袋中掏出三张病假条和三张调休条,说:"这几个人之前还是挺好的,不知今天怎么了,很匆忙地跟我说有特殊原因不能来,也不好多问,平常抬头不见低头见的,撕破脸的话,我之后也不好管了,毕竟我跟他们的接触比您多一点,您还是担待一下"。说着,班长看着主任脸色低沉地抽着烟,旁边几个工人刚好看到了,便上前解释说道:"主任,那球赛的吸引力的确太强了,都是期待了好久才等到的,您要不破一下例,允许一下,工作之外也是算朋友。而且,他们为了保证工作不落下,又能及时观看球赛,提前到星期五就把任务完成了,您要不稍微体谅一下……"车间主任没等班长把话说完,扔掉还燃着的半截香烟,一声不吭地向车间对面还亮着灯的厂长办公室走去。剩下在场的十几个人,你看看我,我看看你,都在议论着这回该有好戏看了。

问题讨论

1. 阅读完案例请分析下列问题:
(1)你认为二班年轻人的做法合适吗?
(2)当群体需要与组织目标之间冲突时,组织应该如何采取有效措施来解决?
(3)试分析这位车间主任的领导方式。
(4)如果你是这位车间主任,应如何处理这件事,才能既解决好这个问题,又有利于提高管理的权威?

2. 先由个人阅读并分析案例,然后写出发言提纲。再以学习小组或班级为单位进行大组讨论。

三、王总经理的领导方式

公司营销部李经理任现职已有五年,经验丰富,能力突出,责任心强,在工作中能独当一面,部门业绩斐然。李经理是公司王总经理一手提拔的,两人关系一向密切。王总经理对李经理非常关心,在工作中也是事无巨细,不断地叮嘱,有时甚至越俎代庖。对于王总经理的这种做法,李经理一方面心怀感激,另一方面也觉得工作中的束缚和干预太多,这在很大程度上影响了自己能力的发挥。

问题讨论

1. 简述领导生命周期理论的基本观点。
2. 请用领导生命周期理论分析王总经理对李经理应当采取的领导方式,并说明原因。

四、两位经理的领导风格

H公司一直致力于电子产品的生产,市场销路非常好。但是近几年产品出现了滞销,销售收入明显下降。

公司生产部经理李雷是退伍军人出身,做事雷厉风行,工作严谨,对下属要求严格。所作决策总是要求下属不折不扣地执行,对下属的意见和建议极少关注。张胜是公司销售部门的经理,业务知识渊博,经验丰富,对工作非常关心,关注工作成果。同时,他也关心下属,待人热情。对员工在工作、生活中碰到的各类问题和困难总是给予及时的帮助,得到了员工的认可和尊敬,在张胜的带领下,员工工作热情高,积极协作,产品销售有了明显的提高,市场占有率也不断提升。

问题讨论
1. 依据勒温的领导风格理论,分析李雷的领导风格属于哪一种？其有何特点？
2. 依据管理方格理论,对张胜经理的领导方式进行分析。

练一练

一、你是哪一类型领导者？

请你结合自身情况,回答下列问题。如果你有以下行为,就填"是";如果你没有以下行为,就填"否"。

你喜欢经营咖啡馆、餐厅这类的生意吗？
平常将决定或政策付诸行动之前,你认为有说明其价值的理由。
在领导下属时,你认为严格监督他们的工作,不如从事计划、控制等管理工作。
在你所属部门有一位下属最近录用的陌生人,你不介绍自己而先问他的姓名。
你同意下属接触流行风气。
你在分派任务给下属前,一定把目标及方法告诉他们。
你认为与下属过分亲近,会失去下属的尊敬,所以你选择主动远离他们。
公司组织郊游活动,大部分人希望星期三去,你认为最好星期四去好,你不会自己做主。
当你想让下属做一件事情时,你一定以身作则,从而让他们跟随你做。
你认为撤某个下属的职,并不困难。
你认为与下属越亲近,越能够好好领导他们。
你将解决方案交给下属执行,但他认为这个方案有毛病。你并不生气,但仍因问题没解决而感到不安。
你认为防止犯规的最佳方法是充分处罚犯规者。
假定你对某一问题的处理方式受到批评,你认为与其宣布自己的意见是决定性的,还不如说服下属请他们相信你。
你会让下属为了自身私事而与外界自由会晤。
你认为每个下属都应该对你忠诚。
你认为与其自己亲自解决问题,不如任命委员会解决问题。
你认为在团队中发生不同意见是正常的。
请你统计以上问题中选择"是"的项目,并参照以下分类进行统计。

(1) 1,4,7,10,13,16,如"是"最多,你有成为独裁型领导者的倾向。
(2) 2,5,8,11,14,17,如"是"最多,你有成为民主型领导者的倾向。
(3) 3,6,9,12,15,18,如"是"最多,你有成为自由放任型领导者的倾向。

二、最不喜欢的合作者(LPC量表)

在我们的学习、工作、生活中,会和很多人合作共事。在这个过程中,有的人工作效率高、工作质量好,我们很愿意和他们合作;也有的人工作效率低、工作质量差,我们很不愿意和他们合作。回想一下与你共事的那些人,从这些人中挑出你最不喜欢合作的人。他(她)可以是以前的同学、朋友,也可以是现在的领导、同事;他(她)可以是你喜欢的人,也可以是你讨厌的人;他(她)可以是长辈,也可以是下属;他(她)可以是男性,也可以是女性。但他(她)必须符合一个条件,那就是:与他(她)合作做好工作是最困难的。请你根据菲德勒 LPC 问卷中的形容词来描述他。此问卷中包含 16 对意义截然相反的形容词,每对形容词又分为 8 个等级。请你在问卷中圈出他(她)的真实情况的等级数,并计算出你的 LPC 分数。

快乐	8	7	6	5	4	3	2	1	不快乐
友善	8	7	6	5	4	3	2	1	不友善
拒绝	1	2	3	4	5	6	7	8	不拒绝
有益	8	7	6	5	4	3	2	1	不有益
冷淡	1	2	3	4	5	6	7	8	不冷淡
紧张	1	2	3	4	5	6	7	8	不紧张
疏忽	1	2	3	4	5	6	7	8	不疏忽
冷漠	1	2	3	4	5	6	7	8	不冷漠
合作	8	7	6	5	4	3	2	1	不合作
助人	8	7	6	5	4	3	2	1	敌意
无聊	1	2	3	4	5	6	7	8	有趣
好争	1	2	3	4	5	6	7	8	融洽
自信	8	7	6	5	4	3	2	1	犹豫
高效	8	7	6	5	4	3	2	1	低效
郁闷	1	2	3	4	5	6	7	8	开朗
开放	8	7	6	5	4	3	2	1	防备

评分:请你计算这 16 对形容词的等级分数,其总和即为你的 LPC 分数。如果你的总分数高于 64 分,那么你就是人际关系倾向的领导;如果你的总分数低于 64 分,那么你就是任务导向的领导。

三、领导情境模拟(一)

晚上 12 点,男生宿舍卫生间的水管突然爆裂了。水从卫生间涌了出来,流到了楼道,顺着楼梯往楼下流。这时候,很多人都已经睡着了,只有卫生间周围几间宿舍的学生被惊醒了。楼门和校门早都已经关闭了,而且水闸阀门也锈住了。水还在不断地往外边流,情况非常紧急。假如你是众多醒着的同学中的一员,请你运用领导才能,最有效地处理这个问题。

1. 班级学生自由分组,以小组为单位自由讨论,并制定应急方案;

2. 每小组分别用情景模拟的形式,表演本小组的方案;
3. 评估每个小组的方案。

四、领导情境模拟(二)

你正搭乘着私人游艇在南太平洋旅游,游艇上突然发生了大火。大火将游艇上大部分的物资、设备都烧毁了,游艇也被烧坏了,正在慢慢地下沉。你和游艇上其他成员急忙救火。航海设备也失灵了,你现在无法确定自己的位置。你判断自己正在离你最近的陆地的西南方,距离大约有1 000里。

所幸的是,游艇上有八样物品并没有损坏,分别是:六分仪、五加仑桶装的水、蚊帐、太平洋地图、小型电晶体收音机、逐鲨器、一瓶酒、钓鱼用的箱包。除此以外,游艇上还有一个足以承载你们所有人的人工橡胶救生筏和几支船桨。另外,其他人的口袋里还有一些物品,分别是:一包香烟、几盒火柴和五张一元的纸币。

1. 请你根据重要程度,将游艇上八样物品进行排列。将最重要的标上"1",次要的标上"2",依此类推。请你将所排顺序写在纸上,并交给老师保管。
2. 班级同学自由分组,小组成员共同讨论,重新对这八样物品进行排序,且必须经过所有成员同意。在这个过程中,要避免多数决策、平均决策或交换条件,来降低冲突。
3. 讨论完之后,每组成员分别介绍小组的结果,然后在班级上进行投票,看哪一队的得票最多。
4. 再比较之前每人的排序,看哪一小组的个人结果与小组结果接近得最多。

第十章 激 励

杀一人而三军震者,杀之;赏一人而万人说者,赏之。

——《六韬·将威第二十二》

老板所犯的最糟糕错误就是不说干得好。

——约翰·阿士克沃特

对干得好的最好报酬是干完它。

——罗里夫·沃尔杜·爱默生

你可以买到一个人的时间,你可以雇一个人到固定的工作岗位,你可以买到按时或按日计算的技术操作,但你买不到热情,你买不到创造性,你买不到全身心的投入,你不得不设法争取这些。

——弗朗西斯(C. Francis)

音乐家必须演奏音乐,画家必须绘画,诗人必须写诗,这样才会使他们感到最大的快乐。是什么样的角色就应该干什么样的事,我们把这种需要叫自我实现。

——马斯洛

终日奔波只为饥,方才一饱便思衣;
衣食两般皆具足,又想娇容美貌妻;
娶得美妻生下子,恨无田地少根基;
买到田园多广阔,出入无船少马骑;
槽头扣了骡和马,叹无官职被人欺;
县丞主簿还嫌小,又要朝中挂紫衣;
作了皇帝求仙术,更想登天骑鹤飞。

——明末清初《解人颐》

本章思维导图

知识点摘要

一、激励基础

弗鲁姆认为,激励是一种行为,能诱导人们按照预定的方案行动。

佐德克和布拉德认为,激励是一个倾向,其方向是某一特定目标。

爱金森认为,激励是一种影响,直接作用于人们的方向、活动和行为,且具有持久性。

沙托认为,激励是一种驱动力和紧张状态,人们会朝着特定方向和行为而采取行动。

盖勒曼认为,激励是一种引导,引导人们朝着某些目标行动。

小詹姆斯认为,激励是一种内心状态,能有效调动人们的内心,并表现在人类活动中。

本书认为,激励是管理的重要职能,是一种管理过程。组织通过激励诱发个体产生满足某种需要的动机,进而促使个体行为与组织目标趋同。

(一)人的行为过程及特点

德国社会心理学家勒温提出著名的"场论",他提出人的行为是个体与环境相互作用的结果,行为可以用公式为:

$$B = f(P \cdot E)$$

式中,B 代表行为,P 代表个人,E 代表环境。

1. 行为的界定

(1)行为是人类对外界一切反应的统称,包括主体、客体、环境、手段和结果等。

(2)行为可以分为动机性行为与非动机性行为两种。其中,动机性行为属于激励的范畴。

(3)动机性行为具有三大特征,分别是:目的性与方向性,作用于一定的客体,会受环境和人的影响。

2. 动机性行为的过程

动机性行为的一般过程包括刺激、需要、动机、行为和目标等环节,如图 10-1 所示。人的行为过程是一个"刺激—需要—动机—行为—目标—满足(受挫)"循环往复的过程。

激励需要找准出发点,即客体未满足的需要。只有管理者找准了组织成员"未满足的需要",并以之为出发点进行激励,才能有效激发成员的积极性。现实中很多无效激励,其根本原因在于组织成员的需求未被满足。

3. 动机性行为的特点

动机性行为的特点主要包括自发性、目的性、持续性、可塑性、因果性等。

(二)人性假设及其发展

"如何激励人往往取决于如何看待人。"因此,对人性的合理假设是激励生效的前提。关于人性假设的认识,如表 10-1 所示。

道格拉斯·麦格雷戈 (Douglas McGregor,1906—1964),美国著名的行为科学家,人性假设理论创始人,管理理论的奠基人之一,X—Y 理论管理大师。道格拉斯·麦格雷戈是人际关系学派最具有影响力的思想家之一。

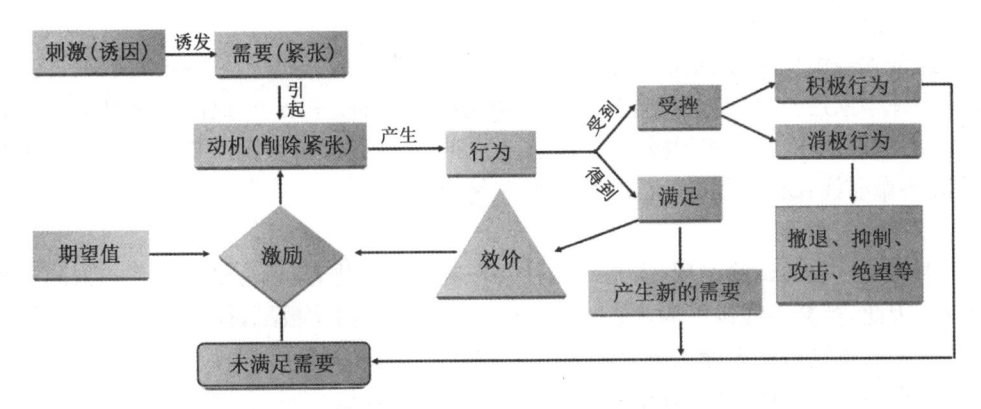

资料来源：J. H. Donnelly, J. L Gibson and J. M. Ivancevich, Fundamentals of Management, 9th ed. Homehood II. :Richard D. Irwin, Inc. ,1995.

图 10—1 动机性行为的一般过程

> 请用实例思考与讨论动机和行为的对应关系。

表 10—1　　　　　　　　　　　　人性假设的发展

人性假设	对人的认识	领导方式
经济人（X 理论）	①多数人十分懒惰，他们总是想方设法逃避工作； ②多数人没有雄心大志，不愿担负任何责任，而心甘情愿地受别人指导； ③多数人的个人目标都是与组织目标相矛盾的，必须用强制、惩罚的方法，以迫使他们为达到组织的目标而工作； ④多数人工作是为了满足基本的需要，只有金钱和地位才能激励他们工作； ⑤人大致可以划分为两类，多数人都是符合上述前四种假设的人，只有少数人是能够自己鼓励自己，能够克制感情冲动的人，这些人应当承担管理的责任。	采取重视物质刺激，实行严格监督控制的方式
社会人	①从根本上说，劳动者是由社会需求而引起工作的动机，并且通过与同事的关系而获得认同感； ②工业革命与工业合理化使得工作本身失去了意义，因此劳动者只能从工作上的社会关系寻求工作的意义； ③劳动者对同事们的社会影响力，比对管理者所给予的经济诱因控制更为重视； ④劳动者的工作效率随着上司能满足他们社会需求的程度而改变。	采取重视人际关系，鼓励职工参与的方式
自我实现人（Y 理论）	①大多数人都是勤奋的，只要环境允许，人是乐于工作的； ②人在执行任务的过程中能够自我指导和自我控制； ③在正常情况下，大多数人不仅会接受任务，而且会主动寻求责任，逃避责任、缺乏抱负以及强调安全感通常是经验的结果，而不是人的本性； ④大多数人都具有相当程度的想象力、智谋和创造力，在不为外界因素所指使和控制的情况下，可以得到正常发挥； ⑤人体之中蕴藏着极大的潜力，但在现代工业条件下，一般人只能发挥少部分潜力； ⑥员工个人自我实现倾向与组织所要求的行为之间并无冲突。	采取鼓励贡献、自我控制的方式
复杂人（超 Y 理论）	①主体需要的差异性； ②组织方式的相异性； ③控制程度的应变性； ④目标确立的递进性。	采取权变管理方式

1. 经济人假设（X 理论）

经济人假设认为，人是以追求个人利益最大化为目的并积极从事经济活动的主体。美国心理学家道格拉斯·麦格雷戈在其《企业的人性面》一书中，提出了两种对立的管理理论：消极的 X 理论和积极的 Y 理论。经济人假设认为，激励需要满足人的经济利益，既要靠金钱收买和刺激，又要靠控制、监督和惩罚。

2. 社会人假设

梅奥通过霍桑试验发现，人是一定社会环境下的产物，其行为受到一定的人际关系影响。因此，社会人假设认为，激励起决定作用的不是物质报酬，而是人际关系。管理者的激励要重视这种人际关系。

3. 自我实现人假设（Y 理论）

马斯洛的需求层次理论认为，人类需要的最高层次是自我实现。有别于经济人假设强调的物质需求和社会人假设强调的情感需求，自我实现人假设侧重于人们发挥潜能、追求自我完美的需要。麦格雷戈提出了 Y 理论，他认为，人们的自我实现比经济利益更有效。因此，管理者为员工的发展提供更多机会，并为他们提供富有挑战性和责任感的工作。

4. 复杂人理论（超 Y 理论）

20 世纪 60 年代末 70 年代初，美国学者埃德加·沙因提出了复杂人假设，在对经济人假设、社会人假设和自我实现人假设进行分析和总结之后，他发现这三种人性假设都是部分正确的，它们只能够在某些特定情境下解释人的行为，而不具有解释的普适性。因此，他认为，人是复杂的，并据此提出了复杂人理论。

依据复杂人假设，人性的复杂性体现在个体和群体两个方面。个体方面，人会随着不断的成长，其知识、地位等也会发生变化；群体方面，个人的需求和变化不一样，也会影响群体不断发生变化。

（三）激励机理

激励是一个持续的过程，能够激发组织成员的内在动力，促使组织个人的目标和行为与组织目标相一致。图 10—2 展示了激励机理的基本模式。

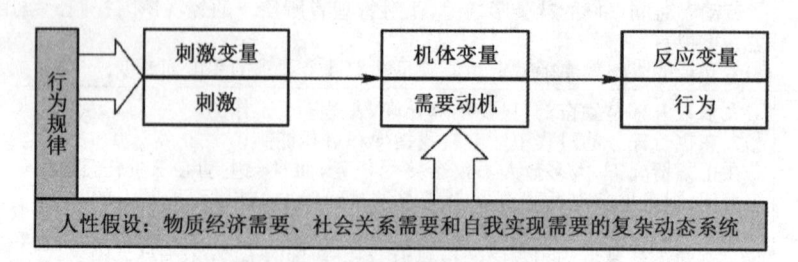

图 10—2 激励机理

人的行为规律和过程包括三类变量，即刺激变量、机体变量和反应变量。激励实质是处理三类变量，刺激变量是指刺激条件，包括自然、社会环境（内外诱因、目标）；机体变量是指个体特性，包括个体性格、动机（需要、动机）；反应变量是指行为变化。在不同的情境下，管理者要根据情境，选择合适的激励方式。

二、激励理论

按照激励理论研究重点,可以分为行为基础理论、过程激励理论、行为强化理论,见表10-2。

表10-2　　　　　　　　　　激励理论代表性理论

类型	研究重点	回答问题	主要内容
行为基础理论	人的需要	"以什么为基础(或根据),什么才能激发人的积极性"	需要层次理论、双因素理论、成就需要理论
过程激励理论	行为的发生机制	如何由需要引起动机,由动机推动行为,并由行为导向目标	公平理论、期望理论、目标设置理论
行为强化理论	对行为的修正和固化	"怎样使积极行为得到巩固,使消极行为得以转化"	强化理论

(一)行为基础理论(见表10-3)

表10-3　　　　　　　　　　行为基础理论代表性理论

理论类型	需要层次理论	双因素理论	ERG理论	需要成就理论
代表人物	马斯洛	赫茨伯格	奥德弗德	麦克利兰
研究重点	自我实现 尊重 社交 安全 生理	激励因素 保健因素	成长 联系 生存	成就 权力 归属

1. 需要层次理论——亚伯拉罕·马斯洛

1943年,美国心理学家亚伯拉罕·马斯洛发表了著作《人类激励理论》,首次提出了需要层次理论。

(1)主要内容(如图10-3所示)

①人类需要从低到高可分为五种,分别是生理需要、安全需要、社交需要、尊重需要和自我实现需要。

②五种需要分为两个层次,低层次需要包括生理需要、安全需要、社交需要,高层次需要包括尊重需要和自我实现需要。

③人的需要是一个由低层次向高层次发展的过程,只有当低层次需要相对满足时,人们才会追求更高一层次的需要。但如果高层次需要无法被满足,人们的需要又会折回到低层次需要。

④一个人在同一时期会有多种需要,但总有一种需要占据主导地位,这是激励的主要对象和内容。

⑤激励只会作用于尚未满足的需要,如果一个人的需要被满足了,激励便无法发挥相应的作用。

⑥不同国家情况不同。每个国家因为经济、科技、文化、教育等发展程度不同,其人民的需要情况也大不相同,需要满足的边际效用递减。见图10-4。

亚伯拉罕·H.马斯洛(Abraham H. Maslow,1904—1970),美国社会心理学家、比较心理学家,人本主义心理学的主要创建者之一,第三代心理学的开创者。马斯洛出生于美国纽约市布鲁克林区的一个犹太家庭,他的主要成就包括提出了人本主义心理学,提出了马斯洛需求层次理论,代表作品有《动机和人格》《存在心理学探索》《人性能达到的境界》。

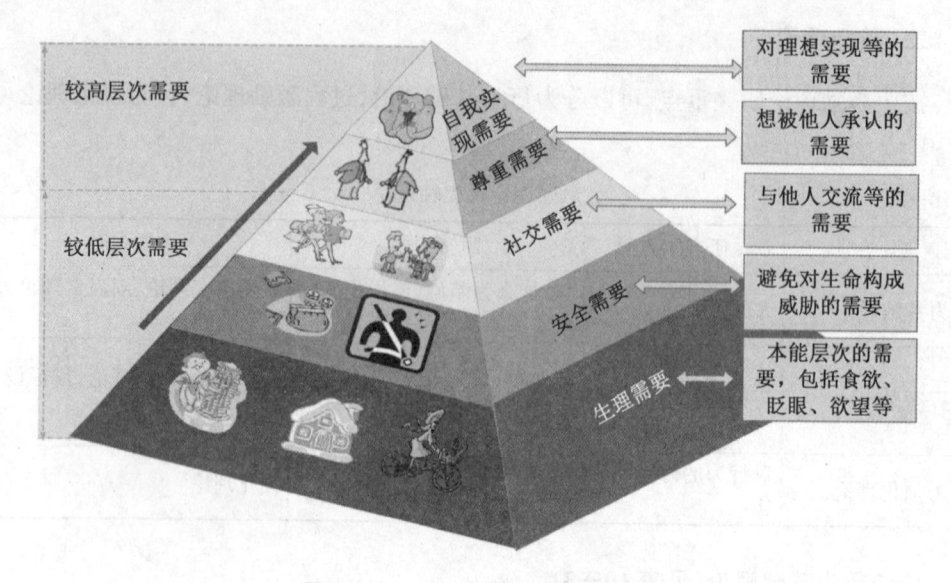

图 10—3　马斯洛的五种需要层次

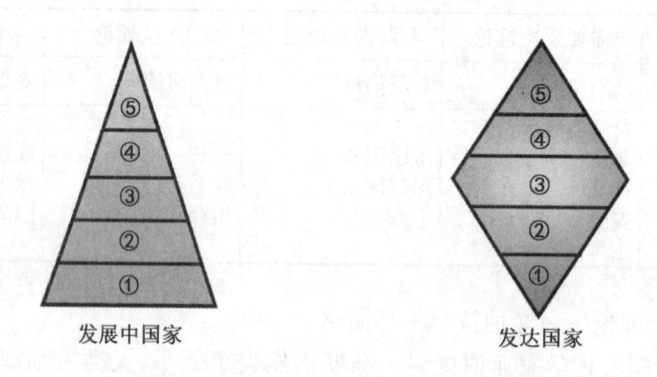

图 10—4　不同发展水平国家的需要层次结构图表

发展中国家　　发达国家

(2)管理启示

马斯洛需要层次理论具有一定的实用性。管理者要承认组织成员的需要,找准相应的需要,并进行有效激励。管理者要学会设计个性化的激励措施,针对不同员工的个性需要,开展有效激励,见表 10—4。

能否用马斯洛需要层次论的观点解释"雷锋现象"? 如何释解?

表 10—4　　　　　　　　马斯洛需要层次理论的实用性

需要层次	激励因素	管理对策
生理需要	工资和奖金 各种福利 工作环境	工资和奖金制度;贷款制度; 工作时间;医疗保健;住房与福利设施等; 创造健康的工作环境。
安全需要	职业保障 意外事故的防止	雇佣保证;退休养老金制度;意外保险制度;安全生产措施;危险工种的营养福利制度。

续表

需要层次	激励因素	管理对策
社交需要	友谊 (良好的人际关系) 团体的接纳 组织的认同	建立和谐的工作团队； 建立协商和对话制度； 互助金制度；团体活动计划； 教育培训制度。
尊重需要	名誉和地位 权力与责任	人事考核制度；职务职称晋升制度； 表彰制度；责任制度；授权。
自我实现需要	能发挥个人特长的环境 具有挑战性的工作	决策参与制度；提案制度；破格晋升制度； 目标管理；建立攻关小组提倡创造性工作。

(3)评析

马斯洛需要层次理论积极的一面在于，对不同人的需要进行了分类和分层，抓住了激励问题的关键，符合一般规律。但是该理论的调查对象主要集中在中产及以上层次的人群，缺乏普遍性；需要层次的分析简单、机械，这种需要的发展观带有明显的机械论色彩。

2. 双因素理论——弗雷德里克·赫茨伯格

美国心理学家弗雷德里克·赫茨伯格提出了双因素理论，他认为，影响人类行为的因素主要是组织中的个人与工作的关系。

(1)主要观点

在组织中，组织成员对组织存在"满意"与"不满意"两种截然不同的观点。组织成员不满意的因素，是组织内部的保健因素，主要包括工作环境、外界环境、薪金等。组织成员满意的因素，是组织的激励因素，主要包括成就感、责任感等。激励因素能够有效调动组织成员积极性，这也是激励成功的关键。激励因素与保健因素及其比较如图10—5和表10—5所示。

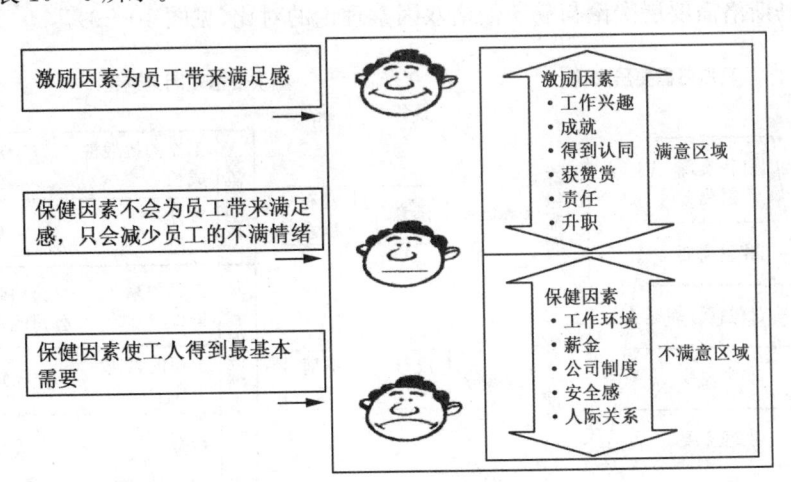

弗里德里克·赫茨伯格(Frederick Herzberg, 1923—2000)，美国心理学家、管理理论家、行为科学家，双因素理论的创始人。他曾获得纽约市立学院的学士学位和匹兹堡大学的博士学位，以后在美国和其他30多个国家从事管理教育和管理咨询工作，是犹他大学的特级管理教授，曾任美国凯斯大学心理系主任。

图10—5 激励因素与保健因素

表10—5　　　　　　　激励因素与保健因素的比较

项目	激励因素	保健因素
起源	人类形成的趋向	动物生存的趋向

项目	激励因素	保健因素
特征	性质上属于心理方面的长期满足 满足/没有满足 重视目标	性质上属于生理方面的短暂满足 不满足/没有不满足 重视任务
满足和不满足的源泉	工作性质:对个人来说主要是内部的 工作本身 个人标准	工作条件:对个人来说主要是外部的 工作环境 非个人标准
显示出来的需要	成就 成长 责任 赏识	物质的 社交的 身份地位 方向、安全 经济的

（2）双因素理论在管理中的应用

管理者要善于将保健因素,转化为激励因素。如果某些激励因素转化为保健因素,当达到饱和状态时,会产生边际收益递减,无法形成有效激励。有效的管理应该在保健因素的基础上,注重激励因素的给予;每个人的激励因素和保健因素不同,管理者要学会区别对待。

在企业管理中,如何运用"双因素"理论?

（3）双因素理论的局限性

赫茨伯格在调查时,其调查样本数量明显不够,缺乏代表性。问卷的调查对象主要是专业人士,如工程师、会计师等,未实现调查对象的普遍性。

满意与生产率并没有必然联系。在实际工作中发现,组织成员的满意情况与工作绩效关联性不强。有时候,人们在不满意的情况下,其绩效也会很高。不能将两类因素截然分开。在实际工作中发现,两者并不是绝对的,可以相互转化。

（4）马斯洛需要层次论与赫茨伯格双因素理论的对比（见图10—6）

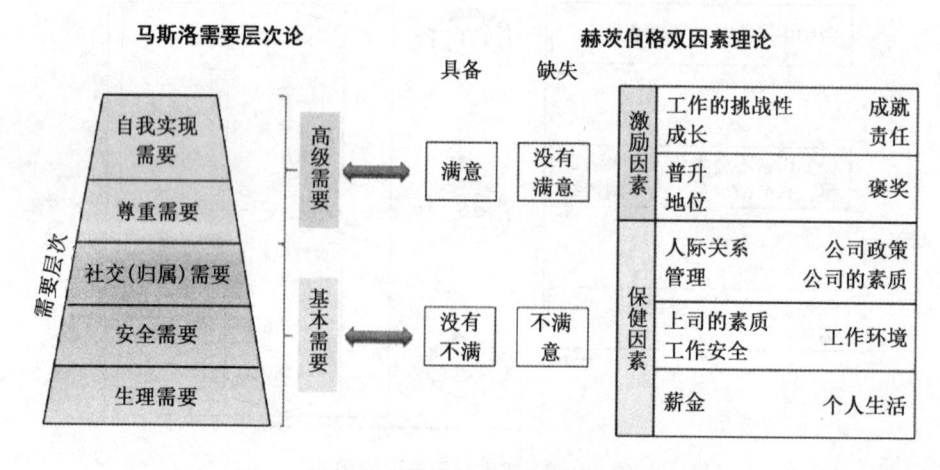

图10—6 需要层次理论与双因素理论的关系图

3."ERG"理论——奥尔德弗

1969年,美国行为学家奥尔德弗在马斯洛需要层次理论的基础上,提出了 ERG 理论。他认为,人的基本需要由三个核心需要构成,分别是生存（Existence）需要、关系

(Relatedness)需要和成长(Growth)需要。生存需要,即个体维持生存的生理和物质需要;关系需要,即个体维持重要人际关系的需要;成长需要,即个体追求自我发展的内在欲望。三者之间存在内在联系。

(1)特征

该理论主张人在同一时间可能有不止一种需要起作用,三种需要可能并存,如图10-7所示。人需要的满足主要分为"满足—前进"和"受挫—倒退"两种情况,可归纳为三种规律:

①愿望加强律。某种需要在得到基本满足后,其需要的强度不仅不会减弱,还可能会增加。

②满足前进律。较低层次的需要满足得越充分,人们越渴望满足高层次需要。

③受挫回归律。当个体高级需要受挫时,可能会退而求其次寻求低级需要的满足。

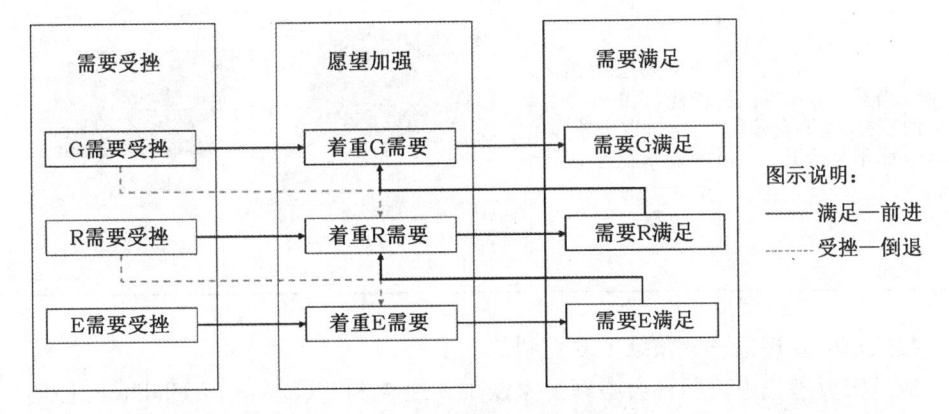

克雷顿·奥尔德弗(Clayton Alderfer),美国耶鲁大学行为学教授、心理学家。阿尔德弗发展了马斯洛需要层次理论,提出了"ERG理论"。

图10-7 生存、关系、成长三种需要的内在联系

(3)ERG理论的应用

管理者要了解员工的真实需要,建立良好组织沟通反馈机制,营造和谐气氛,正确指导和提高下属的工作期望,防止"受挫—回归"现象发生。

(4) ERG理论与需要层次理论的关系

两者认为,低一层次的需要被满足后,人们会追求高一层次的需要。但在需要结构与受挫后回归与否方面,存在不同(见表10-6)。

表10-6　　　　　　　　　ERG理论与需要层次理论的区别

	马斯洛需要层次理论	ERG理论	图例
需要结构内容	五种需要:生理需要、安全需要、社交需要、尊重需要和自我实现需要	三种需要:生存需要、关系需要、成长需要。	ERG理论(成长需要、关系需要、生存需要);马斯洛需要层次理论(自我实现需要、尊重需要、社交需要、安全需要、生理需要)

续表

	马斯洛需要层次理论	ERG理论	图例
需要结构是否刚性	需要层次是一种刚性的台阶式上升系列结构,即在更高层次的需要满足之前,较低层次的需要必须得到充分的满足。	不强调需要的顺序,人在同一时间有多种需要,当一种需要被满足后,不一定追求更高层次的需要。	马斯洛需要层次理论 / ERG理论
需要受挫后回归与否	当某一层次需要受挫,需要会停留而不会倒退。	如果高层次需要受挫,人的需要会产生倒退现象,转而追求低层次需要。	马斯洛需要层次理论 / ERG理论

4. 成就需要理论——戴维·麦克利兰

成就需要理论由美国社会心理学家戴维·麦克利兰(David McClelland)提出。人的高层次需要有三种,分别为成就需要、权力需要和归属需要(见图10—8和表10—7)。

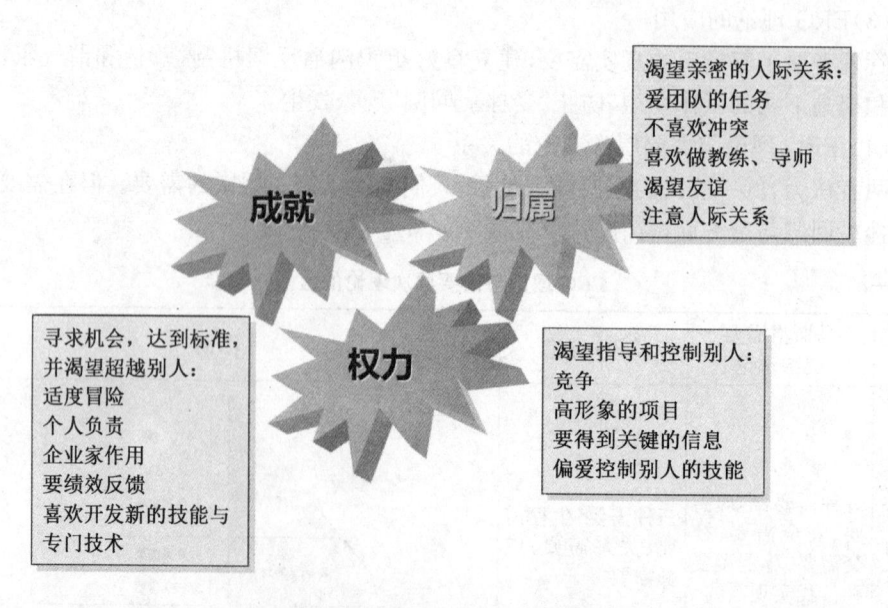

戴维·C.麦克利兰(David C. McClelland,1917—1998),美国社会心理学家,1987年获得美国心理学会杰出科学贡献奖。

图10—8 成就、权力、归属关系

表 10-7　　　　　　　　　　　　成就需要理论的三种需要对比

	成就需要	权力需要	归属需要
需要的内容	达到标准、追求卓越、争取成功的需要。	影响或控制他人且不受他人控制的欲望。	建立友好亲密的人际关系的愿望。
满足感的来源	工作本身,关注成功的过程而不仅仅是成功的结果。	领导过程,支配他人。	交往过程,被人喜欢和接纳。
工作环境要求	能够独立处理问题、及时反馈信息、中度风险的环境。	有竞争性和能够体现地位的环境。合作而不是竞争的环境。	

(1)主要观点

①高成就需要者的主要特征有:设置目标、回避过分的难度、给予反馈。

②成就需要并非天生的,受环境、教育、实践等影响。

③成就需要内化性更强,是取得高绩效的主要动力。

(2)实践意义

①组织是否是高成就组织,与是否有高成就需要的人有直接关系。因此,管理者要善于发现和培养高成就需要的人。

②高成就需要的人不是与生俱来的。组织应当为人才的成长创造良好的条件,通过培训等手段,激发员工的成就需要。

③高成就的人需要更高层次的激励。管理者要创造良好的环境,满足其这种需要。

(3)局限性

成就需要注重高层次的需要,反而忽略了低层次的需要。在组织中,通常低层次的需要被满足了,才能够更好地开展高层次需要。如果低层次需要没有被满足,成就需要的激励就不会成功。

(二)过程激励理论

组织成员在面对激励时,会选择一定的行为方式,以满足其自身需要。过程激励理论就是在解释和说明成员行为方式的选择。

1.公平理论——约翰·亚当斯

1965年,约翰·亚当斯提出了公平理论。该理论认为部分组织成员在面对激励时,更注重比较劳动与报酬是否公平、合理。报酬是否满意,是一个社会比较过程,不仅取决于绝对报酬,更取决于相对报酬,即将"自己"与"他人"相比较来判断自己所获报酬的公平性,或对自己的目前和过去相比较,从而对此做出相应的反应,见表10-8。

> 不公平感对产量与质量的影响是什么?

表 10-8　　　　　　　　　　　　公平理论相对报酬比较

横向比较		纵向比较	
觉察到比率比较	员工评价	觉察到比率比较	员工评价
$OP/IP=OC/IC$	公平	$OP/IP=OH/IH$	公平
$OP/IP<OC/IC$	不公平(报酬过低)	$OP/IP<OH/IH$	不公平(报酬过低)
$OP/IP>OC/IC$	(报酬过高)	$OP/IP>OH/IH$	(报酬过高)

(1) 主要观点

相对报酬的比较体现在横向比较和纵向比较两个方面。横向比较即自己与他人的比较,纵向比较即自己当前与自己过去的比较。

$$相对报酬 = \frac{O}{I} = \frac{报酬(工资、奖金、津贴、晋升、表扬等)}{贡献(知识、经验、技能、资历、努力等)}$$

①横向比较: $\frac{IP}{OP}$ 对比 $\frac{OC}{IC}$

式中:OP 是对自己所获报酬的感觉;IP 是对自己所做投入的感觉;OC 是对他人所获报酬的感觉;IC 是对他人所做投入的感觉。

②纵向比较: $\frac{OP}{IP}$ 对比 $\frac{OH}{IH}$

式中:OP 是对自己所获报酬的感觉;IP 是对自己所做投入的感觉;OH 是对自己过去报酬的感觉;IH 是对自己过去投入的感觉。

相对报酬比较的结果会使人们产生公平感或不公平感。不公平感会造成人们心理紧张和不平衡感。公平感是一种主观心理感受,有两个方面因素制约:客观公平和主观公平。客观公平主要指分配政策公平和执行过程公开,主观公平取决于当事人的公平标准(见表10—9)。

表 10—9　　　　　　　　　　公平理论四种比较情况

	情况	行为
横向	OP/IP＜OC/IC	通过减少投入或设法增加报酬来改变自己的相对报酬;通过让他人多付出或设法减少其所得来改变他人的相对报酬;更换比较对象,"比上不足,比下有余",获得主观上的公平感;自我解释,自我安慰;发牢骚,泄怨气,造成人际矛盾;离开现有岗位,另谋职业。
	OP/IP＞OC/IC	通过增加投入改变自己的相对报酬;设法让他人增加报酬改变其相对报酬。
纵向	OP/IP＜OH/IH	通过减少投入来改变自己的相对报酬。
	OP/IP＞OH/IH	不会因为自己多拿了报酬而主动增加投入。

(2) 启示

在实际工作中,会出现自己相对报酬小于他人相对报酬的情况。这主要是因为个人高估了自己的投入低估了自己的产出,低估了他人的投入高估了他们的产出。管理者需要遵循公正、公平原则,营造良好的组织环境,并在此基础上更好地激励组织成员。

(3) 局限性

在现实社会中,社会比较是一种普遍的心理现象。一般而言,社会比较是信息的比较,由于不同人信息掌握度不一样,或者一些不完全信息的出现,会使得社会比较产生偏差。社会比较受个人主观评价影响较大,很难形成统一的标准。

2. 期望理论——维克托·弗鲁姆

1964年,美国心理学家维克托·弗鲁姆发表了《工作与激励》一书,提出了期望理论。人们只有在个人期望被满足的前提下,才会选择某些行为。如果个人期望无法满足,人们便不会选择相关行为。

(1) 主要观点

弗鲁姆认为，人之所以努力工作，取决于他对行动结果的价值评价和预期达成该结果可能性的估计。即某项行动对人的激发力量，取决于该目标的效价和预计达到目标的期望值的乘积。用公式可以表为：

$$M = \sum V \times E$$

式中：M(motivation，激励力)指人们感受到的激励程度，V(value，效价)指人们对预期成果的重视程度，E(expectancy，期望值)指人们对特定的行为达到预期成果的可能性的概率判断。效价、期望值和激励力的关系，见表10-10。

表10-10 效价、期望值和激励力的关系

效价	期望值	激励力
高	高	高
高	低	低
低	高	低
低	低	低

维克托·H.弗鲁姆(Victor H. Vroom)，期望理论的奠基人，国际管理学界最具影响力的科学家之一，著名心理学家和行为科学家。1998年获美国工业与组织心理学会卓越科学贡献奖，2004年获美国管理学会卓越科学贡献奖，是国际管理学界最具影响力的科学家之一。

效价和期望值的不同组合，会产生不同的激发力量。高效价—低期望值、低效价—高期望值、低效价—低期望值这三种组合，激励力都是低的，只有高效价—高期望值组合，激励力才高。

在现实组织管理中，期望理论要正确处理三种关系：努力与绩效的关系、绩效与奖励的关系、奖励与满足个人需要的关系。这种需要与目标之间的关系用过程模式表示即："个人努力→个人成绩(绩效)→组织奖励(报酬)→个人需要"，如图10-9所示。

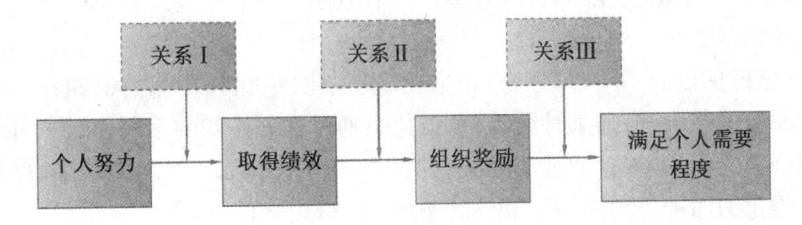

图10-9 需要与目标关系模式

(2) 期望理论的启示

在组织中，管理者要抓住多数成员认为最大的激励措施，并设定适宜的激励目标；要适当控制期望概率和实际概率，并加大组织期望行为与非期望行为差值；要正确认识报酬在员工心中的效价，同时提高员工的期望值。

3. 目标设置理论——爱德温·洛克

(1) 基本观点

1968年，美国心理学家爱德温·洛克提出了目标设置理论，简称目标理论。该理论认为，合理的目标设置是组织目标与个人目标的统一。因此，个人目标是组织目标的重要参考，也是重要的变量。如果组织目标与个人目标相一致，便会被个人接受，并努力实现组织目标。

在实现目标的过程中,组织的支持和成员个人能力,会影响工作绩效水平。目标实现后,管理者应满足成员的需求,包括内在需求和外在需求。个人努力程度受四个因素影响,分别是目标明确性、目标难易性、目标责任清晰度和目标接受度。目标设置的综合模式,如图10—10所示。

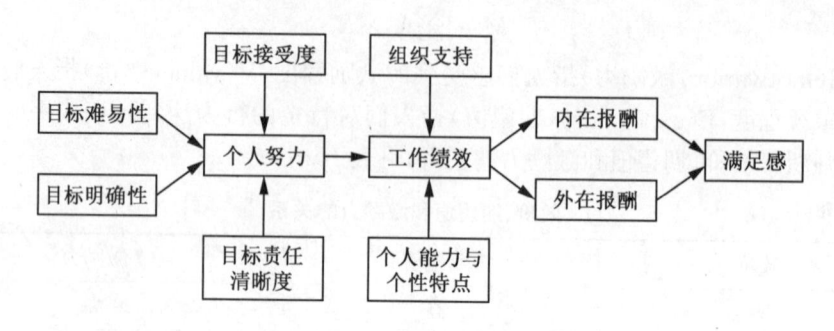

图10—10 目标设置的综合模式

(三)行为强化理论——斯金纳

美国心理学家斯金纳提出行为强化激励理论,这一理论是操作性条件反射学说的核心。该理论认为,人们出于某种动机,会采取一定的行为作用于环境;当这种行为的结果对人们有利时,这种行为就会在以后重复出现;反之,当这种行为的结果对人们不利时,这种行为就会减少或消失。因此,行为的结果会对人的动机产生很大影响,从而使行为在后续得以改变。

伯尔赫斯·弗雷德里克·斯金纳(Burrhus Frederic Skinner,1904—1990),美国心理学家,新行为主义学习理论的创始人,也是新行为主义的主要代表。斯金纳引入了操作条件性刺激。著有《沃尔登第二》(Walden Two,意译为《桃源二村》)、《超越自由与尊严》(Beyond Freedom and Dignity)、《言语行为》等。

1.强化的含义

人们某种行为的重复出现,本质上讲是某种需要的作用。管理者强化这种需要背后的需要,才会产生重复性的动作,才会产生有效激励。

2.强化的分类

(1)强化根据目的不同,可分为:正强化、负强化、惩罚和自然消退四种类型。正强化指通过积极的手段,增强某种行为;负强化指通过预先告知的手段,减少不良绩效;惩罚指采用处罚的方式,减少或削弱相关行为;自然消退指不提供期望结果,自然减少某种行为。强化的四种类型适用于事件的条件,如表10—11所示。

表10—11 强化类型的适应条件

	令人愉快或希望的事件	令人不快或不希望的事件
事件的出现	正强化(行为变得更加可能发生)	惩罚(行为变得更不可能发生)
事件的取消	自然消退(行为变得不可能发生)	负强化(行为变得更加可能发生)

(2)依据强化的方式,可分为连续强化和间断强化。连续强化指持续性地对每个行为都给予强化,间断强化指间断性地对部分行为进行强化。

3.应用强化的原则

在强化制定时,管理者要根据强化对话的不同需求,采取不同的强化措施;在强化开始前,管理者要明确表述强化的内容和目标;在强化过程中,管理者要及时将相关情况,反馈给组织成员(见图10—11)。

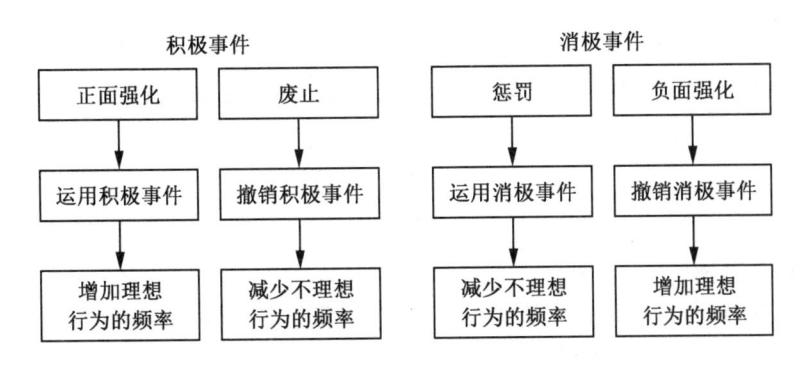

```
积极事件                            消极事件
┌─────────┐  ┌─────────┐      ┌─────────┐  ┌─────────┐
│ 正面强化 │  │  废止   │      │  惩罚   │  │ 负面强化 │
└────┬────┘  └────┬────┘      └────┬────┘  └────┬────┘
     ↓            ↓                ↓            ↓
┌─────────┐  ┌─────────┐      ┌─────────┐  ┌─────────┐
│运用积极 │  │撤销积极 │      │运用消极 │  │撤销消极 │
│  事件   │  │  事件   │      │  事件   │  │  事件   │
└────┬────┘  └────┬────┘      └────┬────┘  └────┬────┘
     ↓            ↓                ↓            ↓
┌─────────┐  ┌─────────┐      ┌─────────┐  ┌─────────┐
│增加理想 │  │减少不理想│      │减少不理想│  │增加理想 │
│行为的频率│  │行为的频率│      │行为的频率│  │行为的频率│
└─────────┘  └─────────┘      └─────────┘  └─────────┘
```

图 10—11 积极和消极事件的运用和抑制

强化理论客观揭示了行为塑造与修正的关系,被广泛应用于各类组织。但该理论过分强调外在因素对个人行为的作用,忽视了个人内在心理过程和状态,忽视了个人因素对环境的影响。

三、激励方法

(一)工作激励

1.工作扩大法

组织成员长期从事单调的工作,会因为枯燥而产生厌倦或倦怠,降低工作积极性。工作扩大法指管理者通过扩大工作的范围、增加岗位职责等方式,改变工作的幅度,进而激发组织成员的工作积极性。

2.工作丰富法

单一的工作内容,缺乏挑战性和自主性,会造成组织成员机械化。工作丰富法指丰富组织成员工作内容,如参与管理、提升技术多样性等,进而激发组织成员的工作热情。

3.岗位轮换法

让员工在预定时期内变换工作岗位,获得不同岗位的工作经验的激励方法。针对不同的员工,岗位轮换法主要包括以下几种形式:新员工轮换、培养多面手的老员工轮换、培养经营骨干的管理人员轮换。

(二)成果激励

成果激励是依据员工的工作业绩给予相应回报的工作方法。

1.物质激励

以物质的形式,满足组织成员的物质需要,进而达到激励效果,如工资、福利、员工持股计划等。

2.精神激励

以无形激励的方式,满足组织成员的精神需求,进而达到激励效果,如情感激励、荣誉激励、信任激励等(见表 10—12)。

表 10—12 精神激励类型划分

形式	含义	事例
情感激励	以管理者与员工之间感情联系为手段的激励方式。	思想沟通、排忧解难、慰问家访、交往娱乐、批评帮助、共同劳动、民主协商。

续表

形式	含义	事例
荣誉激励	以激发员工追求良好声誉为手段的激励方式。	公开表扬、员工评比、头衔名号、晋级提升、以员工的名字命名某项事物。
信任激励	建立在上级对下级理解和信任基础上的激励方式。	授予实权、委以重任、允许犯错。

(三)综合激励

在现实管理中发现,很多其他的方法,也发挥着非常重要的激励作用,如榜样激励、危机激励、培训激励和环境激励等(见表10—13)。

表10—13　　　　　　　　　综合激励类型划分

形式	含义
榜样激励	组织选择内部做法先进、成绩突出的个人或集体加以肯定和表扬,并要求其他个人或集体向其学习。
危机激励	组织通过不断地向员工灌输危机观念,让员工明白生存环境的艰难,以及由此可能对员工自身工作、生活带来的不利影响,进而激发员工自发努力工作。
培训激励	组织通过为员工提供定期或不定期的培训和教育,以满足员工渴望学习、渴望成长的需要。
环境激励	组织通过改善政治环境、工作环境、生活环境和人际环境,从而使员工在工作过程中心情舒畅、精神饱满。

四、激励理论在中国文化背景下的综合运用

(一)中国人需要的特殊性

中国人的需要具有明显较高层面的特征,分别是对物质的需要层次高,对安全的需要高、对社会地位认可的需要强烈、重视人际关系、注重面子、对信任需要很高、对人情味有很高要求、对领导的道德需要较高。

(二)中国激励特点

1. 任贤律己、身先士卒

"上行下效","正己修身"。管理者要树立榜样、典范,从自身做起,激励成员积极进取。

2. 人不同能,用人所长

"金无足赤,人无完人。"每个人都有其特长,因此,管理者要善于发现每个人身上的才能,灵活、辩证地识才、用才。

3. 设定目标

韩非子曾说:"明主立可为之赏,设可避之罚。……如此,则上下之恩结矣。"从中不难看出,作为管理者要合理设定目标和标准,有效激励成员。

4. 确保公平

"不患寡而患不均,不患贫而患不安。"管理者要公平、公正,提升成员的公平感,避

免不公平情况出现。

5. 重视"情"字

中国尤其注重人际关系和谐,正如"来而不往非礼也"。管理者要学会用情感激励,提高组织成员的归属感、信任感。

6. 物质及金钱激励

先秦思想家墨子曾说:"食必常饱,然后求美;衣必常暖,然后求丽;居必常安,然后求乐。"管理者要注重组织成员对物质的需要,满足其低层次的需要。

7. 荣誉激励

中国自古有"面子"一词,非常注重尊严。管理者要学会采用荣誉激励,通过精神奖励,提高成员的荣誉感。

8. 地位激励

延续几千年的封建社会,使得中国社会非常看重社会地位。管理者要学会职级、职位的激励作用,用地位来调动成员的积极性。组织中可以设置参谋虚岗,如我国公务员制度设计中设置非领导职务享受职级待遇有关规定。

中国管理智慧

《西游记》取经团队的需要层次

1943年,美国人本主义心理学家马斯洛提出了人类动机理论。他认为,人的需要分为生理需要、安全需要、社会需要、尊重需要和自我实现需要五个层次。在日常企业经营、团队管理过程中,每个人的行为,一定是由这个人的价值观决定。从某种意义上讲,价值观是由个人需要决定的。《西游记》是我国四大名著之一,其故事家喻户晓,流传非常广。故事中的取经团队成员,更是深入人心。从管理学视角解读,取经团队师徒五人的需要,与马斯洛的需要层次理论是非常吻合的。

猪八戒饿了,他就要吃;困了,他就要睡,看见美女眼睛就发直;累了,倒头就能躺到一个地方睡觉。正是因为他生理上的这种需要,决定了猪八戒利益至上的价值观。所以他在取经路上,能偷懒就偷懒,能不干就不干。反正大事有孙悟空,小事儿有沙和尚,他只要跟着这个团队,顺利到达西天完成任务,获得应有的好处,就可以了。

沙和尚为什么在取经团队中最没有安全感呢?假设取经失败了,他们四人都有归处。唐僧可以回长安,继续当和尚;孙悟空可以回花果山,继续做美猴王;猪八戒可以回高老庄做女婿,也可以回云栈洞继续做妖怪;小白龙可以回龙宫,继续做龙王三太子。但沙和尚却无处可去。也许有人会说,他不是可以回流沙河做妖怪吗?殊不知,流沙河是玉皇大帝囚禁沙和尚的监狱。那里渺无人烟,没有食物,而且每七天会被乱箭穿心一次。由此不难看出,沙和尚最没有安全感。正是因为如此,他最大的需要是安全。所以他在取经路上,一直秉承"和为贵"的价值观,做团队中的和事佬,顾全大局,去调解团队内部的矛盾。沙和尚认为,大家目标要一致:早日取经,修成正果。

小白龙是龙王的三太子,是三界众生中的贵族。但因为一不小心,他把玉皇大帝所赐的夜明珠给烧坏了。他被判处忤逆罪,吊在剐龙台上,在实施斩刑时,被观世音菩萨救下。小白龙为了感恩,在鹰愁涧等待取经人。唐僧来了之后,他由龙变成马,护送唐僧一路西去。取经路上他看得最多，听得最多，想得最多，但说得最少，也一步一个脚印历经了十万八千里的蹉跎之苦。这就决定了他默默无闻的价值观，充分体现出吃苦耐劳、任劳任怨的龙马精神。

唐僧的目的很简单，为了唐朝皇帝李世民，往西天求取真经。唐僧每一次介绍自己，首先强调自己是大唐的钦差大臣，然后才说自己是和尚。唐僧取经是为了保皇图永固、江山万代，为了获得李世民和全国老百姓对他的爱戴和尊敬，也就决定了唐僧忠君爱国的价值观。

孙悟空论能力、人际关系、家财，都是足够有条件回花果山当山大王的。但孙悟空为了体现生命的意义和价值，不惜一切保护唐僧安全，保证团队求取真经，也就决定了孙悟空在取经路上的行为就是拼搏。

讨论问题

1.西天取经路途遥远，坎坷重重，是什么在激励着团队一步步向前？
2.《西游记》中，师徒取经团队成员分别追求哪种需要？

书面作业

现实生活中仍然有一些特殊情况，马斯洛的需要层次理论不能解释，例如，革命烈士在吃不饱、穿不暖的情况下坚持作战，华罗庚废寝忘食地钻研哥德巴赫猜想等等。这些似乎打破了需要层次理论的层次性，也对每个层次的内涵提出了挑战。请尝试分析这些现象。

扩展阅读

［1］刘颖.以马斯洛层次需求理论品《西游记》[J].语文学刊，2016(01)：80－81.
［2］苗芳.需求层次视野下《西游记》创作主旨探微[J].芒种，2013(14)：122－123.

小故事 大管理

一、晋商的身股制

晋商是中国历史上的一个传奇，留下了很多丰富的建筑遗产和传奇故事。日升昌票号是开办最早的票号，被后人称为"中国银行的鼻祖"。在明清时期，晋商在盐业、票号等方面，占据着主导地位。曾全国热播一时的电视剧《乔家大院》，讲述的是我国晚清时期，一代晋商代表人物乔致庸的传奇故事。他经营的票号遍布中国各地，大德通、大德恒也成了全国票号巨头。乔致庸也实现了自己的商业抱负，名留青史。晋商也从此在全国打开了名号，享誉全国。

乔致庸所采用的方式，便是身股制。

晋商之所以取得那么多的成功，这与他们的管理制度有密切的关系。晋商的制度主要有两种，分别是：银股和身股。在这两种制度中，身股比银股还重要。这两种制度虽然同股同利，但性质却有很大的差异。银股的股东是东家，而身股是东家对员工的一种奖励。晋商对商号的大掌柜、二掌柜及其他管理人员、业务人员，给予身股奖励。在身股制的激励下，掌柜、伙计们都有了股东的感觉，工作起来都非常有动力。但身股负盈不负亏，而且不能够由他人继承。获得身股的掌柜、伙计们在离职之后，身股就随即取消。

乔致庸的身股制,主要分给掌柜和核心成员。顾名思义,人身股就是人力资本,通俗讲就是出力的。但人身股是纯粹的收益股,主要根据业绩和绩效获得收益,主要是固定薪金加分红。虽然人身股不具备继承权、转让权和表决权,但是却有效激励了掌柜和核心员工,将他们和东家牢牢绑在了一起。

启示:身股制与现代社会的股份制非常相似,拥有身股的人,也就拥有了企业的股权。股权能够将员工与组织的命运紧紧联系在一起,与组织共荣辱、共存亡。如何调动成员工作的积极性,是很多管理者一直在考虑的事情。有效的激励,能够增进员工与组织的关系,并充分调动员工的积极性。身股制从某种意义上,是对员工的一种奖励,就如现代社会的股权激励一样,能形成长期激励的效果。

二、得不到表扬的厨师

随着央视《舌尖上的中国》的热播,纪录片上各种各样的美食、小吃,让我们垂涎欲滴、胃口大开。与此同时,很多有名的小吃,也纷纷走入我们的视野,逐渐被大众熟知、喜爱。其中,烤鸭便是非常有名的一道美食。

有位名厨的拿手菜就是烤鸭,深受顾客的喜爱。他的老板虽然心里也非常欣赏他做的烤鸭,但从没有任何鼓励和赞美。这使得厨师每天都闷闷不乐,工作效率也不高。

有一天,有一批重要的客人到访,老板赶忙在酒店里大摆宴席款待他们。其中,就包括了厨师做的烤鸭。在宴席上,老板热情地给客人夹鸭腿。当他夹了一个鸭腿之后,却怎么也找不到另一只。

老板偷偷问厨师:"怎么只有一只鸭腿,另外一只呢?"

厨师听了老板的问话,坦然地说道:"老板,我们的鸭子就只有一条腿!"

听了厨师的话,老板虽然也非常诧异,但碍于客人在场,他也没好意思细问。

宴席过后,老板喊上厨师,要去一探究竟。当时正是夜晚,鸭子们都在睡觉,每个鸭子只露出了一条腿。

厨师指着鸭子说道:"老板您看,它们确实只有一条腿呀。"

老板还是很疑惑,于是大声地拍掌把鸭子吵醒。鸭子被惊醒后,纷纷站了起来,第二条腿也都露了出来。

老板指着鸭子道:"这不都是两条腿吗?你怎么说只有一条腿啊?"

厨师说道:"它们刚才确实是一条腿。您鼓掌,它们才会有两条腿。"

老板听了厨师的话,默默地没有说什么。在之后的工作中,老板一改之前的做法,经常表扬员工。员工的积极性得到了极大的提升,工作起来也更加卖力了。厨师工作也开心起来。他做的烤鸭味道越来越好,深受顾客的喜爱。

启示:激励是管理工作的核心问题之一。在组织工作中,激励都是调动员工工作积极性的重要手段之一。管理者的水平如何,很大程度上体现在激励员工的效果。一点小小的物质奖励或是精神鼓励,往往能够极大地调动员工的积极性,能够有效提高组织效益。

三、提拔错了吗?

李兰是某房地产公司的员工,销售业绩非常好,每个季度都是冠军。因为其销售业绩非常好,公司销售副总经理决定提拔她。很快,李兰就被任命为销售部经理。没多久,公司进行考核,然而李兰的绩效考核结果却并不好。

副总经理为此进行了调查。他发现,李兰干得确实不怎么样。公司下属反映,李兰平时待人一般,员工和她讨论问题时,她常常表现得非常不耐烦;对员工的指导方面,她做得非常差,员工在咨询她一些销售技巧、销售方法时,她常常敝帚自珍、敷衍了事,员工并没有得到有效的指导。

他进一步调查发现,李兰对这项工作也非常不满意。在她做销售员的时候,每卖出一套房子,她就能立马拿到奖金。但当她做经理的时候,她的奖金只能等到年底才能领取。她的绩效之前与自己的工作有直接的关系,当她做经理以后,她的绩效受员工的工作影响。另外,副总经理也了解了一下李兰的日常生活。李兰在市区拥有一栋豪宅,平时开着奥迪。她的全部收入基本都用于日常开支。副总经理还发现,李兰现在和提拔之前工作激情有了很大的变化,简直判若两人。副总经理不知道李兰为什么会这样。为此他专门找专家进行了咨询。专家进行了调查后,得出了一个结论:升职对李兰不是有效的激励。李兰对职务的晋升,并没有太大的兴趣。所以,让她做销售部经理,并没有太大的刺激,她也不会卖力地工作。

启示:激励一定要针对员工的需要,才能调动其积极性。如果激励手段与员工的需要不一致,那就没有针对性,也就起不到激励的效果。管理者一定要学会灵活地运用各种激励手段。

四、总裁降薪

在热播剧《万万没想到》中,王大锤有一句深入人心的经典台词:"不用多久,我就会升职加薪、当上总经理、出任CEO、迎娶白富美、走上人生巅峰,想想还有点小激动。"其中,"当上总经理、出任CEO",这是很多人的理想。公司总裁的薪水是非常高的,很多人年薪都是数十万、上百万,甚至更高。他们都希望自己的薪水一路飙升,越拿越多。在日常生活工作中,很多员工会降薪,但公司的领导会主动降薪吗?估计更多的人会回答:不会! 还真的有总裁主动降薪!

李·艾柯卡曾担任美国克莱斯勒公司的经理。在他任职期间,公司危机四伏,内部也是一盘散沙。他当时动员全部的员工,努力地振兴公司。在经济最困难的时候,公司员工的薪水都很难发,更别说其他的了。在这种情况下,艾柯卡主动提出降薪,而且他的降薪还不是一般地降,由年薪100万美元,降到1 000美元。这么大幅度的降薪,深深地震撼了员工,同时也使得艾柯卡的形象高大起来。艾柯卡这种牺牲精神,员工们很感动,也都像他一样不计报酬地劳动。不到半年时间,克莱斯勒公司就一改之前的颓势,逐渐强大起来,并成为世界有名的跨国公司,公司资产过亿美元。

启示:在任何组织中,困难是在所难免的,领导一定要能够挺住,同时也要有效激励员工留住。榜样的力量是非常强大的,领导要起到带头作用,做好榜样,身先士卒。这样才能更有效地调动员工的积极性。在激励的方式中,语言很重要,行为更重要。

五、拉绳实验

在组织中,如何更好地挖掘人的潜力,如何做好人力资源管理,这是很多管理者都非常重视的事情,也是非常头疼的事情。

法国工程师林格曼曾经设计过著名的拉绳实验,其结果更是引人深思。林格曼选拔了一批实验的人,并按照人数将他们分为四种不同的组,分别是:一人组、二人组、三人组和八人组。林格曼要求各组都要用尽全力拉绳。在实验过程中,他们采用了高度灵敏的测力器,来测量拉力。

实验结果显示:在二人组中,两人的合力只是一人组中人们所使力量总和的95%;在三人组中,是85%;八人组中,是49%。

在"拉绳实验"中,之所以出现这种95%、85%和49%的情况,是因为在多人比赛中,人们没有更好地发挥自己的力量。人生来具有惰性。当我们单枪匹马地干一件事情的时候,通常会竭尽全力。但在集体里,相关责任便会被大家自动分解,在工作过程中也就不会全心全意地工作。这在社会心理学上,被称为"社会浪费"。

启示:每个人的潜力,都是非常大的。如何最管用、最长效地激励员工,激发他们的潜力,这是一个非常重要的学问。最有效的办法就是,建立一套科学合理的机制,努力地做到"人尽其才、人尽其力"。在组织工作中,一定要做到责任明确、责任到人。这样才能充分地发挥每个人的潜力,避免"社会浪费"现象出现。

六、够得着的目标

篮球自1891年被创造了以来,便深受人们的喜爱,篮球运动是当今一项非常流行的体育运动。每年的NBA总决赛,总会吸引全球篮球爱好者的关注。在篮球比赛中,其得分分数有1分、2分、3分的区别,具体根据不同的进球情况来判断。但都有一个关键的判断因素,那就是进球,即篮球投进篮球架的球筐里。

在设计篮球架的时候,设计者詹姆斯·奈史密斯曾非常苦恼。篮球架低了,大家都能轻松地投进去,得分就会很容易,大家就会感觉没意思;篮球架高了,大家都投不进去,就都得不了分,大家会感觉更没意思。

经过调查和多次实验,他终于确定了合适的高度。这个高度,大家需要跳一跳便会进球,便会取得分数。这个得分不会非常的难,但也不会非常容易。正是因为这样一个合理的高度,篮球才受到大家的欢迎,很快成为一个世界性的体育项目。无数的体育健儿在篮球场上努力拼搏,很多篮球爱好者也乐此不疲。

启示:在任何组织里,组织设定的目标一定要适中,既不要太低,也不要过高。组织目标只有让成员能通过努力实现,才能最大限度地调动成员的积极性。

七、今年中秋节不发钱

中秋节很多组织都会给员工发福利,奖金、月饼、礼包等各种福利丰富多彩。某公司每年都给员工发放1 000元奖金,这已经形成了一种惯例。数年下来,老板感觉这1 000元奖金的作用,正逐渐地丧失。他发现,员工在领取这笔奖金的时候,眼神非常平静,他看不到预期中的惊喜和兴奋。而且在之后的工作中,员工的工作态度和效率,也没有什么改观。有下属建议他停发这笔奖金,但他一直犹豫不决。有一年,因为行业不景气,公司效益不是很好,老板为减少公司的开支,终于决定停发这笔奖金。然而,停发后产生的效果,却大大出乎了他的意料。基本每个员工都在抱怨,有的员工情绪非常低落,公司工作效率明显下降。老板非常困惑,不清楚为什么员工前后的反差竟如此之大。为此,他专门咨询了专家,希望能改善公司的情况。在专家的建议下,他又把奖金恢复了,但却将之与员工的绩效紧密地联系在一起。员工的积极性得到了明显的改善,公司效益显著提高。

启示: 同样的1 000元奖金,在未停发前激励效果并不高;在停发后,却在员工中产生了如此大的反应;在采用了新的发放制度后,却有效地调动了员工的积极性。保健因素能有效地预防员工的不满,却没有激励的作用。当这种保健因素不在了,员工的不满便爆发了。专家将奖金和员工绩效有效结合,使奖金由之前的保健因素转化成了激励因素,有效地提高了员工的积极性。

想一想

一、服装公司的激励计划

宏利服装公司在服装界非常有名,企业效益非常好。公司的薪资水平在同类行业中,属于最好的了。该公司人事经理汪明明,因为工作出色,被公司派去参加了一个管理研修班。在这个班里,汪明明学到了很多的管理理论。其中,他对马斯洛和赫茨伯格的激励理论,非常感兴趣。

汪明明结合公司的实际情况,认为公司主要应该采用赫茨伯格的激励因素激励下属。于是他和公司高层管理者、公司总裁进行了多次会谈,并最终让他们授权他去制定工作计划,并且让他放手去推行。

汪明明重新制定了很多计划,这些计划主要强调表彰、个人提升、个人成就以及工作挑战性等。过了几个月,他所预料的效果和他的期望相差非常大,这让他很疑惑。

很多人认为,这些新的计划纯属浪费时间。设计师的反应很大。很多设计师认为,服装的设计本来就是一种挑战;还有的设计师认为,服装畅销就是对他们最大的肯定;还有的人认为,公司已经通过奖金对他们进行了表彰,这些做法有些多此一举。有一个和他关系非常好的设计师,开玩笑似地跟他说道:

"明明,你是不是理论学得太多了,把我们当成小学生来对待了。"

员工们反应的反差更大,裁剪工、缝纫工、熨衣工和包装工的感受是各具特色。有的员工非常喜欢这种变化,认为他们在实际过程中得到了表扬;但另外一些员工则持相反的观点,他们认为这是管理者的计策,其根本原因,还是为了让他们拼命地工作,同时还不加工资。更为不幸的是,持第二种观点的员工比重非常大。有一些偏激的工人,为了争取自己的权益,甚至要联合罢工。

这些事情发生后,很多本来信任和支持他的高层管理者,也开始怀疑他的工作计划,甚至工作能力。有的领导还批评他考虑事情不周全。汪明明没有想到事情会紧张到这种地步。他不明白,为什么那么好的理论,在实行的时候却是这个样子。

问题讨论

请你根据案例中的情况,分析以下问题。
1. 新计划为什么会失败,其主要原因是什么?
2. 请结合马斯洛的需要层次理论,分析设计师和普通员工的主导需求是什么,两者有什么不同？

3. 请结合赫茨伯格的双因素理论，分析汪明明是如何理解保健因素和激励因素的，以及理论的适用性存在什么问题？

4. 请你根据激励理论，具体为汪明明解答疑惑，并给他一些有效调动公司员工积极性的建议。

二、李想的困惑

年近40的李想，是某企业生产的总指挥官。这二十年来，他一直努力地在这家企业工作。年轻的时候，他在工作没稳定的时候，就匆忙结了婚。结婚之后，他的妻子待业家中，两人的生活一直很艰难。

后来，李想在现在工作的企业找到了一份固定的工作。因为工作出色，他被提升为工段长、车间主任、生产部长。他的付出也得到了丰厚的回报。他的工资逐年增长，他的权力和地位也不断提升。他以及他的妻子为此非常自豪，甚至有段时间还沾沾自喜。

最近他心里老是空落落的，觉得自己并没有什么成就。作为企业生产的总指挥官，看着企业每况愈下，心里也很着急。他想在新产品开发方面做出贡献，但却不负责企业研究开发和产品销售，也没有相关权力。他曾多次向领导提议变革组织结构，适当放权，以增加企业的活力和创新力。但领导一直没有同意。

他最近想"跳槽"，打算换个企业工作。他对职务没有什么要求，只希望能真正发挥自己的才能。但考虑到自己已经步入中年，他一直犹豫不决。

问题讨论

请你根据上述案例，分析以下问题。

1. 请你运用激励理论，分析李想在个人成长历程中获得个人需要满足的情况，以及他产生困惑的主要原因。

2. 假如你是一个企业的老总，而李想又"跳槽"到你的企业工作，你将从哪些方面采取激励措施？

三、李明为什么辞职？

李明毕业于一所著名的"985"大学，且很有能力。五年前，他应聘到某著名公司，并负责公司的技术工作。由于能力强、技术好，且工作勤恳、踏实负责，他很快成了公司的技术能手，成长为助理工程师。但是，他的工资却一直没有增加，和仓管人员一个级别。多年来，公司也没有给李明解决住房问题。他一家三口人一直蜗居在之前的小房子里，生活非常拥挤。对此，李明家人经常发牢骚，李明也不满公司的安排。

黄某是公司的老板。当初，他花费了很大力气，才把李明招聘进来。在很多公开场合，黄老板也一直表扬李明，并多次说要尽快把"助理工程师"的"助理"两字去掉。为此，李明也一直很卖力地工作。

两年前，公司有一次申报工程师的机会，李明各项条件均满足，且排名靠前。但是结果公布的时候，却是一个没有文凭、工作一般的老同志。他好几次想要问黄老板原因，但却一直不好意思。黄老板找到李明，给他的解释是：老同志年龄已经快到了，没有功劳也有苦劳，再不晋升就没机会了；而李明还很年轻，有的是机会。

去年，李明也想向公司提一下加薪问题。毕竟，成为"助理工程师"很久了，工资一直没有涨。而且他的经济状况并不好。他几次想开口,却一直没好意思。因为公司很赏识他,还将一项新产品的开发重任交给他负责。黄老板也多次在全公司大会、项目洽谈会等重要活动中,当着全公司员工、重要客户的面赞扬他。

近期,公司新建了一批职工宿舍,且数量比较多。李明找到黄老板,希望公司能够换一个大房子给他家人住。但是,黄老板拍着他的肩膀,笑着说道:"公司打算发展他为党员,且到了关键期。党员同志要有无私奉献精神,要学会艰苦朴素。"结果,他也没有换成房子。

一天,有猎头找到了李明,某大公司看中了他,希望他能够入职。该公司还开出了优厚的待遇,并表示能解决住房问题。李明想了一晚上。第二天,他便向黄老板递交了辞职申请。

问题讨论

请分别运用需要层次论、公平理论、期望理论分析李明辞职的原因。

练一练

一、夸夸你

班级同学两人一组进行分组,每人罗列 4～5 条同伴身上的积极因素,比如穿着整齐、善于倾听、文明礼貌等。在写完之后,请大家再重新分组,每组人数仍旧是两人。每人再向自己的新同伴具体介绍自己刚才写了什么内容,并进行讨论。

在这个游戏结束后,请你根据实际情况,回答以下问题。

1. 在这个游戏中,当你向新同伴肯定别人时,你感到自在吗?请你谈一下你的感受,以及这种感受的原因。

2. 根据上述游戏,并结合你的日常生活,你认为如何才能让我们更容易肯定别人,给出确切的证据。

3. 根据上述游戏,并结合你的日常生活,你认为怎样才能让我们更容易接受别人肯定的看法。

二、班级激励计划

1. 小组调查

(1)请大家充分调查,并深入研究本班学生的学习积极性。重点研究学校各类激励因素的激励状况,比如奖学金、荣誉等。

(2)学生分为若干学习小组,通过头脑风暴具体研究如何调动学习积极性。

2. 成果检验

(1)每个学习小组根据讨论的内容,具体形成一份不少于 800 字的激励计划。

(2)每个学习小组制作一个 PPT,在课堂上公开和其他小组进行交流,并分析每个小组的成功与不足之处。

三、辩论赛

1. 辩题

正方：金钱具有激励作用（金钱是万能的）；

反方：金钱不具有激励作用（金钱不是万能的）。

2. 目标

通过辩论形式，理解激励的本质并掌握各种激励理论的内容。

3. 要求

学生分 2 组（正方和反方），每组 4 人；主席 1 人，计时 2 人。

四、惩罚的使用

惩罚员工是管理者最不喜欢的任务之一，但也是所有管理者不得不做的事。采访三位管理者询问他们惩罚员工的经历。什么类型的员工行为，导致了惩罚行动的必要性？他们曾采取什么类型的惩罚措施？当惩罚员工时，他们认为什么是最困难的事？对于惩罚员工，他们有什么建议？

第十一章 沟 通

沟通，是一门生存的技巧，学会它、掌握它、运用它……

——拿破仑·希尔

沟通是什么？沟通是组织的润滑剂。

——松下幸之助

沟通是成功人生的通行证，即或是上帝，也有求于关系的时候。

——马克·吐温

沟通中最大的错觉是人们总是假设它会有效地进行。

——亚瑟·贝尔

管理就是沟通、沟通，再沟通。

——杰克·韦尔奇

如果必须将沃尔玛的管理体制浓缩成一种思想，那可能就是沟通。

——山姆·沃尔顿

沟通不是一般性需要，而是时代紧缺的需要，现实呼唤的需要，中国走向世界的需要。

——吴建民

所谓沟通就是同步。每个人都有他独特的地方，而与人交际则要求他与别人一致。

——卡耐基

本章思维导图

知识点摘要

一、沟通与沟通类型

(一)沟通的含义

沟通是指人们之间信息传递与理解的过程。沟通的内容包括思想、意见、情感等。低层次的沟通只是信息的传递,而高层次的沟通还要让信息接收者明白信息发送者的观点与价值。

(二)沟通的功能

从组织内部来讲,沟通能使管理者与员工最大限度地了解各类信息和想法,降低组织管理的模糊性,提高组织管理效能,减少组织内部矛盾,改善组织工作关系,提高组织凝聚力,保障组织目标的顺利实现;从外部来讲,沟通能够有效协调内外部的关系,建立组织与外部环境之间联系的桥梁。

(三)沟通的过程

1. 沟通的基本条件

任何沟通必须具备三个基本条件:

沟通主体:涉及两个或两个以上的主体;

沟通客体:有一定的沟通客体,即信息情报等;

沟通载体:有传递信息情报的载体,如文件等。

2. 沟通构成要素

沟通主体:信息发送者和接收者。

编码:将信息转换为对方可理解的文字、图像、声音等。

信息传递:传送信息的途径,也称为媒介体、通道。

解码:接收者对所传递符号的理解,将其还原为信息。

反馈:将信息返回给发送者,并对信息是否被理解进行核实。

噪声:信息传递过程中的干扰因素。

3. 沟通步骤

沟通是一个复杂的过程,沟通过程的具体步骤,如图11-1所示。

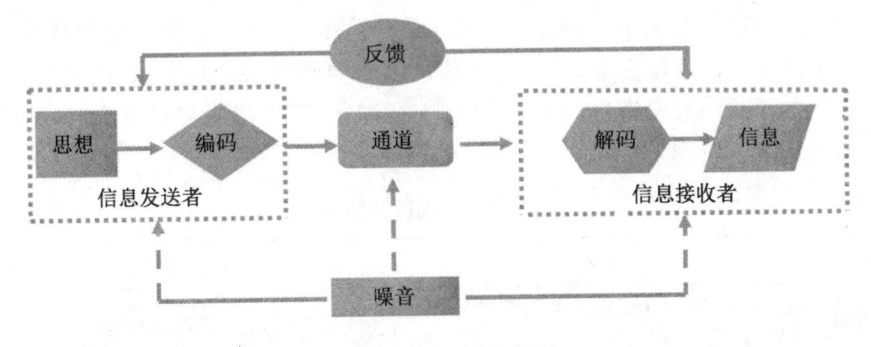

图 11-1　沟通过程

发送者需要向接收者传送信息，发送者将这些信息译成接收者能够理解的一系列符号，将上述符号传递给接收者，接收者接收这些符号，接收者将这些符号译为具有特定含义的信息，接收者理解信息的内容，发送者通过反馈来了解其想传递的信息是否被对方准确无误地接收。

（四）沟通的类型

1. 按照沟通的方式划分

按照沟通的方式，沟通可划分为言语沟通与非言语沟通。各种沟通方式比较，见表11-1。

（1）言语沟通

正式言语沟通可分为口头沟通和书面沟通两种形式。口头沟通是借助口头语言进行的信息传递与交流，如演讲、讨论、电话联系等。书面沟通是借助文字进行的信息传递与交流，如报告、通知、书信等。

（2）非言语沟通

非言语沟通是指借助非正式语言符号，即口头表达及文字以外的符号系统进行的沟通。身体语言和语调是日常沟通中使用最广泛的非言语沟通形式。身体语言包括手势、面部表情和其他身体动作等。

表11-1 各种沟通方式比较

沟通方式	举例	优点	缺点
口头	交谈、讲座、讨论会、电话	快速传递、快速反馈、信息量大	传递中经过层次越多信息失真越严重、核实越困难
书面	报告、备忘录、信件、文件、内部期刊	持久、有形，便于核实	效率低、缺乏反馈
非言语	声、光信号、体态、语调	信息意义十分明确，内涵丰富，含义隐含灵活	传递距离有限，界限模糊。只能意会，不能言传
电子媒介	传真、网络电视、计算机网络、电子邮件	快速传递、信息容量大，通过远程传递使得信息可多人共享、廉价	单向传递，电子邮件可以交流，但看不见表情

2. 根据沟通渠道产生方式

（1）正式沟通

正式沟通指通过组织规定的渠道进行的信息传递方式，如会议、文件等。正式沟通渠道畅通，效果较好，对成员的约束力较强，保密性较高，很多重要信息会选择正式沟通。但是如果组织层级较多时，信息传达速度通常要经过多个环节，耗时较长，信息传递慢。常用的正式沟通渠道包括下行沟通、上行沟通、平行沟通和斜向沟通，见图11-2和表11-2。

表11-2 正式沟通渠道类型

类型	含义	作用
下行沟通	信息由组织中的较高层级向较低层级流动的过程。	传统组织内最主要的沟通渠道。
上行沟通	信息由组织中较低层级向较高层级流动的过程。	使管理者能够了解员工的想法与需要，了解员工的工作状况。

续表

类型	含义	作用
平行沟通	信息在组织同层级之间的流动,既包括同层级的人员也包括同层级的部门。	减少层级之间的辗转,节约时间,提高工作效率,有利于相互间的协调与配合。
斜向沟通	组织内部不在同一条指挥链又不在同一层次的人员之间进行的沟通。	发生在同时跨工作部门和跨组织层次的人员之间。

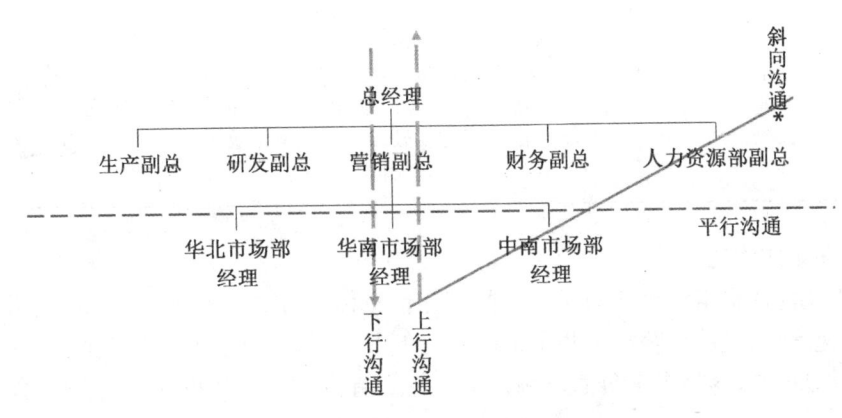

图 11-2 组织沟通的流向

为了更好地开展正式沟通,组织通常会建立正式沟通网络,以确保信息传递的准确性、畅通性。组织会根据不同的组织形式,在组织内部各系统、部门、环节等处,设置信息沟通点,并建设正式沟通网络。基本形式有:链式、轮式、Y式、环式、全通道式五种,如表11-3所示。

表11-3　　　　　　　　　　　　正式沟通网络类型

类型	特征	优点	不足	图示
链式	信息在沟通成员间进行单向、顺次传递。		经层层传递、筛选,容易失真;成员之间的联系面很窄,平均满意度较低。	
轮式	群体中心的圆是信息流入的终点和流出的起点,所有成员都是通过与中心成员沟通来完成群体目标。	信息沟通的速度和准确度都很高,中心成员控制力强。	其他成员满意度低。	
Y式	一个成员位于沟通网络的中心,是网络中因拥有信息而具有权威感和满足感的人。		增加了中间的过滤和中转环节,易导致信息曲解或失真,沟通准确性受到影响。	

续表

类型	特征	优点	不足	图示
环式	成员们只可以与相邻的成员相互沟通，而与较远的成员缺乏沟通渠道。	中心性已经不存在，成员之间地位平等，具有较高的满意度。	沟通的渠道窄、环节多，信息沟通的速度和准确性都难以保证。	
全通道式	每个成员都可以同其他所有成员进行交流。	沟通渠道宽阔，沟通不受限制，可以集思广益，提高沟通的准确性，成员满意度较高。	渠道太多，易造成混乱，沟通过程通常费时，影响工作效率。	

（2）非正式沟通

非正式沟通指组织正式沟通以外的其他信息传递方式。非正式沟通传递便捷、方式灵活、速度快，且能够获得一些小道消息。但非正式沟通的信息可信度无法判别，信息传递难以控制，容易带来负面影响。基本形式有：集束式、随机式、流言式、单线式四种，见图11—3。

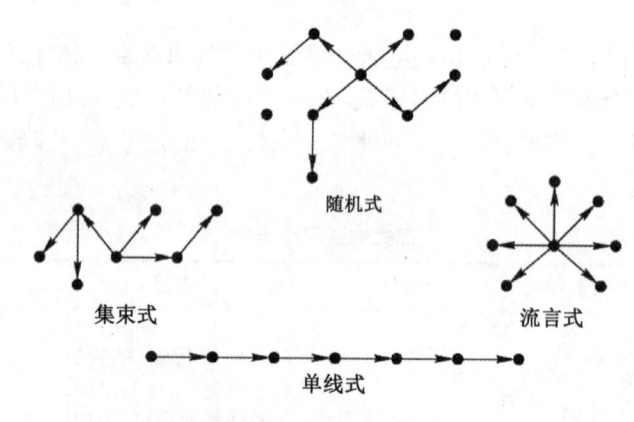

图11—3 非正式沟通网络

结合自己的经历，谈谈沟通中的常见问题有哪些？

二、沟通障碍及其克服

（一）有效沟通的标准

信息在传递过程中，会出现一些信息量不足、信息不准确、信息不及时等问题，影响信息传递的可靠性、准确性。组织通常会设定有效沟通标准，从而保障信息量充足、信息表述正确、信息传达及时。有效沟通指组织信息传递的可靠性、准确性较高的沟通方式。

（二）影响有效沟通的因素

影响沟通过程的障碍包括人际障碍、组织障碍和文化障碍，见图11—4。

信息在传递过程中，通过等级越多，传递时间越长，失真率越大；通过等级越少，传递时间越短，失真率越小。信息在各级传达过程中发生的变化，称为信息链传递现象，如图11—5所示。

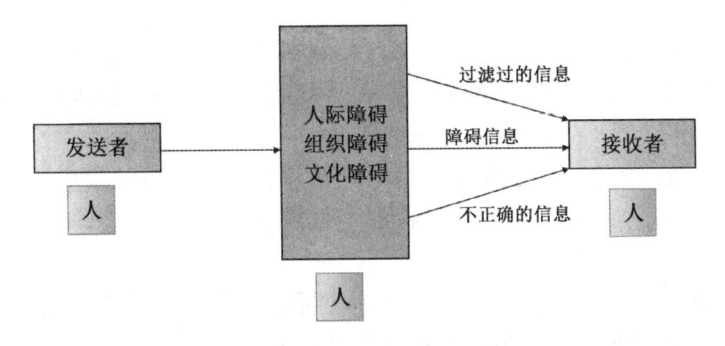

图 11—4　有效沟通的障碍

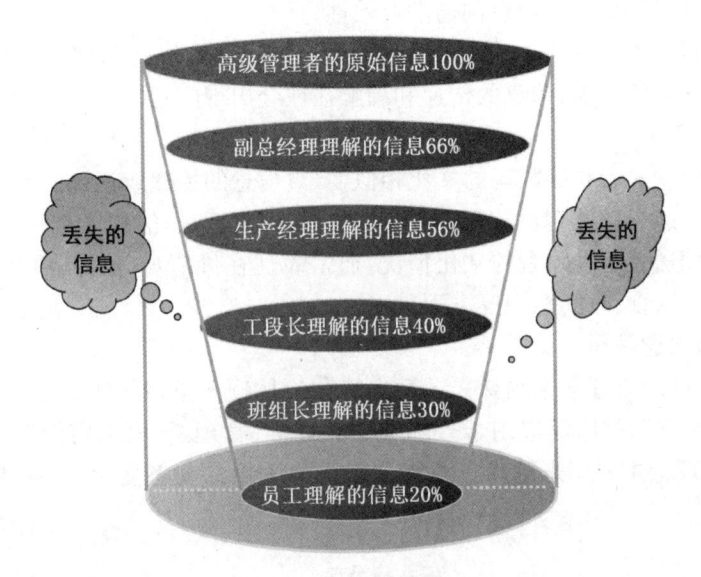

图 11—5　信息理解漏斗图

1. 人际障碍

人际障碍指信息的发送者或接收者因为个体认知、能力、性格等差异而造成的信息传递失真。其产生原因主要包括以下几种：

(1) 表达能力。信息发送者在传递信息过程中因个体表述能力不佳，而无法准确地传递相关信息，进而造成信息接收者接收信息失真。

(2) 知识和经验差异。信息发送者和信息接收者所具有的知识和经验存在差异，会影响信息的传递和理解。

(3) 个性和关系。信息接收者在接收信息时，会考虑到信息传递者的个性，如诚信等。诚实守信的信息发送者，其发送的信息更容易让人相信；不诚实守信的信息发送者，其发送的信息不容易让人相信。

(4) 情绪。不同的情绪状态在传递和理解信息的时候，结果不一样。例如人在愉快的时候，容易接受任何信息；反之，人在气愤的时候，会拒绝任何信息。

(5) 选择性知觉。在信息传递过程中，发送者和接收者会根据个人需要、动机、经验等，选择性地传递和接收信息。他们一般会选择对自己有利的信息传递下去，对自己不利的信息会刻意回避。

（6）信息过滤。信息发送者在发送信息时，会根据个人意图故意过滤传递的信息内容，造成信息歪曲，如取悦对方、激怒对方等。一般情况下，组织层级越多，过滤的次数越多。

（7）信息过载。信息接收者获取到过量的信息会导致重要的信息被忽略。例如秘书每天会接到很多电话和文件，往往导致重要的事情被遗忘。

2. 组织障碍

任何一个组织，都会设置专门的职责和多层职权。组织障碍指信息传递过程中，因组织的等级结构而造成的信息传递困难。其主要表现为：

（1）组织结构不合理。组织层级过多、组织结构臃肿、各部门岗位职责不清晰，都会造成传递信息的失真，降低信息沟通的有效性。

（2）组织氛围不和谐。一个团结友爱的组织，信息的传递和理解都是顺畅的。反之，一个关系紧张的组织，信息的传递和理解往往会出现问题。

3. 文化障碍

（1）信息的发送者和接收者的文化相似度，对信息的传递成正比。当两者文化相似度高时，信息传递有效性相对较高；当两者文化相似度低时，信息传递有效性相对较低。

（2）信息发送者和接收者的文化情况，通常表现在价值观、信仰、思维方式、自我意识、语言、穿着、饮食、时间意识等方面。

（三）克服沟通障碍

美国著名社会心理学家约瑟夫·勒夫特和哈林顿·英格拉姆合作，共同提出了著名的"约哈里窗户"，被广泛应用于人际交往心理学、管理学、人力资源等领域，如图11-6所示。该理论主要用来解释自我和公众沟通关系的动态变化，从而提高人际交往的成功效率。

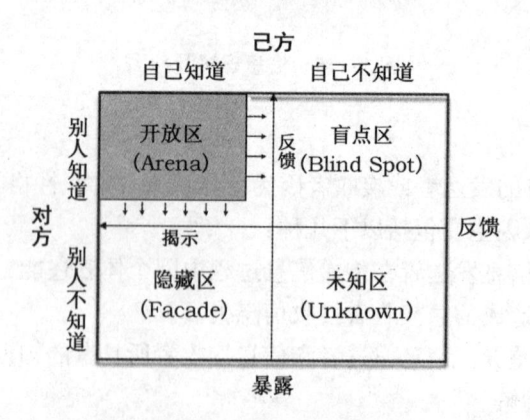

图 11-6 约哈里窗户模型

约哈里窗户理论认为，个人对世界的认知主要由四部分组成，即开放、盲点、未知、隐藏。所谓开放，就是自己知道别人也知道的关于自己的事情；所谓盲点，就是自己不知道而别人知道的关于自己的事情；所谓隐藏，就是自己知道而别人不知道的关于自己的事情；所谓未知，就是自己不知道别人也不知道的关于自己的事实。

为了更好地达到有效沟通,我们通常可以采取以下策略:

1. 学会倾听

倾听是一种积极的、主动的、有意识的思考。通过倾听,信息接收者能够更全面地接收信息,并理解信息发送者所表达的意思。

2. 重视反馈

反馈能够使信息发送者了解到信息接收者对信息的接收程度和理解程度,进而缩小盲目区域,减少信息失真。反馈包括语言式和非语言式两种。

3. 克服认知差异

在信息传递过程中,信息接收者可以向信息发送者坦率地暴露个人信息,减少隐藏区域,从而让信息发送者用更容易的方式传递信息,克服双方的认知差异。

4. 抑制情绪化反应

情绪化反应会造成信息传递的严重受阻或失真,如愤怒、失望、戒备等。信息发送者、信息接收者都要控制情绪化反应,在平静的状态下发送和接收信息。当一方或双方情绪化反应激烈时,可以暂停沟通。

中国管理智慧

门人捐水

齐中大夫有夷射者,御饮于王,醉甚而出,倚于郎门。门者刖跪请曰:"足下无意赐之余沥乎?"夷射叱曰:"去!刑余之人,何事乃敢乞饮长者!"刖跪走退。及夷射去,刖跪因捐水郎门霤下,类溺者之状。明日,王出而呵之,曰:"谁溺于是?"刖跪对曰:"臣不见也。虽然,昨日中大夫夷射立于此。"王因诛夷射而杀之。

——出自《韩非子·内储说下六微》

古代典籍《韩非子·说难》中记载:春秋时期齐国有位叫夷射的大臣,因才干卓著,颇受齐王器重。一夜,齐王设宴,邀请他进宫把酒言欢。深夜,齐王醉眼蒙眬地看着部下喝成这样,又把没喝完的大半瓶美酒赏赐给夷射带回去,夷射叩谢皇帝后摇摇晃晃地离去。

哪知夷射可能是喝得真是高了,行至宫门时,帮他开门的一位名叫刖的守卫闻到一股美妙的酒香,勾起了他的馋虫。于是他觍着脸向夷射讨要剩下的美酒。哪知夷射似醉非醉,双目圆睁,暴跳如雷,大骂:"你这小小的守卫竟敢向大臣讨酒喝,真是大胆,快滚!……"

刖想喝酒,没讨到,还白挨一顿辱骂,心里来气,十分恼火,又无可奈何。刖悻悻而去时,看夷射晃晃悠悠地离开,便想,看不起人,要让你付出代价!

夷射走后,这个守门人刖就在门廊下对着墙泼了一盆污水。次日早上齐王出门后看到水迹,愤怒地问:"谁把尿尿到这里了?"刖回答说:"没见谁,只是中大夫夷射昨晚喝醉了酒,曾在这里站过一会儿,嘴里还一边嘟囔一边哼曲。"齐王听到十分愤怒,就派三百军士直接去夷射府邸将他家人灭门斩杀。可怜夷射,一朝大臣,还在睡梦中就不明不白地给杀了。

讨论问题

1. 从门人捐水看如何管小人。
2. 小人是否是可用之人？

书面作业

请结合掌握的沟通技巧，谈谈如何拒绝别人。

扩展阅读

[1] 秦春艳. 法家思想视野中的《韩非子》寓言研究[D]. 桂林：广西师范大学，2014.

[2] 曾进.《韩非子》管理伦理思想研究[D]. 重庆：重庆师范大学，2013.

[3] 管理的真相（二）——从门人捐水看如何管小人，https://jingyan.baidu.com/article/fdffd1f8616481f3e98ca1e6.html.

小故事 大管理

一、什么叫相对论？

爱因斯坦是世界知名物理学家，为人类的发展作出了突出的贡献。他最大的贡献，就是提出了"相对论"。但是，他的"相对论"非常高深，全球能看懂的只有极少数的几个人。因此，很多人邀请他做讲座，给大家解释"相对论"。

一天晚上，爱因斯坦在参加一个活动，演讲结束后，一位老太太走到他的跟前，尊敬地说道："尊敬的先生，您好！听说您的相对论非常厉害，但是'相对论'到底是什么呀？您能给我简单说说吗？"

爱因斯坦看了看老太太，知道她不是物理学界的人，而只是一个普普通通的人。他知道，给老太太讲高深的物理知识，就相当于对牛弹琴。于是，他便打算用日常生活中的小故事来做比喻。

爱因斯坦说："亲爱的女士，晚上12点，您的女儿还没有回家。这个时候，您感觉十分钟久不久呀？"

老太太听了，立马回答道："那真是太久了！"

爱因斯坦紧接着又问道："那您在歌剧院听歌剧，十分钟快不快呢？"

老太太十分遗憾地说："那真是太快了。"

爱因斯坦微笑着说道："您看，同样的十分钟，您的感觉却不同，这就叫相对论。"

老太太听了之后，恍然大悟地回答道："哦，我明白了。"

启示：爱因斯坦巧妙地用日常生活中的事情，解答了老太太的问题。如果用专业的物理知识给老太太解释"相对论"，她无疑是听不懂的。但爱因斯坦用通俗易懂的语言，另类地解释了"相对论"，老太太一下就明白了。这就是语言的艺术。与人交流，关键是要别人明白和接受你所传递的信息。

二、做嘴巴的管理者

浙江卫视有很多娱乐节目，都非常地火爆。很多期节目非常受观众的喜爱，收视率在全国非常高。其中，真人秀《王牌对王牌》，一度刷新中国内地电视综艺的纪录。在

《王牌对王牌》栏目中,有一个节目环节——你画我猜,更是被广大观众竞相模仿。

"你画我猜"环节,需要明星们相互配合。一个明星看到题板上的词语之后,通过语言描述、肢体语言、面部表情等,将信息传达给其他明星。其他明星通过该明星的表现,来猜测题板上的词语。这个过程中,观看词语的明星为了更好地诠释词语,通常会比较夸张。这些表现,也会引起观众的捧腹大笑。观众在这个过程中,不知不觉就收获了欢乐。虽然有的词语会多次出现,甚至有人认为,节目组仅仅是换了"新衣"、换"新名",但依旧被观众喜爱。

启示:游戏中,明星使用身体姿势、面部表情等,其实是在传递相关信息。这是另外一种沟通方式,即:非语言沟通。非语言沟通所传达的信息相对模糊,准确性不足。游戏中,信息的接收者不能直接、正确地接受传递者的信息。这便带来了节目的"笑果"。在企业中,我们要注意沟通方式,要正确、准确地传递相关信息。

三、黑人的愿望

一个黑人在沙漠中旅行。他迷失了方向,走了三天三夜,干粮吃完了,水也喝完了。正当他饥渴难耐的时候,他发现了一盏灯。灯上面写了两个字:神灯。于是,他好奇地拿起神灯,按照神话故事里的方式,擦了擦神灯。突然,一阵黑烟从灯口里冒了出来,一个神灵赫然出现在他的面前。

神灵对他说道:"我可以满足你三个愿望。"

黑人想了想,对神灯说道:"第一,我要天天喝水;第二,我要变白;第三,我要天天看到女人的臀部。"

紧接着又一阵黑烟飘过,黑人从沙漠消失了。结果,他出现在了一个公共厕所,而此时一个女人正在冲厕所。

原来,他变成了一只白色的马桶。

启示:神灯确实满足了黑人的三个愿望,把他变成了"白色马桶"。但这与黑人所期望的,又明显不是同一样事物。这种结果,是双方信息不对称造成的。在沟通过程中,信息的传递非常重要。管理者要掌握沟通的技术。

四、劝诫的艺术

楚庄王是春秋五霸之一,曾经创下了不世伟业。

楚庄王继位后,曾一度贪图享乐,每日沉迷于酒色,三年不理朝政。为了防止有人劝谏,他甚至下令:"有敢谏者死无赦!"于是,很多大臣都不敢进言。

一天,楚庄王与郑姬、越女和一众大臣,一边喝酒一边听小曲,好不快活。这时候,一个叫做伍举的大臣,从座位上起身,来到楚庄王面前,跪拜道:"大王,臣听说有一只大鸟,三年不飞也不叫。请问这是什么鸟呀?"

听了伍举的话,楚庄王意识到了自己的问题。于是,他屏退左右,对伍举说道:"三年不蜚,蜚将冲天;三年不鸣,鸣将惊人。"

楚庄王立马撤掉了酒宴,开始勤勉理政。他杀了几百个贪官污吏,又提拔了几百个优秀的人才,并任命伍举、苏从等人辅佐自己。很快,楚国大治。

启示:伍举的进言非常有艺术。他不是一味地劝谏,而是采用一种委婉的方式,来提醒楚庄王。他的这种方式,不仅让楚庄王重新理政,也让他自己名垂青史。在交流的过程中,我们要懂得说话的艺术。

五、秀才买柴

一个秀才整日读书,把自己都读迂腐了。他每天说话也文绉绉的,让人听不大明白。

一天,他家里没柴了。于是,他去街上买柴。他看到一个卖柴火的人挑着一担柴,便冲着人家喊道:"荷薪者过来!"

这个意思就是:担柴火的人,过来。卖柴人不能完全听懂。但他听到了"过来"两个字。于是,他担着柴火,走到了秀才的面前。

秀才问他:"其价如何?"

这个意思就是:柴火价格是多少?卖柴人也不能完全听懂。但他听到了"价"字。于是,便告诉秀才价格。

秀才接着说:"外实而内虚,烟多而焰少,请损之。"

这个意思就是:你的木材外表干里头湿,烧起来浓烟多火焰小,请便宜一些吧。这次,卖柴人一个字也听不懂了。他担起柴火,头也不回地就走了。一边走还一边说:"什么意思吗?一个字也听不懂。"

秀才又去找了几个卖柴火的,但是卖柴人都听不懂他说的话,也都没有卖给他。秀才也因此没有买到可以生火做饭的柴。

启示:秀才没有买到柴,归根结底在于他说的话,别人都听不懂。他没有估计到自己交流对象的文化水平,反而一味地沉迷在自己的语言世界里。我们在交流过程中,要注意交流对象的情况,用别人易懂的话达到交流的效果。否则,即使把话说得天花乱坠,那也是无用的交流。

六、漂亮女秘书

柯立芝是美国第三十任总统。他聘请了一个女秘书,协助处理日常事务。但女秘书有时候字打错了,有时候又把时间记错了。这让柯立芝有些苦恼。

一天清晨,秘书打扮得很漂亮。柯立芝见了之后,立马夸赞她的衣服好看,盛赞她的美丽。女秘书内心欣喜不已。毕竟,柯立芝平时很少这样夸人。

正在秘书心里窃喜的时候,柯立芝说道:"人都可以打扮得这么漂亮,你的工作也一定可以很做得漂亮。"

听了柯立芝的话,女秘书也认识到了自己之前的马虎大意。她也开始认真对待起自己的工作,努力把工作做得漂漂亮亮的。从那天起,女秘书再也没有出现过差错。反而有时候,她还会发现别人的错误。在女秘书的帮助下,柯立芝的工作也越来越好了起来,很多事情都处理得漂漂亮亮的。

有一个参议员听说了这件事,问柯立芝道:"这么美妙的方法,你是怎么想出来的呀?"

柯立芝笑着说:"刮胡子的时候,先涂抹上肥皂水,我们就感觉不到疼痛了。我也是用了这个方法。"

启示:柯立芝的"赞美",其实也是另外一种"提醒"。他用这种方式,既给了女秘书面子,又让女秘书认识到了自己工作的不足。我们在日常沟通过程中,不妨换一种说话方式。在否定一个人、一件事之前，可以先肯定一下其他方面，然后再进行温柔、善意的提醒。如果一味地责备，有时候会让矛盾激化，效果会很差。采用"赞美"的方式，有时候反而会事半功倍。

想一想

一、讳疾忌医

有一次，扁鹊谒见蔡桓公，站了一会儿，扁鹊说："国君，你的皮肤有病，不治恐怕要加重了。"蔡桓公笑着说："我没有病。"扁鹊走以后，蔡桓公对他的臣下说："医生就喜欢给没病的人治病，以便夸耀自己有本事。"

过了十几天，扁鹊又拜见蔡桓公。扁鹊说："国君，你的病已到了皮肉之间，不治会更加严重的。"蔡桓公没有理他。扁鹊走后，蔡桓公还闷闷不乐。

又过了十几天，蔡桓公出巡，扁鹊远远地望见蔡桓公，转身就走。蔡桓公派人去问扁鹊为什么不肯上前谒见，扁鹊说："病在皮肤上，用药物敷贴可以治好；在皮肉之间，用针灸可以治好；在肠胃之间，服用汤药可以治好；如果病入骨髓，那生命就掌握在司命之神的手里了，医生是无法可想的了。如今国君的病已深入骨髓，所以我不能再去谒见了。"

又过了五天，蔡桓公遍身疼痛，连忙派人去找扁鹊。扁鹊已经逃往秦国躲起来了。不久，蔡桓公便病死了。

问题讨论

1. 请运用管理学相关知识，分析蔡桓公病死的原因。
2. 如果你是扁鹊，你会如何沟通。

二、美国老板与希腊员工

美国老板：完成这份报告要花费多少时间？
希腊员工：我不知道完成这份报告需要多少时间。
美国老板：最有资格提出时间期限的人，是你。
希腊员工：十天吧。
美国老板：你同意在十五天内完成这份报告吗？
希腊员工：没有作声。（认为是命令）
十五天后。
美国老板：你的报告呢？
希腊员工：明天完成。（实际上需要三十天才能完成。）
美国老板：你可是同意今天完成报告的。
第二天，老板等来的不是报告，而是一份辞职书。

问题讨论

为什么希腊员工会辞职？如果你是老板，你会怎么做？

三、一次战略方案制定引起的恐慌

邓强是某公司的总经理。在他的带领下,公司效益不断提升,发展态势非常迅猛。公司也由之前的一个小企业,发展成了一个中型企业。随着竞争的日益加剧,公司也逐渐陷入了瓶颈,停滞不前。邓强为此非常苦恼,也积极地寻求新的突破。

为了提高企业竞争力,邓强制定了两个战略方案:方案一,外部人员引进计划,引进一批高素质人才,给公司输入新鲜血液;方案二,内部人员调整计划,通过绩效考核调整现有人员配置,内部选拔人才。

在邓强准备期间,邓强一直没对其他人讲过。但作为总经理秘书的小杨,自然而然地了解了一些内容。在一次午饭的时候,秘书小杨和副总经理老张坐在同一张桌子上。闲聊中,小杨偷偷对老张说:"经理最近会有大动作,一些老员工可能要下岗。"

财务处小刘恰巧经过,听到了他们的对话,又把这个消息告诉他的主管老王。老王听后很愤怒,对此非常不满。

很快,这个消息便在公司传开了。员工们都十分紧张,担心自己被裁,也无心工作了。很多员工都对裁员表示不满。

邓强知道后,把两个方案的内容发布给全体职工,以此澄清传闻。他让员工参与讨论,提出自己的意见和想法。在讨论会中,员工们纷纷发表了自己的想法。经过大家的一致表决,半数以上员工同意方案二。

讨论会快结束的时候,邓强说道:"由于我的工作失误引起了大家的恐慌,对此我很抱歉,希望大家能够原谅。前几天所传的裁员消息,完全是无稽之谈。我制定这两个方案,是想让大家来参与决策,一起为公司出谋划策。我相信,只要我们能够齐心协力,公司今后一定会发展得更好。谢谢!"

之后,公司的人员配置更加合理,运作效率显著提升,效益也越来越好。公司也实现了更大的突破,发展态势迅猛。

问题讨论

1. 案例中的沟通类型和网络有哪些?请分别指出,并说出各自的特点。
2. 邓强的出发点是好的,但为什么会引起如此大的风波?
3. 如果你是一个管理者,能从中学到什么?

练一练

沟通技能自我测试

我能根据不同对象的特点提供合适的建议或指导。
当我劝告他人时,更注重帮助他们反思自身存在的问题。
当我给他人提供反馈意见,甚至是逆耳的意见时,能坚持诚实的态度。
当我与他人讨论问题时,始终能就事论事,而非针对个人。
当我批评或指出他人的不足时,能以客观的标准和预先期望为基础。
当我纠正某人的行为后,我们的关系常能得到加强。
在我与他人沟通时,我会激发出对方的自我价值和自尊意识。

即使我并不赞同,我也能对他人观点表现出诚挚的兴趣。
我不会对比我权力小或拥有信息少的人表现出高人一等的姿态。
在与自己有不同观点的人讨论时,我将努力找出双方的某些共同点。
我的反馈是明确而直接指向问题关键的,避免泛泛而谈或含糊不清。
我能以平等的方式与对方沟通,避免在交谈中让对方感到被动。
我以"我认为"而不是"他们认为"的方式表示对自己的观点负责。
讨论问题时,我通常更关注自己对问题的理解,而不是直接提建议。
我有意识地与同事和朋友进行定期或不定期的、私人的会谈。

1. 评价标准

非常不同意/不符合(1分) 不同意/不符合(2分)
比较不同意/不符合(3分) 比较同意/符合(4分)
同意/符合(5分) 非常同意/非常符合(6分)

2. 自我评价

如果你的总分是:

80—90 你具有优秀的沟通技能

70—79 你略高于平均水平,有些地方尚需要提高

70以下 你需要严格地训练你的沟通技能

选择得分最低的6项,作为技能学习提高的重点。

第五篇

控 制

第十二章 控 制

有效的管理者应该始终督促他人,以保证应该采取的行动事实上已经在进行,保证他人应该达到的目标事实上已经达到。

——斯蒂芬·P. 罗宾斯

今天的企业再也不能像过去那样,通过层级系统预算和其他传统的控制方法,将企业团结在一起……将企业凝聚在一起的将是意识形态。

——柯林斯·鲍罗斯

控制必须施之于一切的事、人和工作。

——亨利·法约尔

控制是所有企业有效运转的关键性因素,而最佳控制则来自组织机构中的行政组织形式。

——马克斯·韦伯

本章思维导图

知识点摘要

一、控制的内涵与原则

(一)控制的内涵

控制是指组织为保证组织计划顺利实施,进而保障组织目标实现而对其内部管理活动、管理效果进行的衡量和矫正。控制的基本前提如图12—1所示。

有计划	有组织	有领导
有一个科学的、切实可行的计划 有效的控制是建立在科学的计划基础之上的;控制工作本身也需要有计划地进行。	**有专门控制职能的机构或岗位** 没有专门的控制机构,难以防止执行和管理部门因自己的切身利益而出现制造假象、报喜不报忧等情况。	**有畅通的信息反馈渠道** 信息反馈的速度、准确性如何,直接影响到控制指令的正确性和纠偏措施的准确性。

控制要以计划为依据,有计划、有组织、有领导地进行
控制与其他管理职能之间存在着密切的关系,计划、组织、领导职能是控制的基础,控制是在这三者的基础上对具体组织活动进行检查和调整的过程,离开一定的计划、组织、领导,控制就无法正常进行。

图12—1 控制的基本前提

1. 控制具有目的性

在组织中,控制的形式非常多,但组织所有的控制手段,其最根本目的是为实现组织特定的目标。

2. 控制具有整体性

从系统性来看,管理者要将组织看作一个整体的大系统,并控制系统内部各子系统达到最优状态;从控制对象看,管理者要将控制覆盖管理活动的各个方面,包括组织内部各层次、各部门、各单位,以及管理工作的各阶段;从控制主体看,控制工作不仅是管理者的职责,而且是组织内部全体成员的职责。

3. 控制通过监督和纠偏实现

控制是为了更好地纠正计划实施过程中的偏差,从而保障组织目标的实现。发现计划的偏差,就需要对整个计划的实施进行监督。

4. 控制是一个过程

计划实施是一个系统的过程,因此,控制也是一个系统的过程,需要贯穿于计划的每一阶段、环节。也只有对计划实施整个过程每个环节进行系统监督、及时纠偏,才能保障组织目标的实现。

(二)控制的系统

1. 控制主体

一般来讲,组织根据身份的不同,将组织内部成员分为多种层次,如高层的股东、中层的经营者和管理者、基层的普通员工等。不同身份的成员,他们的组织目标也各不相同。

2.控制客体

控制客体就是评价的对象范围。组织进行控制的目的就是控制风险,而控制风险的基础是评价风险。评价风险时,组织要考虑控制对象、影响因素两大内容。控制对象主要包括资金、信息、效果等;影响因素主要包括控制系统、人员等。

3.控制目标

一般来讲,有效控制要达到以下的目标:

(1)确保组织目标的有效实现。

(2)经济且有效地利用组织资源。

(3)确保信息的质量。

4.控制的手段与工具体系

控制主要通过机构实现,组织会根据实际情况,设置不同层次和性质的控制部门。控制需要通过一系列工具来监督、反馈,主要包括计算机、网络等。控制还需要一整套的运行制度,主要包括控制程序、控制职责等。

(三)控制的原则

1.有效标准原则

有效的控制能够保障组织目标顺利实现,无效控制会让组织运行出现更大偏差。有效的控制标准,需要与组织目标相一致,能及时监督、评价组织活动的效果,能有效纠正组织成员的行为偏差。

2.控制关键点原则

在管理活动中,某一些重要因素,会对组织目标实现产生关键的影响。因此,管理者需要高度重视这些关键点,进而实现对组织活动的控制。

3.控制趋势原则

管理活动是为了更好地应对、适应未来趋势的发展。管理控制具有一定的滞后性。计划实施活动中,每一个行为都会带来后续的一系列反应,会对组织带来不同程度的影响。因此,管理者需要预测每个控制手段对组织未来趋势造成的影响。

4.直接控制原则

直接控制是相对于间接控制而言的。直接控制着眼于培养更好的主管人员,使他们能熟练地应用管理的概念、技术和原理,能够以系统的观点来进行和改善他们的管理工作。

5.例外原则

在组织活动中,通常会发生一些意想不到的例外事件。这些事件可能会对组织产生非常大的影响。因此,管理者要学会例外原则,将主要精力集中在关键的例外事件上。

二、控制的类型

(一)控制进程分类

按照控制的进程不同(见图12-2),可分为前馈控制、现场控制和反馈控制三种类型。

1.前馈控制

前馈控制又称事前控制,管理者在组织活动开展前,对未来趋势及活动偏差进行预测,采取有效预防措施,消除组织活动可能产生的偏差。

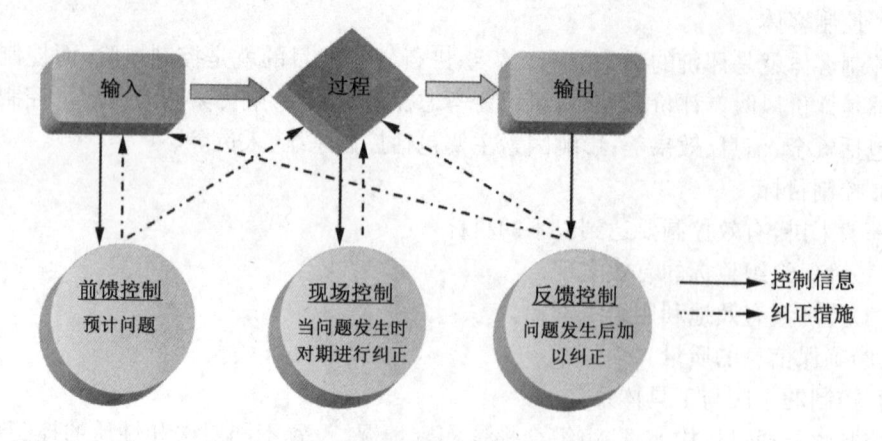

图 12-2　前馈、现场和反馈控制示意图

2. 现场控制

现场控制又称同步控制,在管理活动实施过程中,管理者通常在活动现场实施监督、指导,以及时纠正偏差,确保活动的正常开展。

3. 反馈控制

反馈控制又称事后控制,管理活动发生后,管理者统计活动开展的过程、效果,并与计划进行比较、分析,从而发现偏差。管理者根据偏差,进行相应的控制,以确保组织目标的达成。

前馈控制、现场控制和反馈控制三种类型的特征及优缺点,如表 12-1 所示。

表 12-1　　　　　前馈控制、现场控制和反馈控制的特征及优缺点

项目	前馈控制	现场控制	反馈控制
特征	在工作开始之前对工作中可能产生的偏差进行预测和估计,并采取防范措施,将工作中的偏差消除于产生之前。	在工作正在进行的过程中进行的控制,主要有监督和指导两项职能。	在工作结束之后进行的控制,注意力集中于工作结果上,对今后的活动进行纠正。
优点	防患于未然;不针对个人,易于接受。	指导功能,有助于提高工作人员的工作和自我控制能力。	避免下周期发生类似的问题;消除偏差对后续活动的影响。
缺点	要求及时和准确的信息;管理人员充分了解前馈控制因素与计划工作的影响关系;往往难以做到。	受管理者时间、精力、业务水平限制;应用范围较窄;容易形成对立。	偏差、损失已经产生;有时滞问题。

(二)控制职能分类

1. 战略控制

战略控制指管理者为实现组织目标,全面评价、纠差、调整组织的战略实施的控制行为。

2. 财务控制

财务控制指管理者以预算分析为依据,对预算执行主体的财务收支活动进行监督、

调整,使之符合预算目标的一种控制形式。

3. 营销控制

营销控制指管理者对营销活动中每个环节及其效果的跟踪,及时调整年度计划、盈利、效率等的控制行为。

(三)控制内容分类

1. 制度控制

制度控制是组织内部通过制度规范的制定、执行和考核等手段,以协调集体协作行为的控制机制。

2. 风险防范控制

组织在实现组织目标的活动中,会不可避免地面临各种风险。组织通常会制定风险预警、风险识别、风险评估、风险预防等风险防范机制,并及时采取相应风险防范控制。

3. 预算控制

在开展管理活动中,企业通常会通过预算量化标准,来更好地规范组织成员的行为,避免不必要的开支。

4. 激励控制

管理者通过激励的方式,更好地激发组织成员的积极性、主动性、创造性,从而帮助组织实现目标。

5. 绩效考评控制

绩效考评能够有效地评定组织成员活动的开展情况。管理者通过绩效考评,来分析组织成员的效果,并分析、发现问题,及时纠正成员行为偏差。

三、控制的过程

控制过程可以分为三个步骤:确定标准、衡量绩效以及分析与纠偏,如图12-3所示。

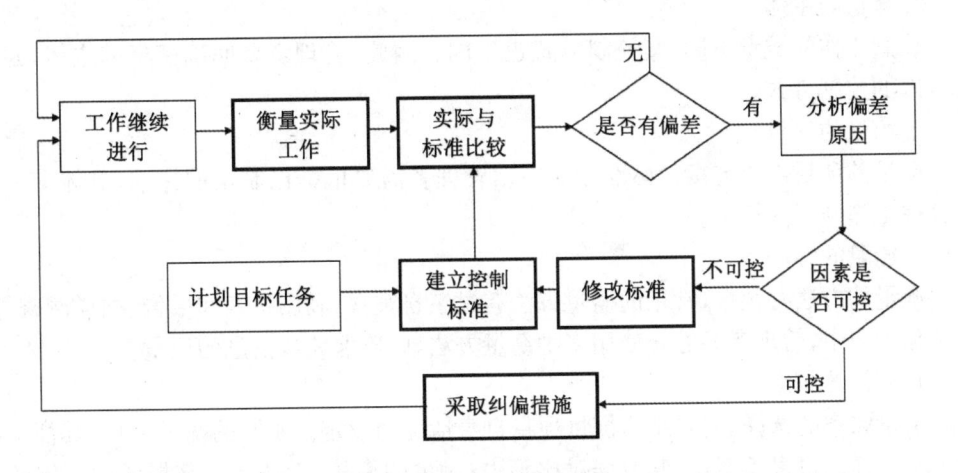

图12-3 控制的基本过程

(一)确定标准

1. 选择控制对象

管理者在控制时,需要明确控制的对象。控制的对象主要是影响组织目标实现的内容,包括组织成员、资源、财务、活动过程等。管理者要根据对象的不同,选择相应的控制方法。

2. 选择关键控制点

在管理活动中,很多因素会对组织目标产生非常大的影响,这就是控制的关键点。关键点能够影响整个管理工作,影响组织绩效水平。管理者保证组织目标能按时实现,就必须保证组织工作的关键活动在规定的时间内达到规定的进度。

3. 确定控制标准

控制标准必须与组织目标相一致。常用的控制标准主要分为定量标准和定性标准。常用的确定控制标准的方法主要有统计计算法、经验估计法和工程法。制定控制标准的要求,如图 12-4 所示。

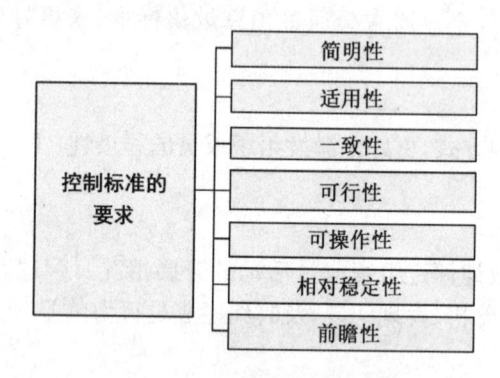

```
                    ┌─ 简明性
                    ├─ 适用性
                    ├─ 一致性
    控制标准的要求 ──┤─ 可行性
                    ├─ 可操作性
                    ├─ 相对稳定性
                    └─ 前瞻性
```

图 12-4 控制标准的要求

(二)衡量绩效

管理者需要衡量绩效,并与组织目标相对比、分析,才能够及时纠偏。

1. 衡量的主体

控制工作的类型不同,其控制方式也不同。因此,管理者要明确衡量的主体,并选择有效的控制方式。

2. 衡量的项目

衡量的项目需要与衡量标准相对应。管理者需要依据已制定的标准,具体衡量实际管理工作开展的情况。

3. 衡量的方法

衡量的方法有很多,常用的衡量方法有过亲自观察、利用报表和报告、抽样调查等,在实际工作中,管理者要综合使用多种衡量方法,以确保获取信息的质量。

4. 衡量的频度

衡量频率的选择,需要结合衡量项目自身情况而设定。不同的衡量项目,其衡量频度也不一样。过多的衡量,其数据对比不强;过少的衡量,无法有效掌握活动开展的变化。因此,管理者要选择合适的衡量频度。

(三)分析与纠偏

1. 分析偏差

管理活动存在偏差,会对组织目标产生影响。在组织管理过程中,出现偏差在所难免。管理者需要及时发现偏差,才能开展有效的控制,从而保障组织目标的实现。当偏差出现后,管理者需要确定偏差性质、分析偏差原因、确定纠差方法等(见图12-5)。

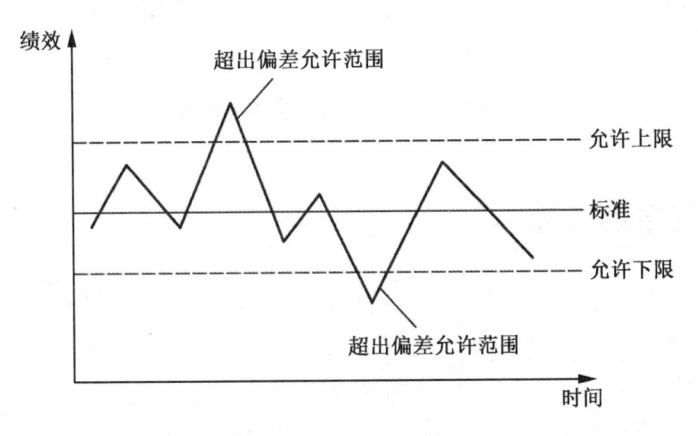

资料来源:陈传明等:《管理学》,高等教育出版社2019年版,第275页。

图 12-5 偏差的范围

2. 实施纠偏

在组织中,管理者只有发现偏差并及时纠正,才能保障组织目标的实现。纠偏的相关措施要有针对性、有效性,确保对偏差的处理和矫正。

(1)修订标准

在现实生活中,组织内外部情境不断发生变化,导致计划跟不上实际变化。管理者需要结合事实,针对性修改计划或标准,见图12-6。

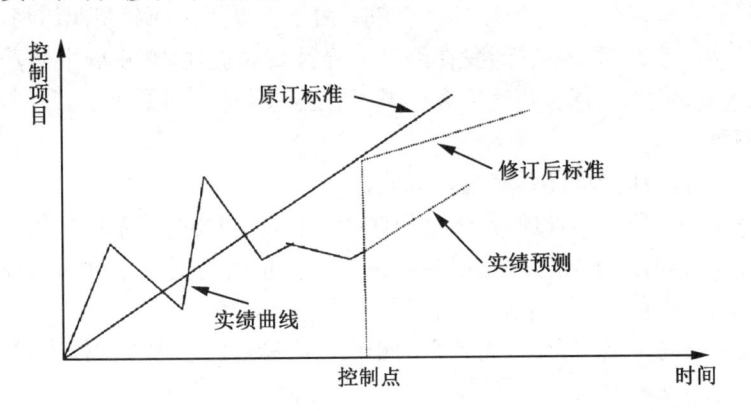

图 12-6 修订标准示意图

(2)改善工作

很多时候,计划和标准并不会发生太大的问题。导致管理活动出现偏差,通常是管理活动出现了问题。管理者需要在实际工作中发现偏差,主要采取应急纠偏和彻底纠偏两类有效措施及时纠偏,见图12-7。

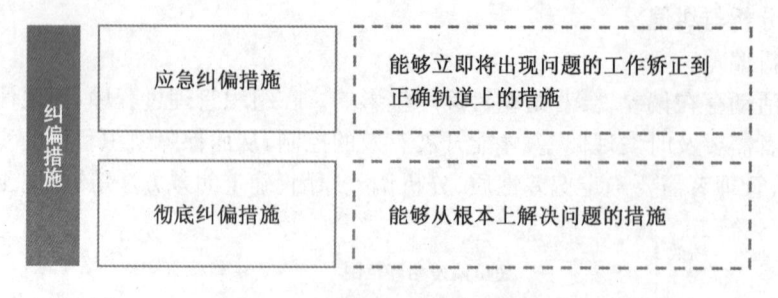

```
┌──────┐  ┌──────────────┐  ┌ ─ ─ ─ ─ ─ ─ ─ ─ ─ ─ ─ ─ ─ ┐
│      │  │              │    能够立即将出现问题的工作矫正到
│ 纠   │  │  应急纠偏措施  │    正确轨道上的措施
│ 偏   │  │              │  └ ─ ─ ─ ─ ─ ─ ─ ─ ─ ─ ─ ─ ─ ┘
│ 措   │  └──────────────┘
│ 施   │  ┌──────────────┐  ┌ ─ ─ ─ ─ ─ ─ ─ ─ ─ ─ ─ ─ ─ ┐
│      │  │  彻底纠偏措施  │    能够从根本上解决问题的措施
│      │  │              │  └ ─ ─ ─ ─ ─ ─ ─ ─ ─ ─ ─ ─ ─ ┘
└──────┘  └──────────────┘
```

图 12—7　控制纠偏措施示意图

中国管理智慧

扁鹊的医术

魏文王问扁鹊曰："子昆弟三人，其孰最善为医？"

扁鹊曰："长兄最善，中兄次之，扁鹊最为下。"

魏文王曰："可得闻邪？"

扁鹊曰："长兄于病视神，未有形而除之，故名不出于家。中兄治病，其在毫毛，故名不出于闾。若扁鹊者，镵血脉，投毒药，副肌肤，闲而名出闻于诸侯。"

——先秦道家著作《鹖冠子》

魏文王问名医扁鹊："你们家兄弟三人，都精于医术，到底哪一位医术最高呢？"扁鹊回答说："长兄最好，中兄次之，我最差。"文王再问："那么为什么你最出名呢？"扁鹊答说："我长兄治病，是治病于病情发作之前。一般人不知道他事先能铲除病因，所以他的名气无法传出去，只有我们家的人才知道。我中兄治病，是治病于病情初起之时。一般人以为他只能治轻微的小病，所以他的名气只限于本乡里。而我扁鹊治病，是治病于病情严重之时。一般人都只是看到我在经脉上穿针管来放血，在皮肤上敷药麻醉等大手术，因而以为我的医术高明，名气传遍全国。"文王说："你说得好极了。"

讨论问题

1. 扁鹊为什么认为自己看病的本事最差？

2. 魏王是一个国家的管理者，你觉得他"大悟"，会悟出什么治国大策？

3. 有种说法叫做"不要等到错误的决策造成了重大的损失才寻求弥补"，你认同这种观点吗？请从事前、事中、事后控制三个方面进行阐述。

4. 在我们日常生活中，很多人是直到错误的决策造成了重大的损失后，才寻求弥补措施，对此，你怎么看？

书面作业

你怎么理解"事后控制不如事中控制，事中控制不如事前控制"的意思？结合你的学习生活实际，举例谈谈。

扩展阅读

[1] 耿申. 预防欺凌的重心在"治未病"[J]. 教育科学研究, 2021(11):1.

[2] 齐宁. 扁鹊如何进行质量管理[J]. 中国市场, 2004(11):42.

[3]冯福亮.事后控制不如事中控制,事中控制不如事前控制[J].企业管理,2011(07):75.

小故事 大管理

一、高品质的秘密

第二次世界大战期间,美国的伞兵发挥了非常大的作用。美国生产的降落伞合格率达到100%,受到了全世界各个国家的欢迎。这是美国军方采取了控制措施的结果。起初,降落伞的质量并没有这么高。

战争刚开始的时候,美国军方向厂商订购了大量的降落伞,并要求产品合格率必须达到100%。在军方严格的要求下,厂商努力把产品合格率提升到了99.9%。但仍有0.1%的不合格率。厂商狡辩称,任何产品都不可能保证100%的合格率,除非奇迹出现。而0.1%的不合格率,也就意味着每1 000伞兵中,便有1人因降落伞质量不合格而白白丢掉性命。军方经过仔细研究后,更改了降落伞质量检测的方法。每次厂商交付降落伞的前一周,军方便会从众多降落伞中随机抽取一个。厂商负责人亲自背着被抽取的降落伞,从飞机上跳下来。此方法实施后,厂商们口中的奇迹突然出现了,降落伞的质量有了不可思议的改观,合格率瞬间升到了100%。

启示:99.9%的合格率,给人的感觉已经不错了。但是0.1%的不合格产品,在某士兵身上,就是100%生命安全事故。只有把制造商和前线士兵的生命拴在一起,将降落伞100%合格率的品质的追求,与制造商生命的安全紧密结合在一起,降落伞100%的合格率,才从不可能变为现实。100%,是一定能做到的,只需掌权的人、操作的人"换位去思考,换位去体验"。

二、破窗效应

美国犯罪学家乔治·凯林在1982年提出了"破窗效应"理论。如果有人打坏了一幢建筑物的窗户玻璃,而这扇窗户又得不到及时的维修,别人就可能受到某些示范性的纵容去打烂更多的窗户。久而久之,这些破窗户就给人造成一种无序的感觉,结果在这种公众麻木不仁的氛围中,犯罪就会滋生、猖獗。

20世纪80年代,英国的地铁系统曾一度混乱,地铁车厢内,从顶棚到地板,涂满了帮派符号。据统计,每年发生的重大案件,多达15000起,每天有25万人逃票乘坐地铁。但是自1988年开始,重大案件的发生率降低了75%,这又是什么原因呢?原来,曾经地铁犯罪中,绝大多数是这一类不算严重的违规行为。比如,乘车逃票,把杯子放在别人眼皮底下,强行乞讨财物等情况。面对这一混乱的局面,警方决定采取措施。他们给当场抓获的逃票人员直接戴上手铐,去帮派聚集地打压。对于在地铁内胡乱涂鸦的人,采取体罚措施。涂鸦的人被发现后,则要把涂画的东西全部清除,直到墙体干净后才能离开。整饬后,地铁混乱局面出现好转,车厢的涂鸦少了,地铁里面也干净多了。警方意识到,涂鸦和逃票都是重大犯罪的导火索。一旦小麻烦根除了,大麻烦也就自然消除了。在各种犯罪活动中,这种违规情况看起来不是大事,但却是重大犯罪滋生的温床。

启示：我们企业中的许多看似微小的错误，就如同一扇破碎的窗户。如果不能及时纠正，它们对企业造成的影响是不可想象的。从"破窗效应"中，我们可以发现这样一个道理：任何一种不良现象的存在，都在传递着一种信息，这种信息会导致不良现象的无限扩展。同时，必须高度警觉那些看起来是偶然的、个别的、轻微的"过错"。如果对这种行为不闻不问、熟视无睹、反应迟钝或纠正不力，就会纵容更多的人"去打烂更多的窗户玻璃"，就极有可能演变成"千里之堤，溃于蚁穴"。

三、一碗巧克力豆

20世纪70年代中后期，范·海伦乐队曾是世界上最受欢迎的摇滚乐队之一，曾荣获第34届格莱美最佳硬摇滚演奏奖，2007年摇滚名人堂奖。其前任主唱大卫·李·罗斯，在其自传中曾详细介绍过乐队的一些经历，也介绍过乐队成功的秘密。其中有一件小事，非常有代表性。

乐队在演出前，需要和主办方签合同，他们在合同中会附加一个条款：主办方要在后台准备一碗巧克力豆，而且绝不能有一粒棕色的。有人可能会认为，这是摇滚明星非常典型的挑剔行为。其实不然，这是罗斯精心安排的一个小测验。他通过对巧克力豆的检查，来判断主办方的场地管理是否到位。乐队演出需要很多操作流程，管理者需要精心检查，才能保证演出过程中不出意外。如果他们连挑选小小的巧克力豆这样的小事都做不好，又如何能组织好整个演出呢！

启示：管理者需要运用控制手段，在纷繁复杂的活动中，及时发现偏差，并采取相关措施纠正偏差，保证组织管理工作顺利开展。

四、曲突徙薪

有位客人到某人家里做客，看见主人家的灶上烟囱是直的，旁边又有很多木材。客人告诉主人说，烟囱要改曲，木材须移去，否则将来可能会有火灾，主人听了没有作任何表示。不久主人家里果然失火，四周的邻居赶紧跑来救火，最后火被扑灭了。于是主人烹羊宰牛，宴请四邻，以酬谢他们救火的功劳，但并没有请当初建议他将木材移走，烟囱改曲的人。

有人对主人说："如果当初听了那位先生的话，今天也不用准备筵席，而且没有火灾的损失，现在论功行赏，原先给你建议的人没有被感恩，而救火的人却是座上客，真是很奇怪的事呢！"主人顿时省悟，赶紧去邀请当初给予建议的那个客人来吃酒。

启示：一般人认为，足以摆平或解决企业经营过程中各种棘手问题的人，就是优秀的管理者，其实这是有待商榷的。俗话说："预防重于治疗"。能防患于未然之前，更胜于治乱于已成之后。由此观之，企业问题的预防者，其实是优于企业问题的解决者。

五、好马和骑师

一个骑师，让他的马接受了彻底的训练。因此，他可以随心所欲地使唤它。只要把马鞭子一扬，马就听他支配。而且骑师的话，马句句都听。"给这样的马加上缰绳是多余的。"他认为不用缰绳就可以把马驾驭住了。

有一天他骑马出去时，就把缰绳解掉了。马在原野上飞跑。刚开始还不算太快，马仰着头抖动着马须，仿佛要叫他的主人高兴。但当马知道什么约束也没有的时候，英勇的骏马就越发大胆了。它的眼睛里冒着火,脑袋里充着血,再也不听主人的斥责,飞驰于辽阔的原野。不幸的骑师,如今毫无办法控制他的马了。他再想用笨拙而颤抖的手把缰绳重新套上马头,但已经无法办到。完全无拘无束的马儿撒开四蹄,一路狂奔着,竟把骑师甩下马来,像一阵风似的,很快就在骑师的眼前消失了。

启示:列宁有句名言:"信任固然好,控制更重要。"有些管理者授权后,由于过于信任下属,缺乏有效控制手段,致使授权失败。授权管理的本质就是控制和督查。授权后,管理者要建立起一套控制程序,通过工作报告、考核、预算审计等渠道获得员工行为的反馈信息,以便及时有效地进行控制。高明的管理者,善于对自己的控制手段进行评估,以使自己能在最恰当的时刻,选择最恰当的方式,把失控的"马"及时拉回到正确的轨道上来。

六、阿喀琉斯的脚后跟

古希腊神话中有很多伟大的英雄人物。其中有一位刀枪不入的英雄,名叫阿喀琉斯。在激烈的特洛伊之战中,他斩杀了很多敌将,立下了赫赫战功。他之所以这么神勇,与他的母亲——海洋女神忒提斯有很大的关系。在阿喀琉斯还是婴儿的时候,他的母亲把他浸泡在冥河中。冥河是一条非常神奇的河,凡是被河水浸泡的身体,都会刀枪不入。

然而,在阿喀琉斯英勇地攻占特洛伊城的时候,被太阳神阿波罗一箭射死了。更出乎意料的是,这也与他的母亲有关。原来,在给他浸泡河水时,他母亲捏着他的右脚后跟,所以右脚后跟并没有浸泡到水。这成了他全身唯一的弱点,也是致命的弱点。而太阳神阿波罗正是抓住了这唯一的弱点,一箭射中了他的右脚后跟,夺走了他的生命。如果阿喀琉斯更好地保护好自己的右脚后跟,太阳神阿波罗便射不中他,他也不会牺牲。

启示:这则故事表明局部细微的弱点会导致全局的崩溃。在管理过程中,无论是战略决策还是产品的质量控制,很多失败都是由于细微的失误造成的。对于细节来说,很多时候,100减去1不是等于99,而是等于0。由此,得出了这样的一个结论:功亏一篑,1%的错误导致100%的失败。许多企业的失败,往往是在细节上没有尽力而造成的。往往是一些不起眼的小细节,造成了大的问题。

七、老虎之死

刘元卿是明朝著名作家,他一生写了很多文章。在他的众多文章中,有一篇名为《猱》的短文,引人深省。猱是一种动物,它虽然体型很小,但爪子却异常锋利,能轻易地破开很多坚硬的东西。无数动物曾命丧它的利爪之下。老虎也是非常凶猛的动物,被称为百兽之王,但是猱却能够杀死老虎。

原来,老虎头很痒,看到了猱,便让猱给自己挠痒痒。猱于是就走到老虎身边,挠起了老虎的头。正当老虎舒舒服服享受着的时候,猱用利爪,在老虎的头上挖了一个洞。老虎在舒服的享受中,被猱杀死了。而它的脑髓,也被猱当成了美味吃光了。

启示:故事中,老虎只顾享乐了,根本没有意识到危险就在身边。很多企业在创业初期,能够披荆斩棘,战胜各种困难。但是在创业成功之后,有的却突然破产。甚至有些大企业、大集团,亦是如此。归根结底就是,他们满足于眼前安乐,缺乏忧患意识和危机意识。

想一想

一、摆梯子

在集团生产车间的一个角落,因工作需要,工人需要爬上爬下。因此,管理者甲放置了一个梯子,以便上下。可由于多数工作时间并不需要上下,常有工人被梯子所羁绊,所幸的是暂无人员受伤。于是,管理者乙叫人改成放置一个活动梯子。用时,就将梯子支上;不用时,就把梯子合上,并移到角落处。由于梯子合上竖立太高,不时有工人碰倒梯子,还有人受伤。为了防止梯子倒下砸着人,管理者丙在梯子旁挂了一个告示:请留神梯子,注意安全。

几年过去了,再也没有发生梯子倒下碰到人的事。一天,合作商来谈合作事宜。他们注意到这个梯子和梯子旁的告示,驻足良久。随行的一位专家精通语言,他提议将告示修改成这样:不用时,请将梯子横放。很快,梯子边的告示就改过来了。车间再也没有发生安全事故,工人们工作也更加方便了。

练习题

1. 本案例最能说明的是( )。
 A. 控制职能的重要程度,与管理者的层次成正比
 B. 控制职能的重要程度,与管理者的层次成反比
 C. 无论管理层次的高低,控制职能都很重要
 D. 很多外国企业能成功,主要是善于行使控制职能
2. 属于前馈控制的是( )。
 A. 甲　　　　B. 乙　　　　C. 丙　　　　D. 合作商随行的一位专家
3. 属于反馈控制的是( )。
 A. 甲　　　　B. 乙　　　　C. 西　　　　D. 合作商随行的一位专家
4. 控制效率最高的是( )。
 A. 甲　　　　B. 乙　　　　C. 西　　　　D. 合作商随行的一位专家
5. 本案例给我们的最重要启示是( )。
 A. 控制过程也是一个不断学习的过程
 B. 前馈控制的效果一般好于反馈控制
 C. 控制并非投入越大,取得的收益越多
 D. 前馈控制的成本一般高于反馈控制

二、天安公司的管理创新

近些年,我国家电行业发展迅猛。很多国产家电企业已经走出国门,走向全世界。天安公司在创业初期,非常困难,几近破产倒闭。公司资产不足 300 万元,员工不足 200 人。有时候,员工的工资都很难发放。

然而,经过 5 年的发展,该公司却发展成为全国微波炉巨头企业。总资产更是达到了 5 亿元。其实,公司能够飞速发展,这都得力于公司内部不断的管理创新。天安公司非常重视创新,从生产管理、供应管理、服务管理三个方面,花费了很多功夫。

生产管理创新方面，公司认为，好的产品是企业发展的根本。因此，公司在产品设计、产品生产、质量监测等方面，设置了很高的标准。在产品设计方面，公司遵循高起点、严要求的准则，设计最优产品；在产品生产方面，公司依靠关键质量控制点，全程监控产品的生产过程，不漏任何一个生产环节；在质量监测方面，公司采用PDCA法，不断提高产品质量。为了保障生产管理有效实施，公司还花费了大量的人力、物力、财力，加强员工培训，提高员工的质量观念。

供应管理创新方面，公司严把原材料质量关，并采用了质量控制分类标准。公司对需要采购的材料，制定了三级评定标准。根据性能、技术含量、质量影响等程度，原材料被划分为一级、二级、三级。公司采购原材料时，仅会在质量达标的供应厂家采购，以此达到质量控制的要求。

服务管理创新方面，公司认为，好的服务代表着公司的形象。为找准市场定位，公司做了大量的市场调研，并在此基础上进行了深入的市场分析，以此制定市场策划、售前决策；为提供优质服务，公司与经销商合作，并规范服务标准；为提高售后服务，公司花重金购买先进的维修设备，并培养了一支高素质维修队伍；为提高用户满意度，公司为每个用户建立了档案，并建立了投诉制度，设立五星评价标准，开展多彩的售后服务工作。

经过公司一系列的管理创新，公司产品深受广大用户的信赖，企业形象逐步提升，市场占有率逐年增长。

问题讨论

1. 天安公司采用了哪些控制类型？
2. 天安公司设置的"三级评定标准"，属于哪类控制标准？
3. 天安公司的"关键质量控制点"，体现了哪项有效控制原则？

练一练

一、学校运动会控制方案

学校准备召开秋季运动会，请你分析，应该从哪些方面进行控制？

二、制定绩效考核

你有一个重要的课程项目要在一个月内完成。确定一些你可以运用的绩效测量指标，来帮助判断项目是否按计划进行，是否将会有效率（按时）且有成效（高质量）地完成。

三、生活中学会运用控制

在你的生活中，如何运用控制的概念？请具体说明。从前馈控制、同期控制和反馈控制，以及影响你生活的不同方面来综合考虑，如学校、工作、家庭关系、朋友等。

四、进行一次主题采访

采访10个人，问他们是否遭遇过办公室愤怒。具体询问他们是否经历过以下情形：

来自同事的大吵大闹或其他口头侮辱,自己对同事大吵大闹,为了与工作相关的事大哭,看见某些同事蓄意破坏机器或家具,看见过工作场所的身体暴力或者袭击过同事。你对这些结果感到惊讶吗?将你的发现制作成一张表格,并在课堂上展示这些结果。

五、你会采取什么控制措施?

假设你是一个"分时度假"顾客来电中心的管理者,你将会采用什么类型的控制措施来考察员工效率和效果?又会采用什么措施来评估整个来电中心?

第六篇

创 新

MANAGEMENT

第十三章 创新原理

企业家精神的真谛就是创新,创新是一种管理职能。

——约瑟夫·熊彼特

智者将创造更多机会。

——弗朗西斯·培根

创新是企业家的具体工具,也就是他们借以利用变化作为开创一种新的实业和一项新的服务机会的手段。

——彼得·德鲁克

创新是指企业家对生产要素实行新的组合。
创新是企业保证获得超额利润和经济增长的动力。

——萨缪尔森

本章思维导图

约瑟夫·熊彼特（Joseph Schumpeter, 1883—1950），美籍奥地利政治经济学家，被认为是进化经济学最杰出的先驱之一。他于1912年首次提出了"创新"的概念。他创造了一个短语来描述他所理解的资本主义的本质，"创造性破坏"已经成为经济词典中最熟悉的术语之一。

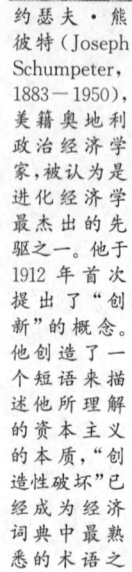

知识点摘要

一、组织管理的创新职能

（一）管理创新的内涵

管理创新是在管理活动中，产生新的管理思想和管理行为的过程。熊彼特认为，管理创新是建立一种新的生产组合的过程。创新是一个企业为实现自身目标的一个过程，主要包括引入一种新产品、采用一种新的生产方法、开辟一个新市场、获得一种原料的新来源、采用一种新的企业组织形式等。

管理创新具有如下内涵：

第一，管理活动由两部分组成，分别是维持活动和创新活动。维持活动指组织为维持原有运行而进行的组织系统、组织结构、运行规则等内容的设计；创新活动指组织为更好发展而开展的变革与创新。

第二，组织的维持和创新活动都是组织管理思想和行动的结果，但创新活动的背后是管理思维的创新。

第三，管理创新包括两层含义。作为名词，指管理工作的创新活动；作为动词，指管理工作创新的过程。

（二）管理工作的维持与创新关系

1. 管理维持

管理维持是保障系统顺利运行的基本工作和手段，能保证组织内部各系统、部门之间正常工作，从而实现组织目标。组织如果没有维持，内部便会出现混乱，组织工作偏离计划要求，组织目标无法实现，甚至造成组织衰退。

2. 管理创新

管理创新是时代变化的要求，是促进组织不断发展的重要手段。创新能够整合和优化组织结构、组织资源等，提升组织内涵和综合实力，更好地应对内外部环境变化，实现组织目标。

管理维持和管理创新两者相互联系、不可或缺。维持是创新的基础和结果，创新是为了更高层次的维持。没有维持做基础，创新便如空中楼阁，不切实际；创新无法带来更高层次的维持，只是原有的状态，便没有实际效果。

（三）管理创新工作的内在规定性

1. 创新是一个管理过程

管理创新并不是单一的个体活动，会涉及组织的大量活动。大量实践表明，管理创新需要在原有组织维持的基础上，进行大量的分析、计划、决策、实施等环节，且涉及组织活动的多个内容和环节。而且，管理创新是一个循环往复的过程。组织的不断发展，其实就是以管理创新作为推动力。

2. 管理创新的内在精神

管理创新有其一定的精神内核，并以之为发展导向。管理创新的精神有多种称呼，如企业家精神、创新精神、创业精神等。管理创新必然会面临诸多风险挑战，这是一种常态。

二、管理创新的基本内容

管理创新主要包括目标创新、技术创新、组织机构和结构创新、环境创新以及制度创新等五个方面的基本内容,见图 13—1。

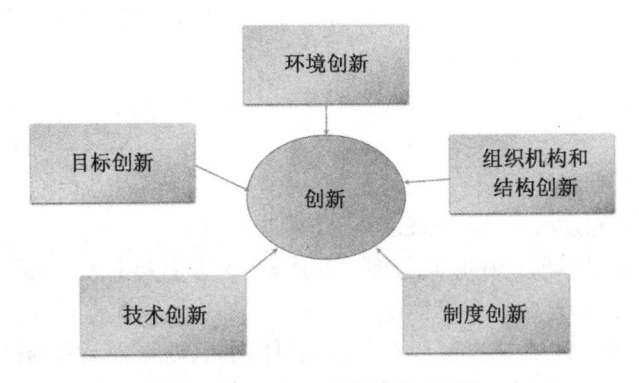

图 13—1 创新职能的基本内容

（一）目标创新

组织发展是建立在一定目标的基础上,在组织发展过程中,组织会为了实现组织目标,而开展各类结构调整、技术革新等创新活动。一些组织在发展过程中,也会调整新的组织目标,不断地往其他领域努力,进而加快组织发展。

（二）技术创新

技术创新可以通过现代科技手段,影响产品的成本、特色而促进组织竞争力的提高来实现,还会带动其他方面的创新和发展。技术创新包括要素创新、要素组合方法创新和要素组合结果创新。

要素创新是指降低成本,提高产品的质量,包括材料创新、设备创新等。

要素组合方法创新是指通过生产工艺、生产过程等多重因素的时空组织,提高竞争力,包括生产工艺、操作方法、物质条件的改造和更新。

要素组合结果创新是指技术创新的核心内容,如产品品种、结构创新等。

（三）组织机构和结构创新

组织的正常运行,不是一件容易的事,需要符合很多条件。从内部来讲,要有相应的运行制度和载体保障;从外部来讲,要适应组织外部环境的不断变化。而运行合理的组织,通常表现在机构合理和结构合理两个方面。

机构指组织在成立初期,根据相关标准,结合组织性质和目标,而设立的部门、职务或岗位等,其目的是使组织活动更科学、合理。

结构指组织内部各系统、各部门的关系,其目的是使组织分工更科学、合理。结构创新指组织为更好地实现组织目标,而创造性调整组织结构,使组织内部更合理地分工、合作。

（四）环境创新

环境创新是指组织为实现组织目标,而不断改变环境、引导环境、创造环境的手段和过程。任何组织都是一定环境的产物,包括内部环境和外部环境。组织与环境之间是相互依存的关系。组织既要适应环境的变化,又要去改变、引导和创造环境。

(五)制度创新

任何一个组织的正常运行,都离不开制度的保障。制度是规范组织内部各系统、部门及其成员活动的根本依据。组织各类管理活动都需要遵循组织制度。因此,组织制度具有一定的规范性、引导性、约束性和保障性。组织通过制度创新,能够有效地引导组织成员的行为,进而更好地实现组织目标。组织制度创新表现在多方面,如管理制度创新、产权制度创新、经营制度创新等。

三、管理创新的类型

(一)不同方式的管理创新

1. 按照创新的程度分类:渐进式创新、破坏性创新

渐进式创新指组织创新在时间上逐步完成,在内容上局部改善;破坏性创新指组织创新在短时间内,进行全面的根本性改变。

2. 按照创新的变革方式分类:局部创新、整体创新、要素创新和结构创新

局部创新指组织对内部某些方面的创新;整体创新指组织各方面的创新;要素创新指构成组织的基本要素的创新;结构创新指组织内各系统、各部门的结构组合形式的创新。

3. 按照创新的组织化程度分类:自发创新与有组织的创新

自发创新指组织自身为突破现有的困境,而进行的自我变革。有组织的创新主要包括两种。一种是组织按照一定的创新计划,而开展创新活动的整个过程;另一种是组织内部各系统、各部门按照统一的要求,而开展的创新活动。

(二)不同职能领域的管理创新

1. 战略创新

战略创新指组织在战略层面上的创新。战略创新能够让组织打破旧有的行业规则,确立新的行业规则,能为组织发展提供新的机遇。

2. 组织创新

组织创新指组织在机构、结构、创业等方面的创新。组织创新能不断提升组织的综合实力,从而更好地实现组织目标。

3. 领导创新

领导创新指组织领导方式、领导者的能力素质等方面的创新。领导创新能够有效提升组织力,在组织内部形成良好的创新氛围。

(三)不同要素水平的管理创新

1. 管理思维创新

任何管理行为都受制于管理思维。管理者的管理思维固然有着鲜明的个人色彩,但也是特定历史和社会的产物,与组织所处时期的管理认知水平相一致,发展管理者创新思维对于促进管理思维创新是大有益处的。

2. 管理环境创新

组织的管理活动是在内外部环境的共同作用下形成的,也需要适应组织内外部环境。管理环境创新一方面要求组织适应环境的变化,另一方面指组织要引导环境发生变化。管理环境包括市场环境、人才环境等。其中,人才不仅是组织发展的基本要素,也是组织创新最基本的动力。

3.管理技术与方法创新

管理技术与方法是组织各种管理方式、手段、工具的总称,是组织综合实力的重要标志之一。在激烈的竞争环境中,组织要顺应和引导管理技术发展的方向,不断地创新管理方法与管理技术,从而更好地实现组织目标。

三、创新过程及其管理

创新活动主要包括在环境变化中寻找机会,提出创新构想,形成创新概念,提出创新方案,创新决策、实施创新方案和评估创新成果等过程,见图13-2。

寻找机会 → 提出构想 → 迅速行动 → 坚持不懈

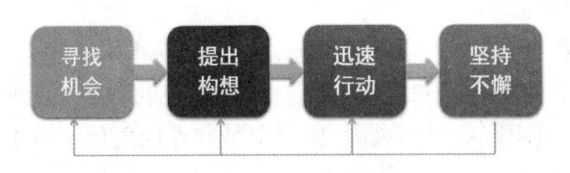

图13-2 创新活动的过程

(一)创新动力来源

德鲁克从七个层面归纳了创新来源。

1.意外的成功或失败

成功意味着组织抓住了某种机会,从而实现了组织目标;失败意味着组织失去了某种机会,从而未实现组织目标。这其中的某种机会,便是组织创新的重要切入口。组织需要对其进行充分调查、科学论证,并不断进行创新。

2.组织内外的不协调

只有当组织内外部协调,组织才能更好地实现组织目标。而不协调的因素,便是组织需要改进的地方,这也是组织创新的重要来源。

3.过程改进的需要

组织在发展过程中,会发现很多自身的不足,而这些需要改进的地方,便是组织需要创新的地方。

4.产业和市场的改变

组织的创新,是为了更好地适应产业、市场的变化,从而实现组织目标。面对产业和市场的改变,组织会有多种创新选择,这都可能有其存在意义和价值创造空间。

5.人口结构的变化

人口结构的变化,尤其是消费者、劳动力结构的变化,会对组织的管理活动产生重大的影响。因此,这会助推组织不断进行创新。

6.人们观念的改变

观念的改变,尤其是消费观的改变,会极大影响组织的生产、服务等。组织只有适应人们观念的改变,才能更好地实现组织目标。适应观念改变的过程,便是组织创新的过程。

7.新知识的产生

新知识的产生,会对行业及组织带来巨变。组织需要不断学习新知识、新技术,才能更好地提升组织综合实力,应对内外部环境的变化。新知识的产生,是组织创新力的重要来源,会给组织源源不断地带来机遇。

(二)创新管理决策

1.创新基础的选择

创新基础的选择包括:一项创新活动是在集团公司、事业部,还是运营单元层面上开展?创新活动是基础性创新、应用性创新还是工艺性创新?这种决策涉及创新活动所波及的组织范围和资金需求。

2.创新对象的选择

组织的创新对象包括很多种,如技术、手段、制度等。每种对象都有不同的方向、方式和内容。只有明确了创新对象,才能选择合理的手段,促进组织创新。

3.创新水平的选择

创新水平指组织创新先发、后发的选择。先发创新指组织领先于竞争对手的创新,这会给组织带来巨大的机会,同时也会面临更多的挑战。后发创新指组织落后于竞争对手的创新,这会让组织避免很多风险,但会在某些方面落后于竞争对手。

4.创新方式的选择

组织创新可以选择独立开发和联合开发两种方式。独立开发指组织仅依靠自身来进行的创新。联合开发指组织通过与其他组织的合作,共同进行的创新。

(三)实施创新领导

管理学家约翰·科特提出创新领导包括八个环节:

1. 树立紧迫感是创新工作的一项关键责任。领导创新与变革管理需要仔细审视现实中的竞争压力,认清危机与机遇。市场竞争环境的压力既为组织的变革与创新提供了动力,也为变革与创新指明了方向。

2. 建立强有力的领导联盟是创新工作必须有的组织保障。组织一个强有力的领导创新的群体,赋予他们领导创新足够的权力,鼓励领导群体的成员协同作战。组织的创新与变革工作常常由于缺乏强有力的领导联盟,而导致失败。

3. 构建愿景规划能够引导创新的方向。组织的愿景既是创新工作的出发点也是创新的归宿。一个清晰可信的、令人鼓舞的愿景确定了组织存在的理由和目标。它说明组织的经营哲学和经营理念,对组织的活动起指导作用;它能够统一员工的信念,争取利益相关者的依赖和支持。组织的愿景是由组织成员的个人愿景汇集而成,是组织成员的共同愿景。

4. 沟通创新愿景就是利用各种可用的媒介工具,与其他人沟通新的愿景规划和战略,通过领导联盟的示范传授新的行为。

5. 广泛的授权运动是实现组织创新愿景的基础。授权以实施愿景规划就是要扫清创新途中的障碍;改革阻碍组织实现创新的体制和机构;鼓励敢冒风险与非传统的观点、活动与行为。

6. 夺取短期胜利就是不等待愿景的完全实现,而是计划取得一些小的胜利,让每个人都能看到进步。要夺取短期胜利就是要制定逐步改进绩效的规划;实施规划,改进绩效;表彰和奖励参与绩效改进并取得成效的员工。尽可能做到将短期胜利的积极影响扩展到整个组织。

7. 巩固已有成果,深化创新,就是利用对前一阶段成果的良好信任,改革与愿景规划不相适应的体制、结构、政策,培养、任用、晋升能执行愿景规划的员工,选用新项目、新观点和创新推动者再次激活整个创新过程。

8. 将创新成果制度化就是将创新的活动融入组织文化之中,展示创新的积极成果,表明新的行为方式和改进结果之间的关系,不断地寻找新的变革力量和领导者,不断吸引创新先导者共同对变革与创新负起责任。

(四)创新活动的评估与审计

创新活动是否成功,及其程度如何,需要通过专业的手段和方法进行评估与审计。组织只有对相关创新活动及其过程进行评估与审计,才能掌握创新活动的效果和偏差,并及时进行调整。常用的创新评估与审计方法包括:基础评估、过程评估、系统评估、绩效评估等。

中国管理智慧

北斗创新前行——技术创新

2020 年 7 月 31 日,习近平总书记向世界宣布,北斗三号全球卫星导航系统正式开通,为全球提供导航服务。这是中国航天事业发展迈向航天强国的重要里程碑,是中国特色社会主义进入新时代以来,取得的重大标志性战略成果之一。从北斗一号到北斗三号,从双星定位到全球组网,从覆盖亚太到服务全球,北斗系统与国家发展同频共振,与民族复兴同向同行。

1993 年 7 月 23 日,美国凭空指责正在印度洋上正常航行的中国银河号货轮,将制造化学武器的原料运往伊朗。可令人意想不到的是,美国人远比想象中更加不择手段,竟然会使出用军舰逼停"银河号"的卑鄙手段。更有甚者,美国局部无端关闭了该船所在海区的 GPS 服务系统,使得银河号无法继续航行只得在海上漂泊。尽管中方强烈抗议,但美方坚持要检查船只。后来,中方建议由第三方与中方一起检查。最后,在沙特阿拉伯的达曼港,中国检查组与沙特代表共同进行检查。美国派专家作为沙特代表团的技术顾问参与检查。事实证明,银河号没有美方指控的这些化学物品。美国代表不得不签署否定其指控的检查报告。中国要求美方道歉并给予赔偿,但美国既不道歉也不赔偿,显示了其霸权主义的傲慢嘴脸,当然也激起了中国人民的愤怒。在这样的背景下,1994 年,中国启动了北斗一号系统建设。2000 年 10 月,第一颗北斗卫星被送入太空;一个多月后,第二颗北斗卫星也被送入太空。中国成为美俄之后,第三个建成卫星导航的国家。从此,北斗系统迅速完成"三步走"发展战略,全面进入高质量发展新阶段。

今天,中国已经拥有世界最庞大的遥感卫星群,超过美国与俄罗斯之和。我们已经能够通过卫星观察整个地球的表面,包括美国航空母舰在哪里游弋。2020 年,长江中下游地区遭受严重的洪涝灾害。在全国防汛减灾工作中,北斗综合减灾项目利用北斗终端移动 4G+多网络融合的通信系统,利用遥感卫星群,为有关部门提供实时的灾区灾情信息,有效地帮助防汛工作。北斗不仅助力了防洪防汛,也助力了抗击新冠疫情的战役。国家通过北斗高精度的测量,火速驰援了武汉火神山、雷神山医院的建设;北斗全国道路货运车辆监督和服务平台,持续推送防疫有关的道路运行信息等,确保了防疫救援物资的一路畅通。

中国北斗团队创造了人间奇迹。在北斗三号建设过程中,就曾经凭借着默默奋斗、发奋图强、自主创新、追求卓越精神,攻克了 100 多项关键技术,实现了时频、星间链路技术和信号设计的三项突破。北斗团队的成员大多是 80 后和 90 后,平均年龄 31 岁,这应该是世界各国卫星研发团队中最年轻的队伍,他们是中国自信的年轻一代的杰出代表。用了三年零三个月的时间,我们完成了美国 GPS2 到 GPS3 共需 20 年才能完成的技术跨越。我国始终秉持和践行"中国的北斗,世界的北斗"的发展理念,服务"一带一路"建设发展,积极推进北斗系统国际合作。至 2022 年,北斗三号已落户全球 137 个国家,中国的北斗也是世界的北斗。

讨论问题

当今社会是一个知识爆炸的时代。一个企业如果只单纯地进行一项创新,能否适应企业发展需要?

书面作业

对比我国北斗和美国 GPS,分析技术创新的重要性。

扩展阅读

[1] 姚志强,盛孟刚,陈洋卓,等. 面向国家战略急需的创新创业人才培养探索与实践——以北斗导航国家战略为例[J]. 大学教育,2021(06):163-165.

[2] 潘晨,高晓雷,郭睿. 管理创新赋能中国"北斗"高效组网[J]. 中国航天,2020(07):9-12.

小故事 大管理

一、购物袋扶贫

有三位女大学生想去创业,一起商量做个创业项目。首先,她们发现,现在的农村有个现象:男劳动力都到外地打工,家里就剩下了留守的妇女儿童,而她们的经济状况不是很好。经过实地考察和访谈,女大学生们发现有三点值得注意:首先,留守的妇女孩子这部分人群需要一些帮助,尤其是经济上的帮助。其次,农村秋收忙完之后,很多秸秆会被就地焚烧。这既污染空气,又浪费资源。最后,在城市的超市里面购物,购物结账使用塑料袋要付费,这又是一笔经济支出。综合考量之后,她们便设计了自己的创业项目。

她们首先到农村,告诉留守妇女:你们拿秸秆来编制最简易的购物袋,编完以后,我们来收购。然后,她们把这个购物袋拿到超市,低价卖给超市,替换超市的塑料袋。塑料袋很难降解,而秸秆很容易降解,这可以保护环境。她们既宣扬环保理念,为环保做了贡献,同时为农村留守妇女增加了收入,还顺利运营了创业项目。

启示: 我们会发现,这当中有很多资源,如劳动力资源、物质资源、市场资源等。三个女大学生把这些要素组合在一起,就出现了一种新的东西:机会。创新创业要想实现人生价值,要挣到钱,首先要寻找机会。

二、创业改变人生

宋雄,湖北武汉人,2006 年毕业于武汉生物工程学院公共事业管理专业。他自小患佝偻病,脊椎侧弯,身高不足 1.5 米,脸部因病也略有变形。被鉴定为四级肢体残疾的他,在大学毕业时,在残疾妈妈的支持下,卖掉住房,四处借款筹钱,创办了武汉市江汉区和祥里社区冬英养老院。宋雄创业的故事被《湖北日报》《长江日报》《楚天都市报》《武汉晚报》等多家媒体争相报道。其所创办的养老院挂牌"江汉区残疾人创业示范岗",他个人也被武汉市民政局、武汉市慈善会誉为"武汉市扎根福利事业的大学生第一人",被江汉区政府誉为残疾人创业和自立自强的典型模范,被区劳动局评为"再就业明星"。

从 2007 至 2012 年,养老院办成的五年时间里,有 170 多名老人先后来到养老院被宋雄照看,安度晚年。2012 年宋雄与在养老院长期参加义工的善良女孩董美娟擦出了爱情的火花,并喜结良缘,二人携手致力于公益事业。

十余年来,宋雄身体力行献身公益事业的精神始终没变。他以奉献精神和大爱之心,悉心呵护 250 多名老人的生命与尊严,播撒着爱的阳光,温暖了老人的心田。2017 年 12 月,宋雄被评选为"百万大学生留汉——十大青年榜样",冬英福寿苑也成了武汉大学生们"尊老爱老"的教育实践基地。

启示:当不了员工,就当老板! 宋雄的事业、生活都取得了很好的发展,书写了普通人不普通的故事。学习能力、分析决策能力、创新能力、合作能力、经营管理能力和人际交往能力等,是创业者应具备的基本能力。

三、希望集团的创业与创新

希望集团是我国饲料行业的巨头,曾经助推了我国养殖业的飞速发展。刘氏兄弟的财富神话,也一直被人们所津津乐道。希望集团成功的秘诀是:持之以恒地发展和创新。

然而,很多人不知道的是,刘氏兄弟创业初期,建立的并不是希望集团,而是一家养殖场。20 世纪 80 年代初,敏锐的刘氏兄弟发现,养殖业将会迎来一个巨大的市场。在做了充分的市场调研后,兄弟四人筹集了 1000 元人民币,在村子里开始养鸡、养鹌鹑。没几年,他们也成了名副其实的鹌鹑大王,他们的事业也节节高升。

正当他们的事业蒸蒸日上,很多人以为他们会继续称霸鹌鹑养殖业的时候,他们却在人们惊讶的目光中,把鹌鹑送人了或直接杀了。然后转头走向了饲料行业,并创立了希望集团,开始生产希望牌高档猪饲料。

原来,他们又敏锐地发现,养殖业虽然潜力巨大,但是并没有太高的技术门槛,而且市场竞争也日益激烈。反而随着养殖业的快速发展,饲料行业的需求量会成倍地增长。养殖户对饲料的需求,尤其是高档饲料的需求,越来越大。

他们的饲料由于品质好价格优,很快占领了成都市场,迅速拓展到全国各地。有一段时间,全国各地都在抢购希望集团生产的饲料。

1998 年,希望集团一跃成为全国饲料龙头企业,又一次站在了全国饲料行业的顶峰。正当所有人认为,他们将会继续霸榜饲料行业的时候,兄弟四人却"分家"了。他们发现,随着社会的发展,单纯的饲料行业,已经跟不上时代的发展。于是,四兄弟很快进行了资产重组,分别成立了大陆希望集团、东方希望集团、新希望集团、华西希望集团,并继续在各自领域发展,兄弟四人也先后成为亿万富豪。

其中,老二刘永行创办的东方希望集团,移居到了上海,并参股多家金融机构。目前,东方希望集团股份涉及光大银行、民生银行、民生保险、上海光明乳业、深圳海达保险经纪人公司等,年产值超过 300 亿元。

启示:在产业界,我们通常习惯于选择自己熟悉的领域。但希望集团四兄弟的做法,却跳出了人们惯有的思维。他们一次又一次打破人们的固定思维,跳出自己"舒适区",创造一个又一个神话。当然,这些行为有着巨大的风险。值得庆幸的是,依靠他们敏锐的洞察力。值得庆幸的是,他们每一次的决策,都是正确的。

四、和尚挑水

一个寺庙里,住了一个主持和三个小和尚。每天,小和尚都需要挑一缸水,以此来满足日常生活的需要。但是,从挑水的地方到寺庙的距离比较远。刚开始,三个小和尚一天挑一缸,就很累了。没多久,他们就不愿意继续挑了。

主持看见了,于是,便将路程均等地分为三段。每个小和尚只需要挑一段路。这样,水很快就挑满了,而三个小和尚也感觉不到累了。主持用了分工协作的办法,这叫"机制创新"。

没多久,主持制定了一个新的庙规:挑水最多的人,晚饭两道菜;挑水一般的人,晚饭一道菜;挑水最少的人,晚饭没有菜,只能吃白饭。于是,三个小和尚拼命地挑水,很快,水缸就满了。主持用了新的规矩,这叫"管理创新"。

又没多久,主持发现,虽然每天水缸是满的,但小和尚们依旧很累,挑水最少的小和尚也没有菜吃。于是,他便把山上的竹子砍下来,连在一起,然后又买了一个轳辘,做了一个运水系统。每次运水的时候,一人用水桶负责打水,一人负责倒水,而第三人只需要休息。这一次,水运送得又快又省力。小和尚们每天也都能吃饱了,还有更多的时间去做功课了。主持用了运水系统,这叫"技术创新"。

启示:这个"和尚挑水"的故事,与我们熟知的"三个和尚挑水喝"的故事有很大的不同。本故事中,寺庙的主持也就是管理者,通过创新管理办法,采用多种方式,保障了寺庙的日常用水。在企业中,管理者要重视创新,努力提升企业效益。

五、两个鞋子推销员

皮鞋厂 A 和皮鞋厂 B 是行业的两大巨头,且竞争激烈。随着它们的不断发展,它们的竞争,也逐渐从国内市场转向国际市场。一次,它们分别派了一名推销员去太平洋某个岛屿上开辟新的市场。当两名推销员乘船抵达岛屿后,他们惊奇地发现:这个岛上的人都过着原始的生活,平时都光着脚,没有人穿鞋子。

当晚,两位推销员就给自己的领导发去了电报。皮鞋厂 A 的推销员说:这个岛上没有市场,他们平时都光着脚不穿鞋,我明天就回去。皮鞋厂 B 的推销员说:这个岛上有广阔的市场,他们没有人穿鞋子,我们的鞋子一定能够大卖,我愿意长期驻在此地。

很快,皮鞋厂 B 便在这个岛屿打开了市场。他们的产品深受欢迎,并迅速占领了周围其他岛屿的市场。

启示:同样的产品,同样的岛屿,同样的不穿鞋,但是两名推销员的反应却大不相同。当然,结果也大不一样。聪明的人懂得创造机会,而愚蠢的人,只会让机会从眼前流失。创新就是要打破原有的思维模式,并不断寻求机遇。

六、人对了，世界就对了

牧师在西方国家很受人欢迎。他们也经常讲道，为迷茫的人们解开人生的困惑。曾经有一个牧师在为第二天的讲道而烦恼。他打算把自己关在家里一整天，好好准备讲道词。正当他苦思冥想的时候，他的小儿子推开他的房门，哭着嚷着让牧师带他去迪士尼乐园。为了让小孩子安静，也为了推脱掉这个活动，他随手拿起旁边的一张世界地图，并撕成很多小碎片，然后给小儿子说道："小约翰，你什么时候能把它拼完整了，我就什么时候带你去玩。"

小约翰拿起碎片，走出了房门。牧师也终于又能够安静地准备讲道词了。他原以为，小儿子至少要用一个上午的时间。毕竟，地图那么大，碎片那么多，即使是他也要花费很长的时间，更别说才几岁的小约翰了。但让他惊奇的是，仅仅十分钟的时间，小约翰便带着完整的地图，再一次走进了他的房门。

小约翰说道："爸爸，我已经拼好了，我们可以去迪士尼了吧。"

牧师好奇地接过了地图，仔细查看起来。他发现，整张地图又恢复了原状。而且，每一片碎片都被拼在了正确的位置。他感觉很不可思议。于是，他好奇地问小约翰："小约翰，你是怎么做到的呀？难道上帝在帮你吗？"

小约翰回答说："是的，上帝帮了我的大忙。"

说着，他拿过地图，并把它翻了过来。一个完整的上帝照片，显现了出来。

小约翰接着说："地图的另一面是上帝的照片。我把上帝的图片拼在了一起，这张地图也就拼成功了。所以，是上帝帮了我。"

小约翰又接着说："我想，人对了，世界就对了。"

牧师听了小约翰的话，顿时来了灵感。他找到了第二天讲道的题目：人对了，世界也就对了。写下题目后，他开心地带着小约翰去了迪士尼乐园。

启示： 故事中的小约翰，面对拼世界地图这个巨大的任务量，没有按照人们传统的思维，反而发现了地图后面的上帝照片。他的思维方式，帮他快速完成了任务，换来了去迪士尼乐园游玩的机会。在企业中，我们会有很多事务。这些事务也都十分繁杂。很多时候，我们只要找对了"人"，便能够快速解决各类问题。而寻找"人"的方法，便是创新。

想一想

蒙牛号召"向伊利学习"

伊利和蒙牛，是我国乳业的两大龙头企业。很多奶制品企业，都以伊利、蒙牛为榜样，积极学习他们的先进做法。但少有人知道的是，蒙牛的创始人，来自伊利。

蒙牛乳业集团创始人牛根生，原是伊利集团的一个员工。牛根生从一个刷奶瓶的小工开始，一直在伊利潜心学习。1998年底，牛根生已经坐到了伊利副总的位置。对很多人来说，此生已足矣。但"学有所成"的牛根生，毅然选择走出伊利，创办蒙牛乳业集团。

从生产工艺，到生产经营模式，再到产品宣传等，蒙牛当仁不让地从伊利"拿来"。

蒙牛的很多做法，比伊利做得更彻底、更到位，也更用心。以广告宣传为例，蒙牛的第一块广告牌上，写的是：做内蒙古第二品牌；蒙牛在产品包装上印着的宣传口号也是：为民族工业争气，向伊利学习。

正是凭借着"向伊利学习"的精神，蒙牛乳业集团迅速发展，一跃成为全国前五，真正展现了"中国速度"。

问题讨论

牛根生曾说过："伊利和蒙牛迟早要走在一起。"对此，你怎么理解？

练一练

"345" 法则

创业项目计划书样本

√ 按国际惯例通用的标准文本格式形成的项目计划书，是全面介绍公司和项目运作情况，阐述产品市场及竞争、风险等未来发展前景和融资要求的书面材料。

√ 保密承诺：本项目计划书内容涉及商业秘密，仅对有投资意向的投资者公开。未经本人同意，不得向第三方公开本项目计划书涉及的商业秘密。

一、项目企业摘要

创业计划书摘要，是全部计划书的核心之所在。

投资安排

资金需求数额	（万元）	相应权益	

拟建企业基本情况

公司名称	
联系人	
电话	
传真	
E-mail	
地址	
项目名称	
您在寻找第几轮资金	□种子资本 □第一轮 □第二轮 □第三轮
企业的主营产业	

其他需要着重说明的情况或数据（可以与下文重复，本概要将作为项目摘要由投资人浏览）

二、业务描述

（一）企业的宗旨（200字左右）
（二）主要发展战略目标和阶段目标
（三）项目技术独特性（请与同类技术比较说明）

介绍投入研究开发的人员和资金计划及所要实现的目标，主要包括：

1. 研究资金投入
2. 研发人员情况
3. 研发设备
4. 研发产品的技术先进性及发展趋势

三、产品与服务

创业者必须将自己的产品或服务创意作出相关介绍。主要有下列内容：

1. 产品的名称、特征及性能用途；介绍企业的产品或服务及对客户的价值。
2. 产品的开发过程，同样的产品是否还没有在市场上出现？为什么？
3. 产品处于生命周期的哪一段。
4. 产品的市场前景和竞争力如何。
5. 产品的技术改进和更新换代计划及成本，利润的来源及持续盈利的商业模式。

生产经营计划。主要包括以下内容：

1. 新产品的生产经营计划：生产产品的原料如何采购、供应商的有关情况，劳动力和雇员的情况，生产资金的安排以及厂房、土地等。
2. 公司的生产技术能力。
3. 品质控制和质量改进能力。
4. 将要购置的生产设备。
5. 生产工艺流程。
6. 生产产品的经济分析及生产过程。

四、市场营销

介绍企业所针对的市场、营销战略、竞争环境、竞争优势与不足、主要产品的销售金额、增长率和产品或服务所拥有的核心技术、拟投资的核心产品的总需求等。

（一）目标市场

应解决以下问题：

1. 你的细分市场是什么？
2. 你的目标顾客群是什么？
3. 你的5年生产计划，收入和利润是多少？
4. 你拥有多大的市场？你的目标市场份额为多大？
5. 你的营销策略是什么？

（二）行业分析

应该回答以下问题：

1. 该行业发展程度如何？

2. 现在发展动态如何？
3. 该行业的总销售额有多少？总收入是多少？发展趋势怎样？
4. 经济发展对该行业的影响程度如何？
5. 政府是如何影响该行业的？
6. 是什么因素决定它的发展？
7. 竞争的本质是什么？你采取什么样的战略？
8. 进入该行业的障碍是什么？你将如何克服？

(三) 竞争分析
要回答如下问题：
1. 你的主要竞争对手有哪些？
2. 你的竞争对手所占的市场份额有多大？采取何种市场策略？
3. 可能出现什么样的新发展？
4. 你的核心技术（专利技术拥有和使用情况、物质基础、研发水平）有哪些？
5. 你的策略是什么？
6. 在竞争中你的发展、市场和地理位置的优势有哪些？
7. 你能否承受竞争所带来的压力？
8. 产品的价格、性能、质量在市场竞争中具备哪些优势？

(四) 市场营销
你的市场营销策略应该说明以下问题：
1. 营销机构和营销队伍。
2. 营销渠道的选择和营销网络的建设。
3. 广告策略和促销策略。
4. 价格策略。
5. 市场渗透与开拓计划。
6. 市场营销中意外情况的应急对策。

五、管理团队

(一) 全面介绍公司管理团队情况
主要包括：
1. 公司的管理机构，主要股东、董事、关键的雇员、薪金、股票期权、劳工协议、奖惩制度及各部门的构成等情况，都要明晰地展示出来。
2. 展示公司管理团队的特点与优势，在团队成员个人能力上，体现出战斗力和独特性，在团队整体性中，体现出与众不同的凝聚力和团结向上的拼搏精神。

(二) 列出企业的关键人物（含创建者、董事、经理和主要雇员等）
1. 关键人物之一

姓　名	
角　色	
专业职称	

续表

任　务	
专　长	

主要经历			
时　间	单　位	职　务	业　绩

所受教育			
时　间	学　校	专　业	学　历

2. 企业共有全职员工（填数字）

3. 企业共有兼职员工（填数字）

4. 尚未有合适人选的关键职位

5. 管理团队优势与不足之处

6. 人才战略与激励制度

（三）外部支持

公司聘请的投资顾问、融资顾问、法律顾问、财务顾问等中介机构名称。

六、财务预测

（一）财务分析

包括以下三方面的内容：

1. 过去三年的历史数据，今后三年的发展预测，主要提供过去三年的现金流量表、资产负债表、损益表，以及年度的财务总结报告书。

2. 投资计划：

(1) 预计的风险投资数额。

(2) 风险企业未来的筹资资本结构如何安排。

(3) 获取风险投资的抵押、担保条件。

(4) 投资收益和再投资的安排。

(5) 风险投资者投资后双方股权的比例安排。

(6) 投资资金的收支安排及财务报告编制。

(7) 投资者介入公司经营管理的程度。

3. 融资需求

创业所需要的资金额、团队出资情况、资金需求计划，为实现公司发展计划所需要的资金额、资金需求的时间性、资金用途(详细说明资金用途,并列表说明)。

融资方案:公司所希望的投资人及所占股份的说明,资金其他来源,如银行贷款等。完成研发所需投入,达到盈亏平衡所需投入,达到盈亏平衡的时间,项目实施的计划进度及相应的资金配置、进度表。

(二)投资与收益

(单位万元)	第一年	第二年	第三年	第四年	第五年
年收入					
销售成本					
运营成本					
净收入					
实际投资					
资本支出					
年终现金余额					

简述本期风险投资的数额是多少,有何退出策略,预计回报数额是多少,时间表如何布置。

七、资本结构

迄今为止有多少资金投入贵企业?	
您目前正在筹集多少资金?	
假如筹集成功,企业可持续经营多久?	
下一轮筹资打算筹集多少?	
企业可以向投资人提供的权益有	□股权 □可转换债 □普通债权 □不确定

目前资本结构表

股东成分	已投入资金	股权比例

本期资金到位后的资本结构表

股东成分	投入资金	股权比例

请说明你们希望寻求什么样的投资者？包括投资者对行业的了解，资金上、管理上的支持程度等。

八、投资者退出方式

股票上市：依照该创业计划的分析情况，分析公司上市的可能性，说明上市的前提条件；

股权转让：利用股权转让的方法，投资商可以拿回投资；

股权回购：依照该创业计划的分析情况，公司应向投资者说明实施股权回购的计划；

利润分红：依照该创业计划的分析情况，公司应向投资者说明实施股权利润分红计划，投资商可以利用公司利润分红的方式收回投资。

九、风险分析

企业面临的风险及对策，详细说明项目实施过程中可能遇到的风险，提出有效的风险控制和防范手段，包括技术风险、市场风险、管理风险、财务风险及其他不可预见的风险。

十、其他说明

您认为企业成功的关键因素是什么？

请说明为什么投资人应该投本企业而不是别的企业。

关于项目承担团队的主要负责人或公司总经理详细的个人简历及证明人。

媒介关于产品的报道；公司产品的样品、图片及说明；有关公司及产品的其他资料。

创业计划书内容真实性承诺。